国家社会科学基金项目(11BJL033)
本书受西北大学学术著作出版基金资助

西部地区
统筹城乡经济社会一体化研究

郭俊华 著

人民出版社

责任编辑:王艾鑫

封面设计:徐　晖

图书在版编目(CIP)数据

西部地区统筹城乡经济社会一体化研究/郭俊华 著.—北京:人民
出版社,2020.7

ISBN 978-7-01-021511-2

Ⅰ.①西… Ⅱ.①郭… Ⅲ.①城乡建设-经济发展-研究-西北地区
②城乡建设-经济发展-研究-西南地区 Ⅳ.①F299.21

中国版本图书馆 CIP 数据核字(2019)第 242374 号

西部地区统筹城乡经济社会一体化研究

XIBU DIQU TONGCHOU CHENGXIANG JINGJI SHEHUI YITIHUA YANJIU

郭俊华 著

人 民 出 版 社 出版发行

(100706 北京市东城区隆福寺街 99 号)

北京中兴印刷有限公司印刷 新华书店经销

2020 年 7 月第 1 版 2020 年 7 月北京第 1 次印刷
开本:710 毫米×1000 毫米 1/16 印张:17.75
字数:270 千字

ISBN 978-7-01-021511-2 定价:54.00 元

邮购地址:100706 北京市东城区隆福寺街 99 号
人民东方图书销售中心 电话:(010)65250042 65289539

序

2008 年党的十七届三中全会《中共中央关于推进农村改革发展若干重大问题的决定》指出："我国总体上已进入以工促农、以城带乡的发展阶段，进入加快改造传统农业、走中国特色农业现代化道路的关键时刻，进入着力破除城乡二元结构、形成城乡经济社会发展一体化新格局的重要时期。"城乡经济社会发展一体化战略新格局的提出为我国进一步深化农村改革、重建城乡关系指明了发展方向。强调城乡经济社会发展一体化是现实理论和实践的一次大突破，是对构建新型工农、城乡关系提出的新的方向和发展目标。2012 年党的十八大报告《坚定不移沿着中国特色社会主义道路前进 为全面建成小康社会而奋斗》中提出："城乡发展一体化是解决'三农'问题的根本途径……加快完善城乡发展一体化体制机制，着力在城乡规划、基础设施、公共服务等方面推进一体化，促进城乡要素平等交换和公共资源均衡配置，形成以工促农、以城带乡、工农互惠、城乡一体的新型工农、城乡关系。"2015 年 5 月 1 日，习近平总书记在中共中央政治局就健全城乡发展一体化体制机制进行第 22 次集体学习时强调，当前，我国经济实力和综合国力已显著增强，基本具备了支撑城乡发展一体化物质技术条件，到了工业反哺农业、城市支持农村的发展阶段。顺应我国发展的新特征新要求，必须加强发挥制度优势，加强体制机制建设，把工业反哺农业、城市支持农村作为一项长期坚持的方针，坚持和完善实践证明行之有效的强农惠农富农政策，动员社会各方面力量加大对"三农"的支持力度，努力形成城乡发展一体化新格局。要坚持以改革为动力，不断破解城乡二元结构。

随着中国特色社会主义进入新时代，建立什么样的新时代中国特色社会主义工农城乡关系、怎样建立新时代中国特色社会主义工农城乡关系成为一个重大课题。党的十九大报告提出实施乡村振兴战略，就是以农业农村优先发展作为新时代实现农业农村现代化的重大原则和方针，强调建立健全城乡融合发展体制机制和政策体系，构建新型工农城乡关系，标志着中国特色社会主义工农城乡关系进入新的历史时期。

城乡一体化、城乡融合是我国新时代进一步发展的重大现实问题之一，也是事关 2020 年我国全面建成小康社会目标能否实现，西部地区能否如期脱贫，"中国梦"能否实现，最终使城乡之间协调和谐发展，消灭城乡刚性二元结构的战略决战期。《西部地区统筹城乡经济社会一体化研究》一书，选题具有重要的理论意义与现实意义。本书在对国内外相关文献梳理的基础上，提出了作者对西部地区城乡经济社会一体化的分类，评价了每一类城乡经济社会一体化的发展水平，并对每一类典型地区的经验做总结，提出相应的政策建议。本书的主要创新体现在以下三个方面：

（1）分析框架的创新。运用发展经济学、区域经济学、空间经济学等学科的基本理论，沿着"理论框架-状态评价-机制构建-政策支持"的基本思路，从制度、激励、组织和能力上解决先进或适用生产要素向农业或农村转移和输入建立分析框架。借鉴运用拉尔的理论，从制度、激励、组织和能力的相互作用解决城乡统筹、工业反哺农业等问题。围绕西部地区四种类型城乡经济社会一体化的现实，完善相关改革和发展中利益均衡，建立激励相容的实施机制。

（2）研究内容的创新。立足西部四种类型城乡经济差距的现实，依据国家主体功能区划分及西部地区各地理环境、资源等禀赋，根据区域类型的特点，将西部地区城乡经济社会一体化发展经验划分为四大类：都市区城乡经济社会一体化模式与经验、资源富集区城乡经济社会一体化模式与经验、农业区城乡经济社会一体化模式与经验、生态脆弱区城乡经济社会一体化模式与经验。在城乡体制转型与城乡二元结构转化的异质性所形成的多重约束和多重任务是西部各类型城乡统筹的难点，在此基础上，进行西部地区四类型城乡一体化的新模式、新经验的总结与概括，进而推广至全国相似地区。

（3）研究方法的创新。对陕西、甘肃、贵州、四川、重庆、青海、云南等省份展开调查，深入分析城乡一体化理论和国家城乡政策在城乡一体化发展中的落实情况，对四类型区域城乡经济社会一体化发展进行理论分析，运用层次分析、主成分分析等方法，建立相关指标体系，测算西部地区典型地区城乡一体化的发展水平与实现程度，总结不同类型区域城乡经济社会一体化的发展模式与成功经验，为西部地区及我国其他同类地区统筹城乡一体化提供经验借鉴。

本书作者郭俊华教授，不仅是我所指导的硕士生与博士生，而且也是我学术团队的成员，日常也共同讨论许多学术问题、管理问题。郭俊华教授作为主要成员参与国家社科基金重大招标项目《西部地区形成城乡经济社会一体化新格局战略研究》（项目编号08&ZD027）、国家社科基金重大招标项目《西部地区易地移民搬迁工程的精准扶贫机制、综合效益评价与政策创新研究》（16ZDA023）。通过重大项目的研究，我们对城乡一体化有了进一步的认识和研究，形成了体系。我认为，本书的出版无论在理论上还是在实践上，都是对城乡一体化研究的进一步深化，对西部各类型区域城乡经济社会一体化具有积极意义。

中国工业经济研究会副理事长
中国区域科学协会副理事长
陕西省区域经济研究会会长
西北大学教授、博士生导师
白永秀
2019 年 2 月 26 日

目　录

导　论

一、研究背景及意义

从人类历史的形成和发展来看，城市和乡村是构成社会的两个基本单元，城市居民和乡村群众都是创造人类历史的主体。但中国始终存在一个特别突出的问题就是城乡二元结构，即如何处理城乡关系，缩小城乡经济社会等各方面的差距。从整个中国经济社会历史发展轨迹来看，乡村一直都处于弱势地位，重城市而轻乡村，先城市而后乡村，资源配置主要在城市而且城乡资源不互相流动。到目前为止，中国农村人口的绝对数量还极其庞大，城镇化进程推进不力；农业内部结构不合理，投资不足，农产品价格不稳定，缺乏金融与非金融体系支持；农村教育、卫生、医疗水平普遍低下，社会保障体系不健全等。因此，到2020年全面建成小康社会，实现我国经济社会的健康发展，必须处理好城乡之间的矛盾，缩小城乡之间的差距，以城市工业反哺农业，以城市带动乡村，实现城乡经济社会一体化协调发展，基本上消灭城乡差距。

2008年党的十七届三中全会《中共中央关于推进农村改革发展若干重大问题的决定》指出："我国总体上已进入以工促农、以城带乡的发展阶段，进入加快改造传统农业、走中国特色农业现代化道路的关键时刻，进入着力破除城乡二元结构、形成城乡经济社会发展一体化新格局的重要时期。"城乡经济社会一体化发展战略新格局的提出为我国进一步深化农村改革、重建城乡关系指明了发展方向，改变了以前谈"农业、农村、农民"问题的就农业而农业，就农村而农村，就农民而农民的痼疾，重视"三农"之间的协调统一性。强调城乡经济社会一体化发展是现实理论和实践的一次大突破，是对构建新型工农、城乡关系提出的新的方向和发展目标。

2012 年党的十八大报告《坚定不移沿着中国特色社会主义道路前进 为全面建成小康社会而奋斗》中提出："城乡发展一体化是解决'三农'问题的根本途径；加快完善城乡发展一体化体制机制，要着力在城乡规划、基础设施、公共服务等方面推进一体化。形成以工促农、以城带乡、工农互惠、城乡一体的新型工农、城乡关系。"

2013 年 11 月党的十八届三中全会的《中共中央关于全面深化改革若干重大问题的决定》中强调："建立健全统筹城乡基础设施和公共服务建设的体制机制，引导更多的现代生产要素流向农村，促进公共资源配置向农村倾斜，统筹城乡基础设施建设，推进城乡基本公共服务均等化。要让广大农民平等参与我国现代化进程、共同分享现代化成果。在具体解决措施方面，城乡经济社会一体化发展需要立足解决"三农"问题，赋予农民更多财产权利。"

党的十八大以来，习近平总书记十分重视扶贫工作，提出了以精准扶贫为核心的扶贫开发重要战略思想。"全面建成小康社会，最艰巨最繁重的任务在农村、特别是在贫困地区。没有农村的小康，特别是没有贫困地区的小康，就没有全面建成小康社会。"[①] 2013—2015 年我国减贫人口分别为 1600 万、1200 万、1442 万，贫困地区的公共服务水平更加均等，贫困人口的医疗、教育、卫生、社会保障等公共服务水平显著提高。特别是 2015 年 5 月 1 日，中共中央政治局在健全城乡发展一体化体制机制第 22 次集体学习中，习近平总书记强调：当前，我国经济实力和综合国力已显著增强，基本具备了支撑城乡发展一体化物质技术条件，到了工业反哺农业、城市支持农村的发展阶段。顺应我国发展的新特征、新要求，必须加强发挥制度优势，加强体制机制建设，把工业反哺农业、城市支持农村作为一项长期坚持的方针，坚持和完善实践证明行之有效的强农惠农富农政策，动员社会各方面力量加大对"三农"的支持力度，努力形成城乡发展一体化新格局。要坚持以改革为动力，不断破解城乡二元结构。

---

① 《习近平谈治国理政》第一卷，外文出版社 2018 年版，第 189 页。

2017 年党的十九大报告《决胜全面建成小康社会　夺取新时代中国特色社会主义伟大胜利》中提出："农业农村农民问题是关系国计民生的根本性问题，必须始终把解决好'三农'问题作为全党工作重中之重。要坚持农业农村优先发展，按照产业兴旺、生态宜居、乡风文明、治理有效、生活富裕的总要求，建立健全城乡融合发展体制机制和政策体系，加快推进农业农村现代化。"

2018 年《中共中央国务院关于实施乡村振兴战略的意见》即中央一号文件强调：坚持农业农村优先发展，按照产业兴旺、生态宜居、乡风文明、治理有效、生活富裕的总要求，建立健全城乡融合发展体制机制和政策体系，统筹推进农村经济建设、政治建设、文化建设、社会建设、生态文明建设和党的建设，加快推进乡村治理体系和治理能力现代化，加快推进农业农村现代化，走中国特色社会主义乡村振兴道路，让农业成为有奔头的产业，让农民成为有吸引力的职业，让农村成为安居乐业的美丽家园。

城乡一体化、城乡融合发展是我国改革进一步发展的重大现实问题之一，也是事关 2020 年我国全面建成小康社会目标能否实现，西部地区能否如期脱贫，"中国梦"能否实现，最终使城乡之间协调和谐融合发展，消灭城乡刚性二元结构的战略决战期。基于此，本书的意义有：

第一，西部地区城乡经济社会一体化是全面建成小康社会的迫切需要。我国西部自然条件差，经济欠发达，土地贫瘠，经济社会发展水平低，城乡居民收入差距大、市场化程度低、城乡基础设施差距大等城乡刚性二元结构尤为突出。主要表现为城乡经济发展水平差距明显，工业主要集中在城市，乡村经济不发达而且规模小、产值低、污染高，所有制成分差异更大；农村人口受教育水平低，贫困地区还存在辍学现象，文盲、半文盲依然存在，导致西部地区人力资本短缺，缺乏资本积累；西部地区城镇化水平低，特别是已有的建制镇不少属于"空壳城镇"，城乡居民因户籍管理制度的制度安排而不能顺畅流动；农村居民与城市居民存在不平等（如就业、医疗保险、公共产品服务、子女教育等）等。如何解决西部地区城乡之间典型二元经济社会矛盾和实现二元经济社会结构的协调与最终实现一体化融合，成了当前西部地区全面建成小康社会的迫切任务。

第二，西部地区城乡经济社会一体化发展是破解"三农"问题的重要抓手。"三农"问题是我国当前及未来全部工作的重中之重，我国的"三农"问题集中于欠发达的西部地区，特别是西部老少边穷及革命老区地区集中了近3000万农村贫困人口，还有约6000万农村人口刚跨过温饱线，缺乏相关增收产业的支撑且收入很不稳定，如遇自然灾害或重特大疾病会迅速返贫致贫。同时，西部城乡经济社会一体化又是与工业化、信息化、城镇化、农业现代化"四化同步"多重任务并行，改变这种现状又必须在市场化、经济一体化、全球化的背景下，依据自然禀赋解决西部的发展问题。城乡失衡的二元结构是"三农"问题存在的症结，城乡差距的消除是西部地区经济社会结构转换的必经之路，"三农"问题的最终解决要从根本上由城乡二元结构向一元结构转换。

第三，西部地区城乡经济社会一体化是实现经济社会共同发展的重大任务。1949年，周恩来总理指出城乡关系是一种非常重要的关系，将其概括为"没有农业基础，工业就无法前进；没有工业领导，农业就无法发展"①。但由于我国长期实行的计划经济体制和传统重工业优先战略，不但没有使城乡之间差距缩小，反而造成城乡要素之间相互隔绝的局面，各种要素不能相互流动，工农产品之间"剪刀差"，工业盘剥农业，城市剥削农村，严重阻碍了我国社会经济的健康发展。党的十一届三中全会以来，通过不断深化经济政治体制改革，使城乡关系由隔绝变为互动，城乡之间的交流转为开放，但制度惯性使城乡关系仍然阻碍着中国社会经济的发展，城乡关系的变革已成为解决城乡之间不平衡机制的保证和现实路径。

党的十六大报告提出："我们要在本世纪头二十年，集中力量，全面建设惠及十几亿人口的更高水平的小康社会，使经济更加发展、民主更加健全、科教更加进步、文化更加繁荣、社会更加和谐、人民生活更加殷实。"党的十六届三中全会《中共中央关于完善社会主义市场经济体制若干问题的决定》提出完善社会主义市场经济体制要贯彻"五个统筹"，即要"统筹城乡发展、统筹区域发展、统筹经济社会发展、统筹人与自然和谐发展、统筹国内发展

---

① 周恩来：《周恩来选集》下卷，人民出版社1984年版，第10页。

和对外开放"。明确把"统筹城乡发展"作为"五个统筹"的第一位提出，并强调"建立有利于逐步改变城乡二元经济结构的体制，形成促进区域经济协调发展的机制"。这是从根本上解决城乡矛盾的重大理论和政策创新，是实现我国国民经济稳定增长、持续发展的战略性思路。"五个统筹"发展理念，特别是统筹城乡，要求我们必须在实践中做出经验探索、总结、借鉴；而统筹城乡经济发展的基本前提在于既要把城市与农村的经济和社会发展作为整体进行统一规划，又要遵循城乡经济发展的空间分布和时间演化规律；把握这些规律，发挥城市的辐射带动作用和城乡之间关联优势，着力统筹城乡资源，以城带乡、城乡互通，促进城乡经济社会一体化进程。2005 年 11 月《中共中央关于制定国民经济和社会发展第十一个五年规划的建议》明确提出，通过积极推进城乡统筹发展、推进现代农业建设、全面深化农村改革。2006 年 2 月，中共中央关于"三农"问题的第八个"一号文件"其主题就是如何推进社会主义新农村建设。近年来，国家一直重视农业的转型发展、农村的产业升级与村容村貌的改善、农民的增收与人居环境的改变，城乡的差距也在缩小。统筹城乡发展不是一个短期的目标和任务，而是中国未来 20 多年的发展目标和任务。特别是西部的广大贫困农村，也是全面实现小康社会的重点，更是实现全国经济社会协调发展的重大任务。

第四，西部地区城乡经济社会一体化是实现我国现代化的必经之路。中国城乡发展差异大的主要原因是，新中国成立后为了实现重工业优先发展的战略，形成了以扭曲工农产品和生产要素价格的计划配置制度，人为地压低发展工业的成本，即资本、原材料、农产品和劳动力的价格，降低重工业资本形成的成本。经济资源实行计划配置和管理，实行私人工商业资本的国有化和农业的集体化甚至人民公社化。当前，城乡之间城乡居民的收入差距总体上已达到较高的程度，并且表现出继续恶化的趋势。西部地区城乡经济社会发展中出现的许多问题，在相当大程度上受到城乡刚性二元结构矛盾的制约。如何通过深化改革，促进西部地区城乡一体化是消除城乡分割和壁垒所造成的阻碍经济协调、健康、持续发展的重要手段，也是我国是现代化的必经之路。

城乡一体化目前作为热点的理论与现实问题之所以引起政府和学界的重

视，其根本原因在于城乡之间严重的长期分割。城乡经济社会差距的不断扩大制约了我国"两个一百年"奋斗目标与"中国梦"的实现。对西部地区而言，城乡经济社会之间差距主要表现在省区市之间、省区市内部之间、各主体功能区之间、各民族之间等，因此，西部地区统筹城乡经济社会一体化的任务十分艰巨、复杂、困难。西部地区城乡经济社会一体化的难点和特点决定了统筹城乡不能采用固定的单一模式，必须依据不同地区的资源禀赋特点实施差异化发展。因此，本书从多维度构建城乡经济社会一体化的分析框架，构建合理的不同指标体系对西部地区城乡一体化进行测评，将西部地区城乡一体化划分为都市区、资源富集区、农业区和生态脆弱区，并对不同类型对西部地区统筹城乡经济社会一体化进行模式总结与经验分析，最终进行经验总结并提出相应的政策建议。

二、研究对象与研究方法

（一）研究对象

本书研究的对象为西部地区。根据国家统计局公布的相关文件，西部地区涵盖内蒙古、陕西、甘肃、青海、宁夏、新疆、四川、重庆、贵州、云南、广西、西藏等 12 个省（自治区、直辖市），约占国土面积的 71%。截至 2018 年年底，区域常住人口约占全国大陆人口的 26%，相对而言人口密度较低。需要说明的是，由于西藏自治区主要年份数据缺失较多，因此在实证分析过程中，多处暂未给予分析。本书主要分析、总结西部地区城乡经济社会一体化的经验以及为相似地区提供经验借鉴。

（二）研究方法

1. 类型分析法

依据类型分析方法，从各类型城乡的国家主体功能区划分、区位环境、资源禀赋、生态环境等,将西部地区分为都市区、资源富集区、农业区、生态脆弱区四种类型,针对不同类型总结城乡经济社会一体化模式与经验。

2. 调查研究方法

将一般调研与重点调研相结合,摸清西部地区各类型城乡产业结构、资源优势、生态环境、基础设施等现状,解决西部地区各类型区域城乡经济社会一体化发展的基本问题和特殊问题。

3. 比较分析方法

运用比较的方法,分析西部地区城乡统筹发展在经济发展阶段、政策背景、产业结构等方面的差异和相同之处,从而使所构建西部地区城乡经济社会一体化经验具有更强的针对性和操作性。

4. 抽象法

以主体功能区为依据,通过从西部地区不同类型的城乡关系的实际中抽象概括出对于类似不发达地区破解城乡二元关系矛盾具有理论与实践指导意义的城乡关系的一般结论。

三、研究思路与分析框架

(一) 研究思路

本书运用发展经济学、区域经济学、空间经济学等学科的基本理论,沿着"理论框架-状态评价-机制构建-政策支持"的基本思路,从制度、激励、组织和能力上解决先进或适用生产要素向农业或农村转移和输入,并从这四个方面对西部不同类型地区城乡经济社会一体化进行分析,提出基于这种分析框架的西部地区各类型城乡经济社会一体化的模式和经验总结。

（二）分析框架

本书从制度、激励、组织和能力四方面的相互作用角度，构建了西部地区城乡一体化的新分析框架。桑加亚·拉尔在研究了发展中国家工业化的成功因素后，根据激励的有效性假设，他认为激励是"工业化发展的必要条件，而不是充分条件，激励本身并不会产生工业化所需要的'供给方面'的要素"，即"通过政府对市场的干预，理顺价格关系，使所有市场都能对激励做出有效反应，这是工业化成功的必要条件，也是充分条件。因此，成功的工业化是激励、能力和制度之间相互作用的结果"。[①] 从制度的角度来看，使一个国家成功实现工业化的制度是为了克服市场失灵而建立的制度；从激励的视角来看，激励产生于国家的产业政策和贸易战略，可以证明这种观点的是新加坡、韩国、中国香港等亚洲新兴工业国家（地区）工业化的成功；从组织的视角分析，国家工业化的实现有赖于组织化程度的提高，要大力培育各种促进经济增长和发展的有效载体；从能力的角度来看，拉尔把能力具体分成了物质资本、人力资本、技术努力。但是，拉尔没有关注如何利用制度、激励、组织和能力的相互作用来分析城乡一体化的问题。

借鉴运用拉尔的理论，城乡一体化也可以从制度、激励、组织和能力的相互作用解决城乡统筹、工业反哺农业等问题。城乡一体化关键在于"确立正确的制度"，正确的制度可以大大降低交易成本。在正确制度的基础上设计有效的社会激励结构，有效地激励城乡发展中的经济主体，是成功建设城乡一体化新格局的前提。在制度正确和激励有效的前提下，通过提高组织化程度和物质资本、人力资本、技术努力的能力，是转型时期成功实现城乡一体化的有效途径。因此，我们构建如下新的城乡一体化分析框架：

1. 确立正确的制度并适时创新：提供城乡经济社会一体化的平台

以著名经济学家科斯和诺斯为主要代表的新制度经济学派根据角度的不

---

① ［英］桑加亚·拉尔：《对发展中国家工业化成功的解释》，《发展经济学前沿问题》，梁小民译，中国税务出版社 2000 年版，第 138 页。

同给制度下了许多定义，基本含义是不变的，即制度是在不同层次和不同方面的一系列准则。制度规定了人们的可选择范围和人与人的相互关系，制约人们的日常行为。制度的正确是社会经济快速健康发展的根本保证，直接关系后续的激励设计，组织化水平和能力的提高。因此，城乡经济社会一体化最终实现的关键在于设定"正确的制度"，即在很大程度上节约了交易成本，加快了城乡一体化的进程。制度安排为个体、经济组织等城乡一体化主体提供了总体框架、战略目标和政策指导，在制度上提供了保障。一种制度确立以后不是不变的，当制度不再适应社会经济的发展需要时，就会阻碍社会经济的发展。因此，制度需要适时加以变迁和创新，以适应城乡一体化进程中新问题的出现。

2. 设计有效的社会激励结构：确定城乡一体化的动力机制和方向

在正确制度的前提下，有效的激励机制有利于发挥制度的作用，充分发掘各经济主体的积极性和创造性，提高经济主体的能力，最大限度地促进城乡一体化的快速发展。城乡一体化已经进入城乡统筹阶段，现阶段激励机制的设计关键在于促使先进生产要素向农村地区的流动，工业反哺农业，支持社会主义新农村的建设。通过设计有效的激励机制，比如调节物品的单价和工农业产品的相对价格比等，促进先进生产要素的流动，达到资源配置的帕累托改进状态，政策和资源向农村倾斜，建立城乡一体化新格局。政府在设计激励机制的环节上要注意减少价格扭曲，清除竞争障碍，使市场资源配置的基础作用在城乡资源配置过程中得到充分的发挥，减少政府在资源配置领域的干预作用。

3. 提高组织化程度：提高农民的收入和谈判能力

组织是承载社会经济发展的有效实体。在制度正确和激励机制有效的前提下，城乡一体化的进程有赖于农业企业组织和乡镇企业龙头组织的发展，提高组织化程度。组织化程度的提高有利于提高农产品的精深加工程度，延长农产品的产业链条，增加农民收入，加快二元经济结构的转变，促进城市化水平的提高。农村和农民掌握的信息量不足的一个重要原因是中介组织发育不足。因此，在城乡一体化的进程中要大力培育农村的中介组织，改善农民的信息不对称的问题。

4. 提升能力：再造城乡一体化主体

拉尔指出，能力可以分为物质资本、人力资本、技术努力，三者紧密联系，缺一不可。如果只有物质资本而缺乏人力资本和技术努力的支撑，就会走入高成本、低产出、高能耗的经济增长模式。技术则是一国多样化和创新的源泉，必须提高技术水平。相应地，物质资本也是必不可少的，否则人力资源和技术优势难以得到发挥。因此，提高城乡一体化主体的能力必须包含这三方面的提升。物质资本的提升为城乡一体化进程提供物质保障，技术努力和人力资本的提升则有利于各类城乡一体化主体在城乡一体化进程中抵御风险、完善自身、提升竞争力。

四、主要内容和框架图

（一）主要内容

导论，主要是对本书的研究背景及意义、主要研究对象与研究方法、主要研究内容、分析框架结构进行概括提炼总结，并在此基础上提出本书的可能创新之处。

第一章，城乡一体化理论与文献述评。主要是对城乡一体化发展的理论及文献进行了详细全面的梳理，主要从空想社会主义与马克思主义的城乡融合思想、发展经济学的城乡统筹、空间经济学的城乡一体等理论阐述，为下一步研究奠定基础。并从城乡一体化的含义、动力机制、模式等方面对国内文献进行梳理和评述，揭示城乡一体化发展的重大意义。

第二章，西部地区城乡关系的演变及评价分析。从历史过程分析西部地区城乡关系的演变，并建立相关指标体系，从城乡空间联系、经济联系、生活联系等方面评价西部地区的城乡经济社会关系，描述西部地区城乡经济社会关系的基本态势。并从制度、激励、组织和能力方面探讨西部地区形成城乡经济社会一体化的制约因素及实现路径。

第三章，西部都市区城乡经济社会一体化模式与经验分析。主要以大都市和中心城市为中心，实施城市-工业园区导向的城市偏向模式。通过工业化、城镇化、信息化、农业现代化的"四化"协调发展把城乡两大系统联系起来，实施工业园区带动、现代农业园区引领，通过极化效应和扩散效应促进西部地区城乡经济社会之间的融合发展，实现都市区城乡经济社会一体化。

第四章，西部资源富集区城乡经济社会一体化模式与经验分析。这类区域在各类资源开发开采的基础上，延长其产业链，提升其附加值，进而使利润留在地方，增加地方财政收入，再实施资源型产业反哺"农业、农村、农民"的"三农"模式，用资源产业获得的利润，加大农村基础设施投资、提升人力资本水平、改善生态环境、促进资源富集区城乡经济社会一体化。

第五章，西部农业区城乡经济社会一体化模式与经验分析。这类区域实施小城镇带动，以小城镇、中心村为节点，实现城乡均衡发展模式，实现城乡经济社会两大系统的相互联系、相互促进。并以城镇为节点形成城乡统一大市场，促进各种生产要素的合理流动以及城镇功能向乡村延伸与扩展，进而实现农业区城乡经济社会一体化。

第六章，西部生态脆弱区城乡经济社会一体化模式与经验分析。这类区域主要实施易地移民搬迁模式，把人口移民到交通条件好、工业发展基础好、生态环境比较好的城镇地区、工业园区、中心村（社区），既能让移民享受不断改善的基础设施，提高其生活水平和生活质量，又能使生态脆弱区远离人类的破坏，使其自我恢复修复，促进其生态环境的好转，实现人与自然和谐发展的模式，进而实现生态脆弱区城乡经济社会的协调发展。

第七章，结论及政策支持体系。本书的主要结论及西部地区城乡经济社会一体化的支持条件和政策取向。

（二）本书框架图

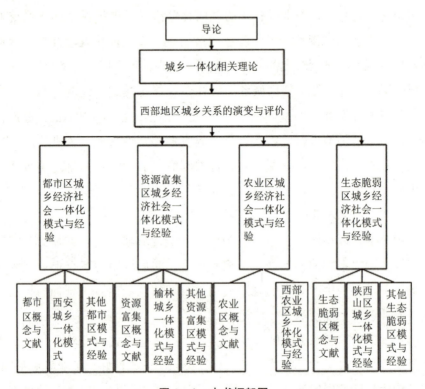

图 0—1　本书框架图

五、创新之处

第一，在分析框架上，从中国城乡体制转型——二元结构转化的异质性出发，按照"刺激-反应"的机制设计理论，借鉴发展经济学的基本理论，从制度、激励、组织和能力建立分析框架，围绕西部地区四种类型城乡经济社会一体化的实现，完善相关体制的改革和均衡发展中的利益，建立激励相容的实施机制。

第二，研究内容的创新。对西部地区各类型城乡经济社会差距的现实进行描述，依据国家主体功能区划分及西部地区各地理环境、资源等禀赋，将西部地区划分为都市区城乡一体化、农业区城乡一体化、资源富集区城乡一体化、生态脆弱区城乡一体化。在城乡体制转型与城乡二元结构转化的异质性所形成的多重约束和多重任务是西部各类型城乡统筹的难点，在此基础上，进行西部地区四种类型城乡一体化的新模式、新经验的总结与概括，推广至全国相似地区。

第三，研究方法的创新。本书在借鉴前人城乡一体化各类综合指标的基础上，依据各类型区域重点设计相关指标体系，用主体成分分析法或聚类分析法，衡量近年来城乡一体化的进程，总结西部地区城乡经济社会一体化的模式与经验。

第一章 城乡一体化相关理论及文献

　　从人类历史的发展进程来看，城乡一体化是通过对自身的否定之否定来实现的，即一体化、差异化、扩大化、再一体化。当生产力水平较低时，没有城与乡之间的区别，两者是相统一的。随着生产力和居住条件的不断集中与稳定，形成高度集中的状态即为城镇的雏形。工业革命的爆发和资本主义的扩张，促使了资本主义社会对原始积累的极大需求，使农村成为城市供应原材料的"附属品"，两者的差距不断加大。在发达资本主义国家，经过长时间的工业化进程达到高水平、高质量的城市化，大量农村剩余劳动力迁徙到城市，城市和乡村之间分割阻隔的矛盾逐步得到缓解。然而，在发展中国家，由于自身工业化程度低，城市化进程缺乏对农村剩余劳动力人口的吸引和消化，并且在城市居住的公民普遍对农村居民有所歧视和政府推行城市乡村差别政策对待的行为，使得城乡之间被人为地分割成二元结构，所以，在非常广泛的领域内，城乡二元结构的研究工作都进行得如火如荼。城市和乡村二者之间究竟是何种关系？学术界的探讨一直在不断地探索前行，从空想社会主义、马克思恩格斯城乡关系、刘易斯的二元经济论及城市地理学等理论一直在争论中不断发展和完善。

第一节 空想社会主义者及马克思主义城乡融合思想

一、空想社会主义者的城乡协调思想

16 世纪，空想社会主义者提出的模式是使城市和乡村二者之间共同发展，他们希望存在于当时社会的一系列经济社会问题能被他们提出的"理想社会"所改善。莫尔（More）在其设想的"乌托邦"社会里设想"农村中到处是间隔适宜的农场住宅，配有充足的农具。市民轮流搬到这儿居住……每户每年有二十人返回城市，他们都是在农村住满两年的。其空额由从城市来的另二十人填补"①。夏尔·傅立叶（Charles Fourier）所描述的理想社会被称为"法郎吉"，在这个社会中城市和农村不再简单地以工业和农业划分，城市和农村长久以来形成的差别逐步消亡，城市和乡村平等、和谐地发展。罗伯特·欧文（Robert Owen）提出建立"新协和村"解决生产私有化与消费社会性的矛盾，将全社会生产力集中起来进行生产。在城市和农村关系的问题中，"这种新村能够兼备城市住宅和乡村住宅现有的一切优点，同时又毫无这两种社会所必然具有的无数不变与弊端"②。

由于当时经济社会发展水平有限，这些看起来完美的社会主义空想受到了局限，因此在实践中均遭到失败。而空想主义观点中的中心内容表现了城市和乡村的关系走向何处，这些思想给此后的城乡关系发展理论提供了许多灵感的火花和深入的思考源泉。

二、马克思恩格斯的城乡融合思想

马克思恩格斯对空想社会主义思想予以批判性的继承，将城乡关系的研

---

① ［英］托马斯·莫尔：《乌托邦》，戴镏龄译，商务印书馆 2009 年版，第 50 页。
② ［英］欧文：《欧文选集》第 1 卷，柯象峰等译，商务印书馆 1979 年版，第 47 页。

究推向了一个新的高度。马克思恩格斯指出城乡之间分离和利益之间的对立，城市对农村及农民的压迫剥削，"无论什么地方都没有例外的是城市通过他的垄断价格，他的赋税制度，他的行会，他的直接商业诈骗和他的高利贷在经济上剥削农村""城市本身表明了人口、生产工具、资本、享乐和需求的集中；而在乡村里所看到的都是完全相反的情况：孤立与分散"。① "鲜明地反映出个人屈从于分工、屈从与他被迫从事的某种活动，这种屈从现象把一部分人变为受局限的城市动物，被另一部分人变为受局限的乡村动物……"②。从此可以看出，马克思恩格斯处在资本主义制度下，城乡关系最终积累为经济和政治的双重问题。

　　同时，马克思恩格斯也指出了工业化在社会巨大进步中的贡献，认为城市化大生产是经济发展的火车头，牵引着整个社会迈向未来，将城市视为"引领未来社会前进的箭头"。③ 恩格斯眼里全英国城市群最集中的地方是"英国地区工业革命的杰出代表"。④ 马克思恩格斯还论证了在更高级形态上实现城乡融合的必然性。首先只有打破城市乡村不协调的格局"才能使农村人口从他们数千年来几乎一成不变地栖息在里面的那种孤立和愚昧的状态中挣脱出来"。⑤ 其次是城市工业化发展的要求，"消灭城乡对立……日益成为工业生产和农业生产的实际要求……当你看到仅仅伦敦一地每日都要花很大费用，才能把比萨克森国王国所排出的更多粪便倾抛到海里去，当你看到必须有那么多巨大的建筑物才能使这些粪便不至于弄臭伦敦全城……那么你就知道消灭城乡对立的这个空想具有实际的基础了"。⑥ 消除城乡二元结构仅仅存在理论上的可能性，"只有通过城市和乡村之间的融合，才可以达到城里的居民的粪便不会引起疾病这样的情况，其次将之用来滋养植物"。⑦

　　恩格斯在《共产主义原理》中指出，无产阶级革命的主要措施之一是

---

① 《资本论》第3卷，人民出版社1963年版，第902页。
② 《马克思恩格斯全集》第3卷，人民出版社1960年版，第57页。
③ 《马克思恩格斯全集》第23卷，人民出版社1972年版，第552页。
④ 《马克思恩格斯全集》第2卷，人民出版社1957年版，第322页。
⑤ 《马克思恩格斯全集》第2卷，人民出版社1972年版，第543页。
⑥ 《马克思恩格斯全集》第2卷，人民出版社1972年版，第542页。
⑦ 《马克思恩格斯全集》第3卷，人民出版社1972年版，第542页。

"在国有土地上建筑大厦，作为公民公社的公共住宅，公民公社将从事工业生产和农业生产，将结合城市和乡村生活方式的优点而避免二者的偏颇和缺点"。① "教育就会使他们每一个人摆脱现代这种分工迫使每一个工人造成的片面性……城市和乡村之间的矛盾也将消失。从事农业和工业劳动的将是同样的人，而不再是两个不同阶级的人。乡村农业人口的分散和大城市工业人口的集中乃是和农业与工业还不够高的发展水平相适应的一种情况……由于消除旧的分工，由于工业教育、活动的变换、共同享受大家创造出来的福利，并因城乡的融合，于是社会全体成员的才能使得到全面的发展"。② "在最先进的国家里可以采取的方法是：把农业和工业相互结合，促进城乡差别逐渐消灭"。③ 在此，恩格斯抓住了城乡统筹发展的两个关键问题，即工农间阶级对立的消失和城乡间人口分布不均的消失，间接地指出实现城乡融合的途径。

马克思恩格斯在《共产党宣言》中指出："资产阶级使农村屈服于城市的统治。它创立了巨大的城市，使城市人口比农村人口大大增加起来，因而使很大一部分居民脱离了农村生活的愚昧状态。"④ "城市和农村分离的局面很大程度是资产阶级造成的，城市和乡村、农业和工业在先进国家完全可以实现结合，从而达到城乡分离局面消除、城市农村协调发展的目的"。⑤

马克思在分析未来社会城市和农村的一体化发展时，讲到要达到建立全体无产阶级全民公有制的前提是逐步使当时占据主流位置的资产阶级私有制消除。"彻底消灭阶级和阶级对立，通过消除旧的分工，进行生产教育、变换工种、共同享受大家创造出来的福利，以便城乡的融合，使社会全体成员的才能得到全面的发展"。⑥ 马克思恩格斯关于城乡之间融合的思想既揭示了城乡之间关系变化的一般规律，又指明了城乡关系未来研究的方向。

---

① 《共产主义原理》，人民出版社 1955 年版，第 13—17 页。
② 《共产主义原理》，人民出版社 1955 年版，第 13—17 页。
③ 《马克思恩格斯全集》第 1 卷，人民出版社 1972 年版，第 273 页。
④ 《共产党宣言》，中央编译出版社 2005 年版，第 30—46 页。
⑤ 《共产党宣言》，中央编译出版社 2005 年版，第 30—46 页。
⑥ 《马克思恩格斯全集》第 4 卷，人民出版社 1958 年版，第 371 页。

三、列宁斯大林的城乡统筹思想

19 世纪末 20 世纪初，列宁对资本主义制度下城乡之间对立的加深进行了深刻地剖析。他认为长久以来人们心中商业优先于农业的传统观念，必然导致城市和乡村形成分离，甚至对立的局面。所以，包括俄国在内的广大资本主义国家，自从有了资本主义和商品经济以来，城市在包括政治、经济和文化在内的各个方面强于农村成为一种必然现象。"[1] 同时，他进一步分析了城乡之间对立的根本原因，其一是城乡之间商品交换的不平等，即农产品与工业品价格的问题；其二是城乡之间的对立破坏了工农之间相互依存相互促进关系；其三是农业生产组织形式落后和农业生产要素严重不足缺乏；其四是城市工业与商业发展不均衡加剧了城乡之间格局分割，进一步拉大城乡之间的差距。列宁认为应该消除城乡对立，实现城乡融合。他认为，一是"俄国土地国有化是保证俄国农业资本主义最迅速进步条件"。[2] 二是"在电气化这种现代最高技术的基础上组织农业生产，就能消除城乡间的悬殊现象，提高农村的文化水平，甚至消除穷乡僻壤那种落后、愚昧、粗野、贫困、疾病丛生的状态……"。[3] 三是"重视农业公社，劳动组合，以及一切能够把个体小农经济转变为公共的、协作的或劳动组合的经济组织，一切能够促进这个转变过程的组织""只有在事实上向农民表明了公共的、集体的、协作的、劳动组合的耕种制的优越性，只有用协作的、劳动组合的经济帮助了农民，才能真正向农民证明自己正确……无论哪一种能够促进协作的劳动组合的农业措施，其意义都是难以估价的"。[4] 斯大林认为城乡之间、工农之间的对立是城市对乡村的剥削与压榨，是资本主义制度下工商业、信贷对农民的巧取剥夺；而在社会主义制度条件下工农之间联盟的建立是为消灭城乡之间、工农之间对立奠定了基础。"工业和农业之间本质差别的消失，不能引导到他们之间任

---

① 《列宁全集》第 10 卷，人民出版社 1988 年版，第 278 页。
② 《列宁全集》第 16 卷，人民出版社 1988 年版，第 489 页。
③ 《列宁全集》第 30 卷，人民出版社 1957 年版，第 303 页。
④ 《在农业公社和农业劳动组织第一次代表大会上的演讲》，人民出版社 1960 年版，第 106 页。

何差别的消灭。"① "工业和农业之间的某些差别就会保存了下来。"② 同时他提出通过电气化计划协调工农之间、城乡之间关系。"必须实现电气化计划，因为这是使农村接近城市和消灭城乡对立的手段。"③ 最大程度使大城市辐射带动周边小城镇和农村协同发展，是实现城乡协调发展的途径，加强城市与乡村之间商品的流通交易。"不仅大城市不能毁灭，而且还要出现新的大城市，他们是文化最发达的中心，他们不仅是大工业的中心，而且是农产品加工和一切食品工业部门强大发展的中心。这种情况将促进全国文化的繁荣，将是城市和乡村有同等的生活条件。"④ "必须用商品方面的结合来补充生产的结合，是城乡联系成为巩固而不可分离的联系。"⑤ 列宁斯大林都认为消除城乡对立，实现城乡融合，主要的技术手段实现电气化，协调城乡之间、工农之间的关系；通过大成城市带动周边小城镇与农村协调发展；加强城乡之间的商品流通，实现城乡之间拥有同等的生活条件。这一切也为未来城乡融合提供了现实依据。

第二节 发展经济学视角下城乡关系理论

一、刘易斯的城乡二元经济论

二元经济结构理论是由英国经济学家刘易斯于 1954 年发表的《劳动无限供给条件下的经济发展》一书中首先提出来的，并确定这是一个有用的假设。"在那些相对于资本和自然资源来说人口如此众多，以致在这种经济的较大部门里，劳动的边际生产率很小或等于零，甚至为负数的国家里，劳动的无限

---

① 《斯大林全集》第 6 卷，人民出版社 1955 年版，第 32 页。
② 《苏联社会主义经济问题》，人民出版社 1961 年版，第 22 页。
③ 《斯大林全集》第 12 卷，人民出版社 1955 年版，第 53 页。
④ 《斯大林全集》下卷，人民出版社 1979 年版，第 558 页。
⑤ 《斯大林全集》第 12 卷，人民出版社 1956 年版，第 211 页。

供给是存在的。"①　因此，他的理论阐述商品经济生产部门和维持人民生活生产部门，这两个部门是发展中国家的两个不同类型的生产部门，构成典型的二元经济结构。"资本主义部门是经济中使用再生产性资本，并由于这种使用而向资本家支付报酬的那一部分""维持生计部门不同之处就在于它是这种经济中不使用再生产性资本的那一部门。这个部门的人均产量比资本主义部门低。由于可得到的资本更多，就有更多的工人能从维持生计的部门被吸收到资本主义部门去，同时他们的人均产量也因此从一个部门转向另一个部门而增加。"②　维持生计部门（主要指传统农业部门）以传统生产方式为主，劳动的边际生产率很小甚至为零，存在着大量的剩余劳动力，"隐蔽"失业者普遍存在，劳动收入也仅仅只能提供其活下去的需要。此外"维持生计部门的收入决定资本家部门工资的下限，而且资本主义工资与提供其活下去的工资水平一般情况下大概相差三分之一。"③　"由于这个原因，整个社会中提供生存需求的生产部门的过剩劳动人员，在较为低廉的工资水平下就会被吸引到商品经济生产部门中来，从而促进国民经济增长。"④　资本主义部门由于把剩余再投资于创造新资本而扩大，并吸引更多的人从维持生计部门到资本主义部门就业。剩余越来越多，资本形成也越来越多，而且这个过程一直持续到剩余劳动力消失为止。

　　二元经济的发展机制是资本主义部门增加了资本的积累，导致产量和就业增加，从而使传统农业部门的劳动力转移，同时为了维持资本主义部门的既定工资率，保持资本主义部门的高利润，资本家将获得的超额利润重新再投资扩大再生产，使资本主义部门进一步增加新的资本积累，资本经过多次循环运转，直到农业所有剩余劳动力全部转移到资本主义生产部门中，最后

---

① ［英］威廉·阿瑟·刘易斯：《二元经济论》，施炜等译，北京经济学院出版社 1989 年版，第 3 页。

② ［英］威廉·阿瑟·刘易斯：《二元经济论》，施炜等译，北京经济学院出版社 1989 年版，第 7—8 页。

③ ［英］威廉·阿瑟·刘易斯：《二元经济论》，施炜等译，北京经济学院出版社 1989 年版，第 10 页。

④ ［英］威廉·阿瑟·刘易斯：《二元经济论》，施炜等译，北京经济学院出版社 1989 年版，第 12 页。

使两部门二元经济消失。二元经济发展的过程可用图1—1表示：

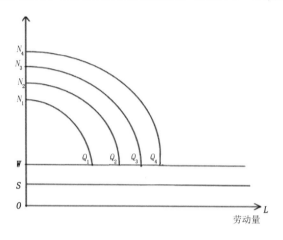

图1—1 二元经济发展过程

如图1—1所示，"OS 是维持生计部门平均收入，而 OW 是资本主义部门的工资。WN_1Q_1 代表最初阶段的剩余。因为一部分剩余用于再投资，所以固定资本量增加了。因此，边际劳动生产率整体也提高了，达到了 N_2Q_2 的水平。现在，剩余和资本主义就业也都更大了。继续再投资把边际劳动生产率线提高到了 N_3Q_3。而且只要有剩余劳动力，这个过程就一直继续下去"。[①]

刘易斯模型的三个基本特征：一是从两部门之间转移分析的视角研究农村人口流动问题，即传统部门的剩余劳动力向资本主义部门转移，开创了人口流动使城乡二元结构消除的先河；二是只强调现代工业部门的扩张，没有考虑农业部门的发展，即科学技术发展对农业的促进作用；三是假定传统部门劳动力的供给是无限的，发展中国家农业部门存在着边际生产力为零的劳动是不成立的，这一点被后来的学术界所批评。但他开创性地研究了二元经济向一元经济转变过程中的经济增长问题，经过拉尼斯、费景汉、乔根森和哈里斯-托达罗等人的发展，刘易斯的理论对发展中国家仍有很大的影响。

---

① ［英］威廉·阿瑟·刘易斯：《二元经济论》，施炜等译，北京经济学院出版社1989年版，第11—12页。

二、拉尼斯-费景汉的二元经济论

20 世纪 60 年代，拉尼斯（Ranis，G.）和费景汉（FEI，C. H.）在《一个经济发展理论》一文中运用微观经济学和计量经济学理论的基础上，构建了拉-费二元经济关系结构转换模型，从而阐述了农村剩余劳动力在二元经济关系结构转换中的作用和过程。这两人提出刘易斯二元经济模型存在的主要问题为："第一，没有足够重视农业在促进工业增长中的重要性；第二，没有注意到农业由于生产率提高而出现剩余产品应该是农业中的劳动力向工业流动的先决条件。"[①] 因此，他们将农业部门的发展纳入分析的范畴。在刘易斯模型中，剩余劳动力从农业部门向工业部门转移，不会出现粮食缺口。但是，实际情况却是在劳动力转移的过程中，如果粮食生产效率不相应提高，将会出现粮食短缺，严重影响劳动力的转移。正是从这个视角看，农业部门对工业部门的贡献不仅仅在于提供剩余劳动力，还在于提供农业剩余的来源。这是拉尼斯-费景汉模型对刘易斯模型最重要的修正。但拉尼斯-费景汉模型仅仅描述农业在国民经济发展中的重要性，这个描述是在确保工业在国民经济中的扩张作用前提下做出的，此外农业生产部门自始至终处于从属地位，农业仅仅是一个向现代工业部门提供资本积累和输送剩余劳动力的被动部门。

拉尼斯-费景汉模型将刘易斯模型向前推进了一步：一是拉-费模型重视农业部门的发展，认为农业对经济的贡献不仅在于向工业部门提供劳动力，还在于向工业部门提供农业剩余。二是拉-费模型认为，影响生产效率提高的因素不只是资本的积累，技术进步也是提高生产率的重要途径，技术进步是经济发展的重要源泉。三是拉-费模型强调了人口增长对劳动力转移的影响，提出了临界最小努力原则，为发展中国家控制人口增长提供理论依据。由于拉-费模型推动了刘易斯模型的发展，两种模型也被称为刘易斯-拉尼斯-费景汉模型（Lewis-Lanis-Feijinghan Model）。

---

① 谭崇台：《发展经济学概论武汉》，武汉大学出版社 2008 年版，第 91—93 页。

三、乔根森的二元结构模型

美国经济学家乔根森（Jorgenson，D. W.）在《二元经济的发展》中创立了新的二元经济发展模型。乔根森对刘易斯-费景汉-拉尼斯模型的农村剩余劳动力转移的假设产生疑问，依据新古典主义的边际分析方法分析了工业部门的增长是如何依赖农业部门的。他指出"农业部门与工业部门的工资标准不同，前者等于劳动的边际产品，而后者等于边际劳动生产率，劳动力可以在两部门之间自由流动；农业剩余是农村劳动力转移的前提条件"。[①] 由于农业生产力水平的不断提高，开始出现了农业剩余，现代部门（资本主义部门）的发展才有了可能。农业剩余的大小决定了农村劳动力转移的规模以及工业部门的未来发展潜力。农村剩余劳动力在工业生产部门的生产技术改进和农业剩余的双重影响下，表现出转化速度变化。居民整体的储蓄率随着工业生产技术的提高而增加，同时也会带动劳动增长率的提高和经济增长率的提高，从而达到城乡二元经济生产关系结构转化为一元结构。

乔根森模型抛弃了刘易斯-费景汉-拉尼斯模型中剩余劳动和不变工资的基本假设，而从农业发展与人口增长的视角研究二元经济转换问题。乔根森模型的核心在于农村剩余劳动力转移到工业部门，是人们需求结构和消费结构转化与变化的最终结果。乔根森模型的缺陷是关于粮食需求收入弹性的假定，即存在农业剩余时，粮食需求收入弹性为零，而这一假定显然与真实事实不符。

四、托达罗模型

美国经济学家托达罗（Todaro，M. P.）在 20 世纪 60 年代末 70 年代初创立托达罗模型，模型的提出是为了解释许多欠发达国家越来越严重的失业问题，大量剩余劳动力在城市找不到工作，面临严重城市失业的情况下乡村

---

① 陈波：《甘肃城乡一体化的演变与发展模式研究》，甘肃人民出版社 2013 年版，第 33 页。

人口还不断向城市流动的现象。他认为表面上的农村剩余人口向城市转移并不是真正的城乡二元关系一体化，因此加快提高农业生产部门的技术水平是必要的，使农业部门生产水平达到规模经济，进而缩小工农差别、城乡差别。这种人口的大规模流动一方面导致城市失业越来越严重，另一方面农业生产由于劳动力不足而受到严重影响。托达罗正是试图对农村人口流向城市和城市失业同步增长的矛盾做出合理的解释，构成农村和城市人口迁徙的主要内容：（1）成本和付出的对比是进行人口迁徙流动的促进因素，其中还包含心理因素等其他社会因素；（2）促使人们做出流向城市决策的是预期因素而不是城乡收入差异。如果城市收入为农村收入的 1 倍，只要城市失业率不超过50％，农村劳动力就会不断向城市流动；（3）城市失业率越低，农村剩余劳动力获得工作机会越高，城市失业率越高，农村剩余劳动力获得工作机会越低；（4）人口迁徙流动的速率会超过城市中工作机会增长率，这不仅存在理论上的可能性，而且十分合理，在城乡预期收入差异很大的条件下，情况就必然如此。全世界广大的不发达国家中存在十分普遍的现象：城市乡村之间发展机会不平等和发展水平不平衡这两个因素，导致城市范围内的高失业率。城市和农村之间人口迁徙的规模与城乡预期收入差距成正比例，城乡预期收入差距越大，城市净流入人口就越多；而城乡预期收入差距若呈负相关，迁移者不愿意流入城市甚至会从城市反流向到农村。因此，城市净流入人口不但不会增加，甚至会减少。

托达罗模型重要贡献在于引入了城市非正规部门，即城市中与少数先进的现代工业部门并存的非正规企业，它们作为迁徙人口进入正规部门的缓冲渠道，对缓解城市的就业压力发挥了重要作用。托达罗模型的另一重要贡献在于就业概率的引入，不仅使模型具有了不同以往人口流动模型的特点，同时也使自己的分析有了坚实的现实基础。他进一步认为，解决发展中国家高失业率问题不能仅依靠城市工业部门扩张，还需要不断改善农村生产生活条件，大力发展农村经济。对托达罗模型的批评主要在其假设农村不存在剩余劳动力，与现实不符；流入城市的劳动力即使没有工作也不会返回农村，也与现实存在一定的偏差。

五、发展极理论

弗朗索瓦·佩鲁（Francois Perroux）于 1955 年提出发展极理论，他认为经济发展在时间与空间上的分布是不均衡的，在一国经济发展的空间分布上，大城市聚集了许多主导部门或具有创新能力的企业，它们引导着资本和技术向城市某些区域聚集，形成了规模经济效应，从而使这些区域以较快的发展，形成区域经济的"发展极"（Growth-pole）。随后，发展极通过辐射扩散效应带动相邻区域共同协调发展。发展极的形成需要有三个因素："一是必须有创新能力的企业和企业家群体；二是必须具有规模经济效益；三是必须有适当的周围环境，便于投资和生产。"① 发展极的形成一方面可以市场机制的自发调节，引导推进型产业和创新性企业在大城市或一些区域集聚自然形成；另一方面可以通过政府的投资引导和经济规划等方式建立。

在佩鲁的发展极理论之后，法国经济学家布代维尔（R. J. Boudeville）提出了"增长中心"的概念，将增长极理论同极化空间、城镇化联系起来，从而将增长极引入区域经济理论分析中。他认为，"经济空间实际上是经济变量在地理空间中的表现，城镇是拥有推进型产业的复合体，所以'增长极'通常在城镇中出现"②。

增长极理论被各国或地区用于解决不同的区域发展和规划问题，其特点是：第一，增长极概念简单且易于理解，对政策制定者具有较强的吸引力。第二，重视创新的作用，鼓励技术革新，符合社会进步的动态趋势。第三，提出了易于操作的有效政策，鼓励政府对推进型企业进行补贴和规划。但其缺陷为增长极的经济空间概念过于空泛，佩鲁认为经济空间是全球性的，政策操作上带有强烈城市化和工业化倾向，忽视了农业和中小城市的作用。

---

① 谭崇台：《发展经济学概论》，武汉大学出版社 2008 年版，第 187 页。
② 陈波：《甘肃城乡一体化的演变与发展模式研究》，甘肃人民出版社 2013 年版，第 37 页。

六、均衡增长理论

均衡增长是与非均衡增长相对的概念，也被称为大推进理论（The theory of the big-push），认为在经济发展过程中，要按照同一比率或不同比率同时对国民经济各部门进行投资等活动，以推动各部门共同发展。该理论最早由英国经济学家罗森斯坦·罗丹（P. N. Rosenstein-rodan）在《东欧和东南欧国家工业化问题》一文中提出，他认为发展中国家要脱贫就要实现工业化，而工业化的实现是以充足的资本供给为基础，因此需要大规模的投资才能使各工业部门间实现相互依赖、互为市场的均衡发展；同时，在投资过程中各部门要按同一比率进行，以保证共同发展。[①] 另一代表人物是美国经济学家雷格耶·讷克斯（Reggye Nex），他主要关注的是市场容量对经济增长的影响。他在《不发达国家的资本形成问题》一书中指出"由于市场容量小而造成的困难，关系到刺激任何一个单独生产部门的投资。如果仅就这个生产部门本身来说，这种困难就会使它难以扩大投资。但是如果对多种不同的工业部门大体上同时使用资本的话，这种困难至少在理论上是趋于消失的。"[②] 但是讷克斯的观点仅是多种工业部门大体上同时使用资本，而不要求这些部门按同一比率进行投资。

七、核心-边缘理论

核心-边缘理论最早是由劳尔·普雷维什（Raul Prebisch）提出，经过不断发展，该理论愈发成熟。1966 年约翰·弗里德曼（John Fredmann）依据熊彼特的创新理论，在其《区域发展政策》中提出了"核心-外围"理论，认为核心区是指具有创新活力的地域社会组织子系统，而外围区是依附于核心区的地域社会组织子系统。创新活动往往由核心区向外围区扩散，外围区依赖

---

① 张洪：《区域经济学》，中国人民大学出版社 2014 年版，第 57—58 页。
② ［美］讷克斯：《不发达国家的资本形成问题》，商务印书馆 1966 年版，第 13—15 页。

于核心区，核心区决定着整个空间系统的发展。

对该理论发展具有重大贡献的学者是保罗·克鲁格曼（Paul Krugman），正是其在 1991 年发表的《Increasing Returns and Economic Geography》一文，将空间因素拉回到主流经济学家的视线，并且该文的发表标志着新的学科-空间经济学（新经济地理学）的诞生。克鲁格曼在迪克希特-斯蒂格利茨垄断竞争模型的基础上，加入了空间因素，建立全新的核心-边缘模型。[①] 因为，该模型不再以（新）古典经济学的完全竞争和规模报酬递减（不变）为分析范式，而是以垄断竞争和规模报酬递增为理论基础，同时以空间非均质性取代空间均质性的假设，使之更加符合实际情况。核心-边缘模型为经济活动的空间分布提供了合理解释，本地市场效应、价格指数效应导致了要素和产业（企业）的空间集聚现象，并且由于循环累积因果效应，使某一区域成为"黑洞"，[②] 而这又一次强化了集聚力，扩大了与其他区域之间的差距；而扩散现象是由于市场拥挤效应引起的。内生非对称性对于城乡之间差距给出了解释，该模型假设存在两个区域、两个部门（制造业和农业）、两种要素，初始时两个区域是对称的，如果某一地区实施了有利的税收政策，两个地区之间的均衡将会被打破，经济活动将向某一地区集聚，最终导致区域之间差异形成，这是外部冲击的作用；如果此时并不存在外部冲击，而是由于自由贸易成本的下降引起了彼此之间均衡被打破，称之为内生非对称性。[③] 可以说，这个理论从空间视角上对解决城乡之间差距的形成具有重要意义。

八、冈纳·缪尔达尔的地理二元结构理论

1957 年，冈纳·缪尔达尔（Gunnar Myrdal）用累积性循环原理来说明发达地区的经济发展对落后地区产生的积极与消极作用，提出了著名的"地理二元结构"理论。利用扩散效应和回波效应理论，解释国际间和地区间经济

---

① Paul Krugman, Increasing Returns and Economic Geography, *The Journal of Political Economy*, 1991, pp. 483—499.
② Masahisa Fujita, Paul Krugman, Anthony J. Venables：《空间经济学——城市、区域与国际贸易》，梁琦主译，中国人民大学出版社 2013 年版，第 47—49 页。
③ 安虎森：《空间经济学原理》，经济科学出版社 2006 年版，第 12—18 页。

发展不平衡的问题，把二元结构理论引入经济发展理论中。他认为不发达国家的经济中普遍存在着发达地区与不发达地区所构成的二元结构。经济社会的发展是一个动态演进的过程，而这个过程的演进是各种因素相互作用相互影响的结果。"回波效应"是指"各地区之间劳动力、资本、技术、资源等受要素收益差异吸引会发生由落后地区向发达地区流动的现象，即经济发展中落后地区会受到发达地区不利影响而导致地区经济发展差距拉大"[①]。相应地，"扩散效应"是指"当发达地区发展到一定程度后，由于人口稠密、交通拥堵、污染严重、资本过剩等原因，减弱经济增长的势头，为了自己的进一步发展，就会把资本、技术、劳动力等生产要素有意向其他地区扩散出去，其结果使落后地区的经济得到较快的发展，与发达地区的差别逐渐缩小，直至达到平衡"[②]。

要改变这种地理上的二元结构，不要消极地依赖发达地区产生扩散效应来消除或缩小差别，而政府要采取一定的保障措施来刺激不发达地区的经济发展。在此基础上，赫希曼（Hirschman，A.）在《不发达国家中的投资政策与"二元性"》中提出，后又在《经济发展战略》中进一步阐释了"极化效应"和"涓滴效应"，指出一国经济要获得必要的发展，必须首先优先发展其区域中心的经济，培育区域增长点。而在长期中通过政府的行政干预，利用"涓滴效应"来逐步缩小区域之间的差距。并且认为在区域经济发展中，涓滴效应最终会大于极化效应而占优势。

第三节　空间理论下城乡一体化理论

一、霍华德的田园城市理论

1898 年，埃比尼泽·霍华德（Ebenezer Howard）在《明日的田园城市》

---

① 李萌、张佑林：《论我国西部大开发的战略模式选择》，《华中师范大学学报》2005 年第 3 期。
② 李萌、张佑林：《论我国西部大开发的战略模式选择》，《华中师范大学学报》2005 年第 3 期。

中提出田园城市理论。他认为田园城市是为人们的健康、生产生活以及产业发展而设计的城市，城市可提供丰富的社会生活，但不应超过一定的限度；应有永久性农业地带环绕四周，城市的土地归全体公众所有，由受托委员会掌握管理运营。

埃比尼泽·霍华德在著作的开篇出写道："现如今城市本身以及乡村都有其自有的优点与缺陷，但城市-乡村则可以避免二者的不足……这种该诅咒的社会和自然的畸形分割再也不能继续下去了。城市和乡村必须结为一体，这种合理并愉快的结合将产生出新的希望、新的生活、新的文明。"① 这种情况可以用以下"三磁铁"的图1—2来解释。

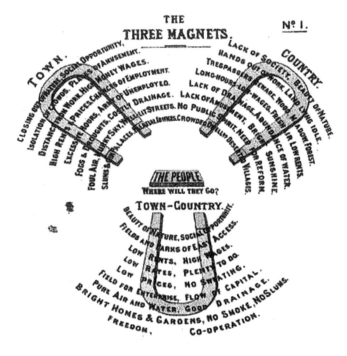

图1—2 霍华德的三磁铁图②

对于霍华德来说，田园城市并不是他的奋斗目标，而只是实现他所追求

---

① ［英］埃比尼泽·霍华德：《明日的田园城市》，金经元译，商务印书馆2014年版，第6—9页。

② ［英］埃比尼泽·霍华德：《明日的田园城市》，金经元译，商务印书馆2000年版，第7页。

的"社会城市"的一个实验和示范。田园城市建成后，随着人口的增长，"它将靠在其'乡村'地带以外不远的地方-可能要运用国会的权力-靠建造另一座城市来发展……在我们城市的周围始终保留一条乡村带，直到随着时间的推移形成一个城市群"① "各城市之间放射交织的道路、环形的市际铁路、从中心城市向各田园城市放射的上面有道路的地下铁道以及环形的市际运河和从中心城市边缘向田园城市放射的可通向海洋的大运河等，在交通、供水和排水上，使整个田园城市成为一个有机整体"②。

　　根据霍华德的假设田园城市包括城市和农村两部分。农业用地从四面包围着核心城市；城市居民可以就近得到新鲜粮食、蔬菜及其他农产品的供应；土地归全体居民所有，而使用土地必须支付一定的租金。城市收入全部来自土地的租金；在土地上进行建设、聚居而获得的增值部分归集体所有；城市的规模必须严格限制，使每户居民都能便捷地接近乡村的自然空间。

　　田园城市理论不仅仅只停留在城市规划设计的层面，它更多地涉及整个社会改造问题。霍华德对土地的分配、城市收入来源、城市财政支出、田园城市的经营管理等都提出了具体的实施意见，对后来人的城乡规划设计和城镇化发展产生了积极的影响。

二、沙里宁的都市疏散理论

　　艾里·沙里宁（Eliel Saarinen）在其著作《城市的发展与未来》一书中指出："城市在发展中逐渐变得畸形，集中会造成拥挤与混乱，从而造成城市的衰败与贫民区的扩散……唯一的补救方法是采取果断的'外科手术'，通过政府建设改造城市区域把拥挤过度的城区变得相对宽松……因为只有用这种方法，解决城市病的问题，才能使城市恢复有机秩序，并使城市中的居住者获得良好的生活体验。"③ 在分析了欧洲工业革命后城市兴起的过程以及城市内

---

　　① ［英］埃比尼泽·霍华德：《明日的田园城市》，金经元译，商务印书馆2014年版，第105—107页。
　　② ［英］埃比尼泽·霍华德：《明日的田园城市》，金经元译，商务印书馆2014年版，第19页。
　　③ ［美］伊利尔·沙里宁：《城市：它的发展、衰败与未来》，顾启源译，中国建筑工业出版社1986年版，第20页。

部组织结构后，他发现了形成城市所需要的各种条件。并对这些城市发展过程中出现的种种问题以及出现原因进行了深入的剖析，并提出了城市发展规划过程中需要注意的问题。

他把人类单独的活动分为"日常的活动"和"偶然的联系"，提出城市当中不应该有重工业的存在，"只有把重工业逐步迁移到新的郊外工业区时，城市原有的用地才可以被安排其他用地用途。使其利用效率更高，比如将这部分用地用作高校科研基地或者科技与企业管理人员住宅等。轻工业也将会采用同样的方式，分布到居住与工作条件较好的各个分散的区域中去"①。城市空间重新优化整理的作用在于"原先密集的城区，将分裂成一个一个的集镇，它们彼此之间将用保护性的绿化地带隔离开来……在这些保护性绿化地带上，必须禁止兴建任何普通的建筑物，这样才能保证绿地起到永久的保护作用，因为这种保护作用是有机疏散中非常重要的一环"②。而对于城市的交通问题，"将快速汽车道设置在绿色的过渡地带之中，是在分散城市中解决交通问题的基本方法。研究和处理其他所有的交通问题时，也应当同这种做法相协调"③。与以往的城市规划者不同的是，沙里宁指出人的思想意识的转变及市民在城市建设中的参与度至关重要，从描述中可以看出，"居住与劳动场所纵然离得很远，但由于人们早已习惯于这种不良的条件，他们还是感到满足而安于现状。所以在分散工作中，必须把大部分的精力，用于破除这种安于现状的思想"④。和"而今天的城市居民，总的来说，对待城镇的建设问题，态度却相当冷淡，因此，必须对他们进行开导和启发"⑤。

沙里宁在书中还研究了有机城市发展思想、经济状况、居民教育、设计

---

① ［美］伊利尔·沙里宁：《城市：它的发展、衰败与未来》，顾启源译，中国建筑工业出版社1986年版，第175页。
② ［美］伊利尔·沙里宁：《城市：它的发展、衰败与未来》，顾启源译，中国建筑工业出版社1986年版，第206页。
③ ［美］伊利尔·沙里宁：《城市：它的发展、衰败与未来》，顾启源译，中国建筑工业出版社1986年版，第210页。
④ ［美］伊利尔·沙里宁：《城市：它的发展、衰败与未来》，顾启源译，中国建筑工业出版社1986年版，第130页。
⑤ ［美］伊利尔·沙里宁：《城市：它的发展、衰败与未来》，顾启源译，中国建筑工业出版社1986年版，第22页。

等城市各相关方面的内容，对其后欧美各国改造旧城、发展新城的工作有重要的影响。

三、赖特的广亩城理论

1932 年赖特（Frank Lloyd Wright）提出"广亩城市"设想。他认为现代城市尤其是一些大城市存在的问题很多，既不能适应现代人的生活需求，也不能充分体现人们的生产生活意愿，应当予以取消。他设想未来的城市既是无所不在的而又是一无所在的，既有别于古代的城市，又有别于现在的任何城市。随着汽车以及廉价电力的出现和使用，原来一切活动集中于城市的状态终将结束，分散居住和分散就业将成为未来生产生活趋势。这种人们完全分散的、低密度的居住、就业相结合的模式，即"广亩城市"。他的观点是一种基于生物有机体的一元整体论的观点，他对广亩城市提出的含义为："这种城市意味着在对个人而言拥有较多自由的城市空间……这种城市建立在至少每人可以拥有一英亩的土地空间的基础上。但是最为重要的是，民主制度得以确立时，这将会成为一个完全自由的城市，人的本性将会在城市中得到完全的释放。"① 农村公社制度保障了所有人在出生时获得一英亩土地，每人每天都在营造自身的整体和谐，没有城市和乡村的差别，这种制度使人与土地的联系更加紧密，消除了土地资本的束缚，使人们可以根据自己的意愿低成本的迁移。

"整个广亩城市如同一个巨大的有机体，它存在的重要因素之一便是紧靠城市高速公路，其社会组织形式与城市结构的相同特征是较为分散。工厂、广场、学校、教堂、剧场等公共设施都是广亩城的小单元，这些小单元皆为功能复合的有机建筑，他们之间分散在各处但是又紧密相连形成有机联系，方便居民就近使用。广亩城最不可缺少的交通工具便是汽车，汽车的存在使人们可以方便地到达城市的各个小单元之中。为了方便汽车的使用，加油站需要沿着主要的公路进行布点，公共设施则沿社区内部道路分布：工厂与其

---

① Wright Frank Lloyd, The Living City, New York：Horizon Press, 1958, p. 110.

他经济机构都是家庭的支持单元"①。这种设想已经成为当前美国城市近郊稀疏的住宅和居民点分布的真实写照。其广亩城的构想具体是指将城市建造在广泛的农村网络之中,农业用地从四周环绕城市,其思想与埃比尼泽·霍华德的田园都市理论较为相似。

四、芒福德的城乡发展观

芒福德(Lewis Mumford)在《城市发展史——起源、演变和前景》中描述了五千年的城市发展史,试图对城市发展过程中的是非曲直、功过得失做一个历史性的总结。他指出城与乡同等重要;城与乡,应当有机地结合在一起。"村庄良好秩序和稳定性,包括它母亲般的保护作用和安适感,以及它同各种自然力的统一性,后来都流传给了城市。"② 城市作为一种明确的新事物,有其突出的社会功能。但若任由其发展膨胀,就会形成特大城市的困扰。"尤其是,城市的建设与城市的增加改变了城市人口与农村人口之间的平衡。"③ 提倡城市发展的人们,"不是把活力和生机带入城市之中,以便使贫苦的人民不但可以有阳光和空气……而是把乡村变成不毛之地,而且最终把死亡带给城市"④。因此,芒福德主张通过分散权力建造许多分散的城市,并以如同星座的形式四散分布。"既能保留有乡村所带来的种种美好事物,又可以享受城市所带来的各种便利。"⑤ 通过以现有的城市为主体,把区域统一体引向社区内,注重城市与周边乡村均衡的发展,最终带动地区整体进步,使居民无论是在城市还是乡村都可以享受同样的服务,这样可以缓解各大城市所出现的各种城市病的困扰,最终实现田园城市的理想状态。

---

① 向岚麟、吕斌:《光明城与广亩城的哲学观对照》,《人文地理》2010年第4期。

② 〔美〕刘易斯·芒福德:《城市发展起源、演变和前景》,倪文彦译,中国建筑工业出版社2005年版,第14页。

③ 〔美〕刘易斯·芒福德:《城市发展起源、演变和前景》,倪文彦译,中国建筑工业出版社2005年版,第542页。

④ 〔美〕刘易斯·芒福德:《城市发展起源、演变和前景》,倪文彦译,中国建筑工业出版社2005年版,第540页。

⑤ 〔美〕刘易斯·芒福德:《城市发展起源、演变和前景》,倪文彦译,中国建筑工业出版社2005年版,第577页。

五、麦基的亚洲城乡一体化发展模式

麦基（T. G. Mcgee）通过对亚洲许多国家和地区的城乡研究中得出，城乡差别和城乡边界并不明确，这些城市出现了农业与非农产业共同存在的情况，达到了城乡融合。"城乡融合地带多出现于那些人口密集较高的亚热带或热带地区，处于大城市之间的交通汇集走廊地带，凭借农村与城市交界地带的相互作用，极大地促进了城乡劳动密集型产业的迅速发展，人流的集中使得服务业和其他非农产业也快速增长，实现了居民职业活动和生活方式不同程度的转变。"[①]

麦基用 Desakota 模式来概括特殊区域的城乡一体化的空间状态。Desakota 模式就是通常我们所说的城乡一体化，也就是建立在区域集中发展的都市化。Desakota 模式主要的特点是"首先，处于人口较为密集的地区、分散四处的农户最主要的经营方式便是传统的水稻种植。其次，亚洲地区 Desakota 区域是由原中心城市的工业向外扩散和乡村地区非农产业的发展而逐步形成的……最终，原有的城市管理方式以及农村的管理方式不在适合这类区域，管理体制的缺陷成为城市最为落后的地方，非正式部门的普遍存在使 Desakota 成为一种灰色区域"[②]。麦基把亚洲国家的城市化分为三种类型：①邻近大城市的乡村都市区。以人口流向城市或转入城市非农产业而形成，典型区域如东亚的韩国与日本。②多个大城市由于自身发展扩张而最终形成新的大型城市。典型区域为中国的长江三角洲地区、珠江三角洲地区、台北-高雄城市地区以及泰国中部平原和印度的加尔各答地区。③邻近国家的次级中心城市（如省会）。典型区域为中国的四川盆地、孟加拉国、印尼南部的喀拉拉邦和爪哇岛的部分地区。[③]

---

①　史育龙：《Desakota 模式及其对我国城乡经济组织方式的启示》，《城市发展研究》1998 年第5 期。

②　史育龙：《Desakota 模式及其对我国城乡经济组织方式的启示》，《城市发展研究》1998 年第5 期。

③　Mcgee T. G. , The Emergence of Desakota Regions in Asia：Expangding a Hypothesis Settlement transition in Asia，Honolulu：University of Hawaii press，1991.

麦基在研究城市对乡村地区产生虹吸作用的同时，重点分析探讨了城乡之间相互依赖、相互影响的双向交流引起的地域空间变化，而变化对于有效地组织城乡经济活动具有重要的现实启示意义。[①] 从而也对实现城乡一体化具有可操作的指导价值。

六、岸根卓郎城乡融合设计模式

岸根卓郎的基本思想是创造自然与人类的信息交换场，即打破原有的城市与农村之间的界限，最终形成一个人与自然和谐交融的社会，也就是城乡空间融合的社会。通过"农业与工业的融合""人类社会与自然环境的融合"形成多维立体化的城市空间，从而实现城乡之间的融合。

岸根卓郎提出的城乡融合社会是将自然生态作为城市的核心要素。以自然区域作为城市建设的中心。并加入田园地带、农业区地带、丘陵地带，同时配置教育资源、居民居住区、文化设施，最终完成一个将农业、文化、产业、居民生活融为一体的复合社会。城乡融合设计理论对于认识和处理城乡一体化关系，协调人与自然关系、城市与乡村关系，形成人与地和谐的可持续健康发展具有指导意义。

综观以上理论，不管是城乡偏重发展还是城乡均衡发展都构成了城乡关系研究的重要组成部分，为城乡融合及城乡一体，实现城乡的共荣与和谐发展，为发展中国家协调城乡关系奠定坚实的理论基础。但从整体来看，他们的研究从多理论视角将城市和乡村分离，以城市为核心，探讨城乡布局、规划的角度；从城乡二元结构逐渐向一元过渡；主要是缺乏在工业化、城镇化、农业现代化、信息化的大背景下研究城乡一体化的特殊性，没有在更广阔的视野中系统研究城乡关系。即便有将城乡统筹发展纳入分析框架，他们也多是对未来社会的构想，缺乏实践性。

---

① 史育龙：《Desakota 模式及其对我国城乡经济组织方式的启示》，《城市发展研究》1998 年第5 期。

第四节　国内城乡一体化相关文献

城乡一体的思想萌芽产生于 20 世纪，空想主义者与西方学者就资本主义城乡之间矛盾不断加大，提出了城乡一体化的美好愿景。改革开放以后，特别是 20 世纪 80 年代末，我国历史上形成的城乡之间隔离，要素限制流动、城乡政策不同等造成城乡分离，使各种经济社会矛盾不断显现加大，此时城乡一体化的理论才逐渐得到学界的重视。近年来，许多学者开始了对城乡一体化问题的研究，而城乡一体化关系到经济学、产业发展、社会学、社会保障、公共服务、基础设施、生态环境、空间景观等各个方面，人们对城乡一体化的理解及实现路径提出不同的观点。本章从城乡一体化含义、动力机制、指标体系、发展模式、实现路径五个方面对城乡一体化的相关研究进行总结归纳。

一、城乡一体化的内涵

（一）生产力视角

陈光庭认为城乡一体化是生产力高度发达下，城市与乡村实现结合，以城带乡、以乡补城、资源互补、市场共享，最终使城市与乡村在社会建设、经济发展等方面的协调发展。[①] 杨荣南认为当生产力水平达到一定程度后，城市经济将吸引各种优质资源，最终城乡一体化的实现是一个自然而然形成的现象。[②] 应雄认为城乡一体化是生产力发展过程中，农村剩余劳动力向城市不断进行转移，农村人口市民化，城市核心区的发展不断向外扩大，最终城乡差距不断缩小，实现城乡共同繁荣。[③]

---

① 陈光庭：《城乡一体化概念的历史渊源和界定》，《北京城乡一体化发展研究》1989 年第 3 期。
② 杨荣南：《关于城乡一体化的几个问题》，《城市规划》1997 年第 5 期。
③ 应雄：《城乡一体化趋势前瞻》，《浙江经济》2002 年第 13 期。

（二）系统性视角

甄峰认为城乡一体化指城乡是一个系统化整体，在其中人、信息、各种资源与要素可以自由的流动，从而城乡完成互相渗透、资源的互相利用与融合。① 杨荣南认为城乡一体化涉及"自然-社会-经济"复合生态系统的各个方面，是城乡复合生态系统演进替代的顶级状态。② 朱志萍认为城乡一体化是一个复杂的系统性工程，其中包含经济建设、农业发展、社会保障、生态建设等多个方面，城乡一体化就是这多个方面互相协调达到最优均衡状态。③ 白永秀认为城乡一体代表着城乡共有资源在城乡互动的过程中实现最优的配置，并最终促进城乡共同发展。④

（三）融合与合作视角

石忆邵认为，城乡一体化的发展过程就是城市与乡村互相交流同时合作与竞争共存的联动式发展。⑤ 洪银兴认为城市与乡村同为人类聚集空间但有着不同的特点，城乡一体化就是使城乡在一个相互依存的空间内不断融合、协调发展最终共同繁荣形成一个统一的整体。⑥ 李同昇认为中心城市的扩散效应、乡村工业化和新型城镇化是城乡一体化发展的动力源泉，最终城乡融合为有机共存的整体。⑦

总之，大部分学者认为在城乡发展中要将城市发展、乡村发展、农村居民、城市居民、产业发展看为一个整体进行统筹研究规划，促进城乡在基础设施、经济发展、社会福利等方面具有均等化服务，逐渐缩小城乡社会之间

---

① 甄峰：《城乡一体化理论及规划探讨》，《城市规划汇刊》1998 年第 6 期。
② 杨荣南：《关于城乡一体化的几个问题》，《城市规划》1997 年第 5 期。
③ 朱志萍：《城乡二元结构的制度变迁与城乡一体化》，《软科学》2008 年第 6 期。
④ 白永秀，岳利萍：《陕西城乡一体化水平的判别与区域经济协调发展模式研究》，《嘉兴学院学报》2005 年第 1 期。
⑤ 石忆邵：《关于城乡一体化的几点讨论》，《规划师》1999 年第 4 期。
⑥ 洪银兴、陈雯：《城市化和城乡一体化》，《经济理论与经济管理》2003 年第 4 期。
⑦ 李同昇、厍向阳：《城乡一体化发展的动力机制及其演变分析——以宝鸡市为例》，《西北大学学报（自然科学版）》2000 年第 6 期。

差距，实现城乡之间融合发展，最终实现城乡一体化发展。党的十八大提出城乡一体化具体包括城乡规划、产业发展、基础设施建设、社会公共服务与社会管理、就业与社保的一体化五个方面。白永秀认为城乡一体化主要包括八大一体化：城乡建设规划一体化、城乡市场服务一体化、城乡产业发展一体化、城乡经济建设一体化、城乡公共服务一体化、城乡基础设施一体化、城乡社会管理一体化、城乡生活方式一体化。[①]

二、城乡一体化的发展动力机制

（一）内外部动力共同推动的机理

经济扩展、人口聚集、城市化、工业化是推动城乡不断融合的主要作用力。杨荣南将城市化与城镇化看作城乡一体化发展的内部作用力，资金的引入与政策的支持是城乡一体化的外部动力。[②] 黄亚龙认为城乡一体化的内生动力是由农村和城市的各自产业发展所形成的动力构成，即农村城镇化，乡村工业化、农业产业化；外部动力由科技的进步，政府力量的推动，城市的辐射效应等外部因素构成。[③] 李同昇、厍向阳认为城乡一体化发展的主要动力来自城镇化发展以及乡村工业化的提高。工业以及其他产业的发展带动乡村工业化以及城市向外扩张发展。[④] 吴振磊认为城乡经济社会一体化的动力机制包括拉力机制，即城市群的拉力机制、大中型城市（中心城市）的拉力机制、小城镇建设的拉动机制；推力机制包括农业的现代化、农村的新型化、农民的市民化；互促机制包括城乡产业互促、城乡空间融合、城乡要素的互动、文化观念的碰撞。[⑤] 田华认为城乡一体化的动力机制为城镇化政策导向、农村

---

　① 白永秀：《后改革时代的关键：城乡经济社会一体化》，《经济学家》2010 年第 8 期。

　② 杨荣南：《关于城乡一体化的几个问题》，《城市规划》1997 年第 5 期。

　③ 黄亚龙：《城乡一体化的发展动力机制研究》，《中小企业管理与科技》2009 年第 30 期。

　④ 李同昇、厍向阳：《城乡一体化发展的动力机制及其演变分析——以宝鸡市为例》，《西北大学学报（自然科学版）》2000 年第 6 期。

　⑤ 吴振磊、白永秀：《聚焦后改革时代西部城乡经济社会一体化》，中国经济出版社，第 78—87 页。

产业化和农村经济发展、城乡要素流动的需要。[1]

(二) 城市与乡村差距的动力

王平针对海南城乡一体化建设的情况，运用因子分析法，对其动力机制以及演变过程进行分析，得出经济发展差距、社会建设发展差距、生态建设差距是城乡一体化发展的主要动力，而这三种差距又存在着内在联系与传导规律。[2]

(三) 组织、个人的需求的动力

胡金林认为城乡一体化发展的主要动力来自多个方面，具体包括农村剩余劳动力向城市进行转移，追求更优质生活资源、乡村产业以及工业的发展，政府决策层的责任意识以及政府对声誉的追求，相关企业寻求广阔的市场空间追求更高的利润，城市发展过程中向外扩展寻求低成本用地与资源。[3]

(四) 经济发展的主要动力

张果等通过对成都城乡一体化的研究分析，提出城乡一体化的驱动力主要来自经济发展、工业发展、城乡人口流动等因素，其中非农产业产值、城乡人均可支配收入水平、GDP发展水平、工业企业增加值等指标、农业机械化水平是影响城乡一体化的重要因素。[4] 刘晨阳认为城乡一体化的动力机制为相关企业空间分布的调整、企业集群、农业产业化。[5]

上述各观点从不同的侧面研究了城乡一体化发展的动力机制，为我国推进城乡一体化发展的研究奠定了一定的基础。这些观点大多都是从微观层面

---

[1] 田华：《城乡一体化的动力机制及其实现模式分析》，《中小企业管理与科技》2014年第6期。
[2] 王平、杜娜等：《海口市城乡一体化发展的动力机制研究》，《商业时代》2014年第13期。
[3] 胡金林：《我国城乡一体化发展的动力机制研究》，《农村经济》2009年第12期。
[4] 张果、任平、周介铭：《城乡一体化发展的动力机制研究——以成都市为例》，《地域研究与开发》2006年第6期。
[5] 刘晨阳、周彤及、傅鸿源：《重庆都市区城乡一体化的模式分析》，《长江流域资源与环境》2015年第11期。

对城乡一体化的动力机制进行界定，所涉及的动力因子具有一定的可操作性，这对于推动城乡一体化发展的具体工作提供了一定的指导。

三、城乡一体化指标体系

国内对于城乡一体化评价指标体系的最早研究来自杨荣南于 1997 年提出的城乡经济发展状况、城乡人口密度、城乡土地运用状况、城乡生活发展水平和城乡生态环境融合度 5 个一级指标和 34 个二级指标来对城乡一体化水平进行衡量与评价。随着对城乡一体化研究的不断深入以及相关数据不断地完善，学者们对城乡一体化衡量的指标越来越多，这些指标主要集中在城乡社会发展、城乡经济发展、城乡生态环境条件、城乡基础设施、城乡人口数量、城乡生活水平等方面的研究。

（一）衡量城乡社会发展研究的指标体系

朱颖构建的指标体系包括城乡最低生活保障覆盖率、城乡高中入学率和大学普及率、城乡每万人拥有医生数及农村合作医疗覆盖率、城乡居民恩格尔系数、城乡居民人均居住面积比、城乡居民文化生活水平丰富程度、城乡居民信息化程度、人口城市化率、非农就业人口占就业总人口的比重等。[1] 张果、任平等在参照其他学者成果的基础上，结合相关专家的咨询意见，从空间和功能联系两个方面来评价各种要素在城乡之间的流动，其中功能联系分为城乡经济发展、社会联系、环境条件等 3 个子系统。[2] 王洪跃以湖北省为例建立了衡量城乡社会一体化发展的指标，即城乡居民住房面积比、城乡恩格尔系数比、非农业人口占总人口的比重、城乡每万人拥有医生数之比、高等教育普及率等。[3] 白永秀、吴丰华等人构建城乡教育发展水平、城乡医疗卫生发展水平、城乡基础保障水平、城乡就业水平、城乡社会管理与文化共享 5

① 朱颖：《城乡一体化评价指标体系研究》，《农村经济与科技》2008 年第 7 期。

② 张果、任平、周介铭等：《城乡一体化发展的动力机制研究——以成都市为例》，《地域研究与开发》2006 年第 6 期。

③ 王洪跃、张雄：《湖北省城乡一体化评价研究》，《现代农业科技》2010 年第 6 期。

个一级指标、12 个二级指标 27 个三级指标的社会评价体系。①

（二）衡量城乡经济社会发展研究的指标体系

苏春江利用德尔菲法（专家意见法），以河南省为例构建了包括城乡人民生活水平、城乡社会保障程度、城乡社会事业发展在内的等 5 个三级指标体系，其中反映城乡经济发展的指标体系包括人均 GDP，二、三产业增加值占GDP 的比重、外贸进出口总额、农村剩余劳动力转移人数、城镇化率等。② 杨荣南建立了多种经济融合度指标，其中经济融合度的指标包含了城乡 GDP 比例、城乡三产结构比例和城乡社会劳动生产率比三个方面。③ 焦必方在对长江三角洲城乡一体化发展进行研究时建立了经济融合、生活融合、医疗教育融合三个一级指标体系，其中城乡经济融合度的指标包括城乡居民人均年收入比、城乡居民固定资产投资比、城乡居民人均生活消费支出比、城乡恩格尔系数比等。④ 郭俊华、刘奕玮构建了衡量城乡经济一体化的指标体系，包括城乡经济结构一体化、城乡基础设施一体化在内的 5 个一级指标 15 个二级指标，并对西部地区城乡经济一体化发展水平进行了测度。⑤

（三）衡量城乡生态环境研究的指标体系

董晓峰以甘肃省为例建立了城乡生态环境一体化的评价体系：生活垃圾集中处理行政村比率、城镇-乡村居住区绿化率比、城乡废水排放达标率。⑥ 江敦涛在以山东半岛为例进行研究时构建的城乡生态环境一体化指标包括绿

① 白永秀、吴丰华等：《中国城乡社会一体化：评价指标体系构建及应用》，《福建论坛》2015年第 9 期。
② 苏春江：《河南省城乡一体化评价指标体系研究》，《农业经济问题》2009 年第 7 期。
③ 杨荣南：《城乡一体化及其评价指标体系初探》，《城市研究》1997 年第 2 期。
④ 焦必方、林娣等：《城乡一体化评价体系的全新构建及其应用——长三角地区城乡一体化评价》，《复旦学报（社会科学版）》2011 年第 4 期。
⑤ 郭俊华、刘奕玮：《西部地区城乡经济一体化水平测度与评价》，《西北大学学报（自然科学版）》2013 年第 3 期。
⑥ 董晓峰、尹亚、刘理臣等：《欠发达地区城乡一体化发展评价研究——以甘肃省为例》，《城市发展研究》2011 年第 8 期。

化覆盖率、工业废水排放达标率和工业固体废弃物综合利用率等。①

（四）衡量城乡基础设施方面研究的指标体系

颜芳芳在基础设施方面指标有城乡每万人拥有公共汽车的比例、城乡安全饮用水普及率比、城乡主要道路有路灯比例之比、城乡每百户电视机拥有率之比、城乡每百户移动电话拥有率之比、城乡每百户计算机拥有率之比。②曹明霞建立了城乡基础设施一体化指标涉及村组道路完善率、城乡饮水同网同质同价覆盖率、农村居民垃圾无公害处理率、农村污水处理设施完善率等。③

（五）衡量城乡人口方面研究的指标体系

完世伟在对河南省进行研究的过程中构建了城乡人口融合度的相关指标，包括城乡文盲率、人口城市化率和第三产业从业人员比重。④王生荣对合作市城乡一体化水平进行测度时构建的城乡人口融合度主要包括人口城市化率和城乡就业人数比。⑤

（六）衡量城乡生活方面研究的指标体系

杨荣南建立反映城乡生活融合度的指标包括居民居住水平、城乡居民收入水平、城乡居民消费水平、城乡居民健康水平、城乡文化娱乐水平、城乡社会保障程度等。⑥常纪坡在对拉萨市城乡一体化程度进行测度的过程中将城乡恩格尔系数比、城乡文化娱乐消费支出比等指标纳入城乡生活融合度这个

---

①　江敦涛：《山东半岛城乡一体化发展分析》，《农业技术经济》2011年第12期。
②　颜芳芳：《城乡一体化评价指标体系研究》，《经济研究导刊》2011年第33期。
③　曹明霞：《城乡一体化监测指标体系及其综合评价模型研究》，《西北农林科技大学学报（社会科学版）》2011年第5期。
④　完世伟：《城乡一体化评价指标体系的构建及应用——以河南省为例》，《经济经纬》2008年第4期。
⑤　王生荣：《合作市城乡一体化指标体系及综合评价》，《石河子大学学报（哲学社会科学版）》2011年第6期。
⑥　杨荣南：《城乡一体化及其评价指标体系初探》，《城市研究》1997年第2期。

大指标当中。① 霍松涛认为城乡一体化评价指标体系之间并非孤立存在而是相互联系,并能采用量化手段进行测度分析的有机整体。② 张茆构建适合辽宁省农村居民生活的指标体系,并运用因子分析法对其进行了估计和分析比较。③ 张羽琴认为城镇居民生活水平评价统计指标体系是由反映居民生活水平的收入、消费、储蓄及其他物质条件等系列指标所组成,并对指标体系的设置进行了具体的研究。④ 郭俊华、卫玲构建生活收支一体化、生活环境一体化、生活质量一体化 3 个一级指标 14 个二级指标衡量了西部地区城乡生活一体化的水平。⑤

(七) 衡量城乡一体化的综合指标体系

刁丽琼等人在对重庆城乡一体化发展水平进行衡量时构建了由区域空间、人口密度、社会发展、经济状况等构成的生态环境一体化、城乡经济一体化、城乡社会一体化、城乡生态一体化的一级指标及 35 个子系统、29 个指标构成的综合评价体系。⑥ 周江燕、白永秀建立了城乡空间、经济、社会、生态环境 4 个一级指标 35 个二级指标体系的综合评价体系,从时间序列与地区差异两个角度分析测度结果。⑦ 吴丰华等人在对陕西县域城乡一体化发展水平测度时构建了城乡空间、经济、社会 3 个一级指标 19 个二级指标体系衡量了陕西省城乡一体化的水平。⑧

---

① 常纪坡、马萍:《拉萨市城乡一体化评估指标体系探讨》,《时代经贸 (中旬刊) 》2008 年第 6 期。

② 霍松涛:《城乡一体化评价指标体系研究综述》,《商业时代》2013 年第 9 期。

③ 张茆:《农村居民生活水平评价构建研究——辽宁城乡居民生活水平对比研究》,《科学发展》2009 年第 7 期。

④ 张羽琴:《浅议城镇居民生活水平评价统计指标体系的设置》,《贵州社会科学》2000 年第 2 期。

⑤ 郭俊华、卫玲:《西部地区城乡生活一体化指标体系的构建与评价研究》,《当代经济科学》2013 年第 5 期。

⑥ 刁丽琼、廖和平等:《基于因子分析的重庆"1 小时经济圈"城乡一体化测度与评价研究》,《西南师范大学学报》(自然科学版) 2011 年第 1 期。

⑦ 周江燕、白永秀:《中国城乡发展一体化水平的时序变化与地区差异分析》,《中国工业经济》2014 年第 2 期。

⑧ 吴丰华、白永秀:《陕西县域城乡一体化水平的评判》,《西北农林科技大学学报》2015 年第 3 期。

四、城乡一体化的发展模式

由于受到空间形态、驱动力和路径依赖等因素的影响，加之各地域地质环境、气候、文化等存在差别，城乡关系的变化过程呈现出多层次和多路径，没有一个统一的发展模式，从而使城乡一体化过程表现出多样化、差异化、复合化的发展模式。

（一）国别城乡一体化发展模式的相关研究

马晓强、梁肖羽将外国城乡一体化的发展模式概括为美国、英国、欧洲大陆以及拉丁美洲国家模式；将国内城乡一体化发展模式总结为成渝、上海、温州与苏州模式，分别分析它们的特点，并提出国内选择农村内驱型、政府外推型、反哺带动型模式。[1] 刘静分别对发达国家（如美国、法国、日本）的城乡一体化模式进行了概括，并对北京、上海、珠三角城市圈的城乡一体化发展模式进行了总结。[2] 常若云总结了北欧的城乡一体化模式。[3] 朱莉总结了国内江苏的小城镇统筹城乡模式、浙江及长三角统筹城乡模式（包括义乌模式、龙港模式、嘉兴模式）、珠三角的城乡发展一体化模式。[4] 汤卫东总结了成渝地区网络化的以城促乡模式；城乡网络化与交通轴结合的陕甘青以城市带动乡村发展的模式；新疆多层中心、逐层辐射以城市带动乡村发展的模式；云贵优先发展中型城市，将大中小城市数量形成橄榄型，从而带动以城带乡发展。[5] 王桂平将国内城乡一体化发展模式概括为上海的城乡统筹发展模式、浙江义乌的以城带乡发展模式、浙江嘉兴城乡整体推进模式、珠三角城市圈

---

① 马晓强、梁肖羽：《国内外城乡经济社会一体化模式的评价和借鉴》，《福建论坛》2012 年第 2 期。

② 刘静：《城乡一体化模式研究》，硕士学位论文，西南财经大学，2006 年。

③ 常若云：《北欧城乡一体化模式的启示》，《郑州市委党校学报》2014 年第 3 期。

④ 朱莉：《西部地区城乡一体化模式选择及其实现途径》，硕士学位论文，西北大学，2008 年。

⑤ 汤卫东：《西部地区城乡一体化路径、模式及对策研究——基于以城带乡的分析视角》，博士学位论文，西南大学，2011 年。

以城带乡模式以及江苏省通过乡镇企业发展带动乡村城镇化的模式。① 黄伟雄提出珠江三角洲有可供选择的城乡一体化模式：中心地模式、超级大城模式、卫星城模式、放射状城市群、点轴开发模式、环形珠链模式。②

有些学者还研究了单个地区的城乡发展一体化模式。白永秀等总结了陕西的五大模式，即依托大城市主导产业拉动型模式，以西安的高陵区、临潼区为典型；现代化农业拉动型模式，以西安的长安区和高陵区、宝鸡的岐山县为典型；资源型产业拉动型，以延安的吴起县及安康的平利县为典型；特色产业拉动型模式，以榆林的清涧县为典型；综合优势拉动型模式，以榆林的横山区为典型。③ 胡小武等以江苏省为例研究了圈层结构与梯度结构相结合的发展模式。④ 张果等学者以成都市为例研究了渐进式的城乡一体化发展模式。⑤ 郭俊华、刘奕玮研究了贫困地区的陕西凤县模式⑥、宁夏北部北川区模式与南部山区模式⑦。周晓益提出城乡一体化的"成都模式"。⑧

（二）发展动力视角城乡一体化模式的分类研究

刘静总结为以城带乡发展模式、乡村发展带动城镇化模式、小城镇经济发展等模式。⑨ 鲁长亮、唐兰依据发展动力将国外一体化模式分为城市工业化发展模式、小城镇发展模式、城郊与乡村综合发展模式；将国内模式总结为珠江三角洲的以城市带动乡村模式、上海的城乡统筹规划一体化模式、苏南

---

① 王桂平：《东西部城乡一体化水平比较研究——以陕西省和浙江省为例》，硕士学位论文，西北大学，2008年。

② 黄伟雄：《珠江三角洲城乡一体化发展模式与格局探讨》，《经济地理》2002年第5期。

③ 白永秀主编：《聚焦后改革时代西部城乡经济社会一体化》，中国经济出版社，第1—34页。

④ 李习凡、胡小武：《城乡一体化的"圈层结构""梯度结构"模式研究——以江苏省为例》，《南京社会科学》2010年第9期。

⑤ 张果等：《城乡一体化渐进式开发及发展模式研究——以成都市为例》，《云南地理环境研究》2006年第4期。

⑥ 郭俊华、刘奕玮：《贫困山区城乡一体化的凤县模式探析》，《统计与信息论坛》2012年第11期。

⑦ 郭俊华、刘奕玮：《西部地区省域内城乡一体化多元模式探析》，《西部论坛》2014年第1期。

⑧ 周晓益：《城乡一体化的"成都模式"》，硕士学位论文，西南交通大学，2008年。

⑨ 刘静：《城乡一体化模式研究》，硕士学位论文，西南财经大学，2006年。

的以乡镇企业带动城乡一体化发展模式等。[①] 汤卫东通过对西部城乡经济一体化的分析,将城乡一体化发展模式总结为逐级辐射的以城市带动乡村型,点-轴结合的以城市带动乡村型,轴线带状扩展的以城市带动乡村型以及工业园区、开发区主导的以城市带动乡村型四类。[②] 张道政、周晓彤总结为:单核心城市带动周围乡镇发展型、小城镇自身内在增长型和城乡同步发展的复合型。[③] 辛张倩总结为:依托大城市带动模式、资源密集产业带动模式、农业区生产模式、资源脆弱区特色产业带动模式。[④] 汤卫东根据对西部地区的研究依据资源禀赋的以城市带动乡村实现城乡一体化形式,主要包括产业拉动型、要素市场拉动型、制度创新型和政策导向型。[⑤]

(三) 主体功能区视角城乡一体化的分类研究

任保平等将西部地区一体化模式分为都市区城乡发展一体化模式、资源富集区城乡发展一体化模式、农业区城乡发展一体化模式。[⑥] 任保平、邓文峰在以上基础上,增加生态脆弱区城乡发展一体化模式。这类模式主要适宜西部地区的生态移民。[⑦] 童长江以湖北鄂州为例,分为优化开发区的城市偏向型模式、重点开发区的城乡均衡型模式、生态保护区的农村偏向型模式。[⑧] 芮旸提出城市化地区为全域城市化模式、农业区为城乡等值化模式、生态区为城乡“流”调控模式。[⑨]

---

① 鲁长亮、唐兰:《城乡一体化建设模式与策略研究》,《安徽农业科学》2010 年第 3 期。
② 汤卫东:《西部地区城乡一体化路径、模式及对策研究——基于以城带乡的分析视角》,博士学位论文,西南大学农业经济管理,2011 年。
③ 张道政、周晓彤:《城乡一体化的模式动力和路径》,《唯实》2010 年第 5 期。
④ 辛张倩:《陕西城乡一体化的模式研究》,硕士学位论文,西北大学,2013 年。
⑤ 汤卫东:《西部地区城乡一体化路径、模式及对策研究——基于以城带乡的分析视角》,博士学位论文,西南大学,2011 年。
⑥ 任保平、林建华:《西部城乡经济社会一体化新格局的模式选择及其实现路径》,《贵州社会科学》2009 年第 8 期。
⑦ 任保平、邓文峰:《西部地区城乡经济社会一体化的功能分类模式及其实现途径》,《宁夏大学学报 (人文社科版)》2010 年第 3 期。
⑧ 童长江:《基于“主体功能区”的城乡一体化模式探讨》,《鄂州大学学报》2014 年第 2 期。
⑨ 芮旸:《不同主体功能区城乡一体化研究:机制、评价与模式》,博士学位论文,西北大学,2013 年。

（四）空间结构的城乡一体化模式

李习凡等将城乡一体化模式分为中心发散型城乡一体化、区域集中型城乡一体化模式、点轴联系型城乡一体化模式。[1] 段德罡等以陕西蔡家坡为例将城乡一体化空间发展模式分为组合单元模式、城乡互动区模式、空间转移模式。[2] 魏晓宇提出适宜于人口稀疏区的空间发展模式为极核式、点轴式、网络式三种。[3]

五、城乡一体化的实现路径

学术界认为城乡一体化实现路径主要有城市化与工业化、新型城镇化、农民市民化、大中小城市协调发展等。城乡一体化可能遵循其中的一种路径，也可能是多种路径的综合运用。因此，城乡一体化的路径具有多样化、差异化的特征。

（一）工业化与城市化路径

汤卫东认为实现路径是大型城市发挥向周边乡镇地区的辐射带动渗透作用，从而强化城乡内部联系，构建从内向外的城乡一体化体系。[4] 陈学云等认为实现城乡一体化的重要路径之一是城市生产生活方式通过各种方式传导至外围乡村，从而促进地域之间的城乡融合。[5] 任保平、林建华认为城乡一体化实现路径主要包括城镇工业化、城乡协调推进制度创新等。[6] 任保平、邓文峰

---

① 李习凡、胡小武：《城乡一体化的"圈层结构"与"梯度发展"模式》，《南京社会科学》2010年第9期。

② 段德罡、张志敏：《城乡一体化空间共生发展模式研究》，《城乡建设》2012年第2期。

③ 魏晓宇：《人口稀疏区县域城乡一体化的空间模式及规划策略研究》，硕士学位论文，西安建筑科技大学，2014年。

④ 汤卫东：《西部地区城乡一体化路径、模式及对策研究——基于以城带乡的分析视角》，博士学位论文，西南大学，2011年。

⑤ 陈学云、史贤华：《我国城镇化进程中的城乡一体化路径研究》，《经济学家》2011年第3期。

⑥ 任保平、林建华：《西部城乡经济社会一体化新格局的模式选择及其实现路径》，《贵州社会科学》2009年第8期。

认为实现城乡一体化的主要路径在于城市发展核心产业，吸引大量农村剩余劳动力进入城镇；在乡村内部发展乡镇工业，以其为载体带动乡村发展，加强城市工业与乡村工业的联系，从两方面共同推进城乡一体化建设。[①]

（二）农村产业化与城镇化相结合的发展路径[②]

康胜将浙江总结为农业工业化、城镇化"农村内生型"的城乡一体化路径。[③] 陈学云、史贤华认为农村城市化是城乡一体化较为现实的实现路径。农村城市化具体表现在生活方式市民化、经济发展产业化、居住条件社区化。[④] 任保平等认为资源富集区一体化的实现途径关键在于科学技术创新，提升资源行业核心竞争优势，反哺"三农"，进而完成城乡统筹发展。农业区实现城乡一体化关键在于发展现代农业，通过小城镇建设发展带动乡村城镇化水平的提高。生态脆弱区实现城乡一体化的关键在生态移民，实现移民搬迁，进而通过进镇、大村、工业园区，实现农民增收，城镇安居而一体化。[⑤]

国内学者分别从城乡一体化的含义、动力机制、指标体系、发展模式、发展路径等方面对城乡一体化进行阐述，而城乡一体化的内容丰富而繁杂，涉及区域经济学、发展经济学、环境经济学、公共管理学等学科，是以交叉融合、互促互补、协调发展为最终目标，实现城乡差距的不断缩小、城乡生产生活一体、城乡基础设施及公共服务一体等涉及城乡的各个一体化方面。本书主要研究西部地区的城乡一体化，总结其在城乡一体化实践中的经验，使其上升一定的理论高度，为理论及实践提供指导。在前人的基础上设计符合西部地区实际的指标体系，衡量城乡一体化的绩效及存在的问题，提出相应的实用性建议。

---

① 任保平、邓文峰：《西部地区城乡经济社会一体化的功能分类模式及其实现途径》，《宁夏大学学报（人文社科版）》2010 年第 3 期。
② 白永秀：《后改革时代的关键：城乡经济社会一体化》，《经济学家》2010 年第 8 期。
③ 康胜：《城乡一体化：浙江的演进特征与路径模式》，《农业经济问题》2010 年第 6 期。
④ 陈学云、史贤华：《我国城镇化进程中的城乡一体化路径研究》，《经济学家》2011 年第 3 期。
⑤ 任保平、邓文峰：《西部地区城乡经济社会一体化的功能分类模式及其实现途径》，《宁夏大学学报（人文社科版）》2010 年第 3 期。

第二章 西部地区城乡经济社会关系的演变与评价

　　城乡一体化是一项全社会范围内的庞大工程，整个系统复杂程度极高，城乡统筹一体化发展重大战略，是在长期以来历史因素导致的城乡二元结构下城乡人为分离的局面下提出的，为了达到使原本分离的城乡二元结构统一发展的局面，缩小农村与城市的差别，使农村与城市社会经济协调发展，早日实现城乡一体化发展。从现实和历史角度来看城乡一体化的内容，是城乡一体化研究工作的出发点，在现代化浪潮的冲击下，经济高速发展，社会进步迅速，经济发展显然成为城乡一体化发展体系中的重中之重。

　　在城市发展的历史过程中，城市与乡村一开始由于社会分工所导致的城乡之间的差异较小，主要目的是实现城乡区域经济功能的专业化、提高生产效率和资源配置的效率。但是随着城市和乡村的进一步发展，城市较高的生产率和规模经济效益促使资本、劳动等要素向城市聚集，城市便依靠市场功能衍生出发达的工业，进而形成政治经济文化中心。但乡村区域仍然以效率相对较低的农业功能为主，城、乡之间的差距便在历史的发展中日趋严重。同时受到刘易斯二元经济结构理论的影响，很多国家都以工业作为一国的快速发展产业，投入了大量的人力、财力、物力，相反忽视了对农业的再投资，因此出现了许多发展中国家工业飞速增长而农业发展停滞不前的二元局面。在我国特殊的历史发展进程中，农业和农村扮演着关键角色。为了支援我国重工业化建设，农村一直扮演着支援的角色，城乡二元结构的形成，农业"剪刀差"的形成，造成农村与城市发展极不平衡的局面。特别是西部地区城乡二元结构严重，本章在前人的指标体系基础上，设计指标体系衡量城乡差距，以期为解决差距提出参考。

第一节 西部地区城乡经济社会一体化现状的描述分析

在新中国成立后的很长一段时间，实行了不平衡发展战略，鼓励发展工业，尤其发展重工业，忽视农业发展，牺牲农村和农民的利益，实施工业品与农产品的价格"剪刀差"，实现工业和城市的快速发展。从而导致农业生产方式落后，农民收入裹足不前，农村发展的滞后越来越成为制约我国经济社会发展的障碍。在新的时代背景下，我们提倡科学发展观、城乡统筹发展、精准扶贫、全面建成小康社会等新理念。随着时代的变迁和经济的发展，国家意识到农业和农村现代化的重要性，城乡关系随之出现了一些变化，过去的工农业"剪刀差"的发展状况永久成为历史，取而代之的是工业反哺农业，工农业协调发展，新型城乡统筹一体化发展的关系。西部地区在这种历史的剧变中，长久以来遗留下来的城乡二元结构并不会立即有所改观，这种改变主要体现在以下方面：

一、消费差距

消费水平是经济增长的重要拉动因素之一，消费水平在很大程度上直接反映居民之间的可支配收入水平，城乡消费差距也体现着城乡的收入差距，降低城乡消费水平差别是城乡统筹发展的目标。西部城乡地区在改革开放之后随着经济的发展，城乡收入水平的提高，整体消费水准提高，城乡差距开始缩小，可是在 20 世纪 90 年代出现了拉大的反弹。从 1991 年开始，西部地区城乡消费差距在波动中逐步拉大，在 1996—1998 年出现短暂回落，随后一直居高不下保持在三倍的落差高位，2004 年更是达到了 3.8 倍。如图 2—1 所示，2015 年西部地区城镇居民消费水平最高的是内蒙古，为 21 876.5 元，最低的是广西，为 16 321.2 元，两者相差 5555.3 元；农村居民消费水平最高的也是内蒙古，为 10 637.4 元，最低的是西藏，为 5579.7 元，两者相差 5057.7 元。由此可知城镇居民消费差距要大于农村居民。从西部地区各省份的城乡居民消费水平比来看，西藏的城乡消费水平比为 3.1，其次是云南和甘肃，仅为 2.6，最低的是内蒙古和四川为 2.1，平均差距超过 2 倍（见图 2－2，城乡居民消费支出比＝城镇居民消费支出÷农村居民消费支出）。从总体社会消费水平来看，我国西部地区社会消费综合达到 55 125.2 亿元。且城市消费品零售总额大于农村；在耐用消费品支出方面，农村的消费水平也远低于城镇。可见，西部地区农村与城市在消费水平上依然存在着很大的差距。

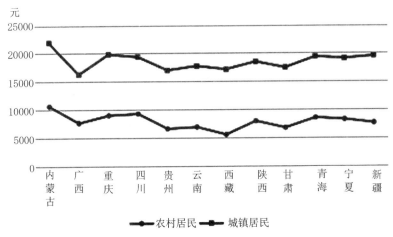

图 2－1　2015 年西部地区各省份城乡居民消费水平

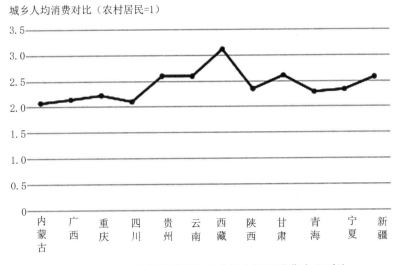

图 2－2　2015 年西部地区各省份城乡居民消费水平对比

二、固定资产投资差距

一直以来投资是拉动我国经济增长最主要的因素，尤其是政府投资可以起到逆经济周期而动的作用。进入 21 世纪以来，全国范围内固定资产投资的增加尤甚，当然包括我国西部地区，西部地区全社会固定资产投资额在 2015 年达到 140 416.4 亿元，城镇固定资产投资和农村固定资产投资分别为 13 7353.3亿元和 3063.2 亿元，从这个数据来看，城镇达到农村的 45 倍之多，这为城乡之间巨大的经济差异提供了合理的解释。从西部各省城乡固定资产投资来看，城镇固定投资最高的是四川省，为 24 965.6 亿元，最低是西藏，为 1295.7 亿元，两者相差 23 669.9 亿元；农村固定资产投资最高的是广西，为 1572.9 亿元，最低是西藏，其农村固定资产投资基本为零（见图 2-3）。从城乡固定资产投资差距来看，差距最大的是重庆，为 98 倍，最低的是广西，为 27 倍。（见图2-4）

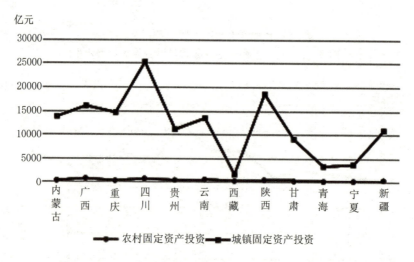

图 2-3　2015 年西部地区按城乡分全社会固定资产投资

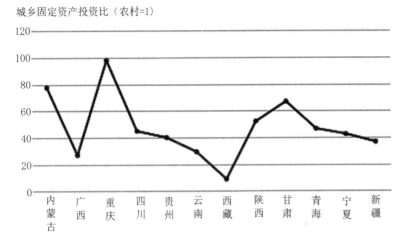

图 2—4 2015 年西部地区按城乡固定资产投资比

三、产业结构差距

一般而言，经济增长的速度与产业结构有着密切的关联，产业结构也会影响经济未来的发展趋势。农业比重较大的地区其经济增长较慢，而工业制造业和服务业发展较快的地区其经济增长较快。相对于东部地区而言，西部地区产业结构层次不高、市场化程度不够、经济发展的整体水平也较低。以非农产业产值为例，由图 2—5 可知，2015 年西部地区非农产业产值和国内生产总值最大的都是四川省，非农产业产值排名紧随其后的是内蒙古和陕西，这与三省在西部地区经济发展排名相对应。由图 2—6 可知，非农产业产值与GDP 差距最大的是贵州，非农产业产值占 GDP 的 65%，最小的是重庆，非农产业产值与 GDP 比重达到 93%。整体而言，二、三产业的发展仍主要依托城市，农村的贡献较小，农业发展对于整个经济的贡献度较小。在某种程度上，城乡经济社会一体化会被低速发展的农业和低效率的农业生产所阻碍，造成大量资源与人力的浪费。

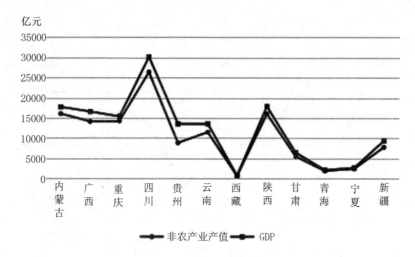

图 2—5　2015 年西部地区非农产业产值与 GDP 比较

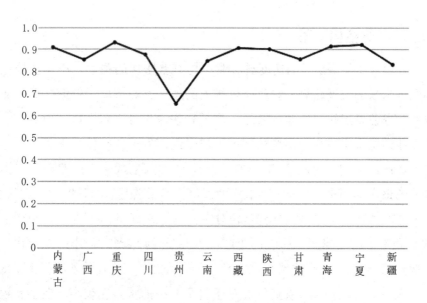

图 2—6　2015 年西部地区非农产业产值比重

四、教育文化差距

西部地区农村劳动力整体文化素质低、思想观念保守，对教育文化事业缺乏正确的认识，同时他们也不具备市场经济意识和有关城乡经济社会一体化的法律规章制度，因此在我国西部地区先进农业技术和设备难以广泛推广，进而限制了这一地区农民收入增加和农产品产量增加，使得农村地区社会经济全面进步受到掣肘。从本质上看，我国的西部劳动力这些知识素养的欠缺与地区贫困落后互为因果：较低的人均收入导致了在教育文化的低投资水平，而同时低水平的教育文化投资造成的劳动力知识素养的欠缺也成为地区贫困的主要原因。即便是西部地区不同省份，也可以从在教育文娱方面的支出和地区发展水平的关系看出这种因果，高收入地区有更高水平的教育文娱人均支出，同时城乡的人均教育文娱支出差距也越小，而低收入水平地区的情况刚好相反。以对教育文化娱乐支出为例，2015 年西部地区城镇人均对教育文娱支出明显高于农村（见图 2－7）。其中城镇人均对教育文娱支出最高的是内蒙古，达到 2504.7 元，最低的是西藏，只有 757.9 元，贵州和西北五省（区）均达到了 2000 元以上。农村人均对教育文娱支出最高的是内蒙古，达到 1457.7 元，其次是陕西省，为 1036.6 元。最低的是西藏，为 179.3 元。西藏地区城乡对教育文娱的人均支出差距最大，高达 4.2 倍。新疆的 3.3 倍紧跟其后。内蒙古是西部城乡教育文娱人均支出差距最低的地区，也有 1.7 倍的差距。（见图 2－8）

元

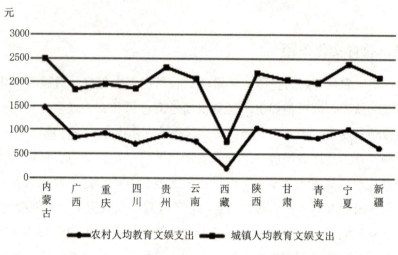

图 2—7　2015 年西部地区按城乡分全社会教育投资

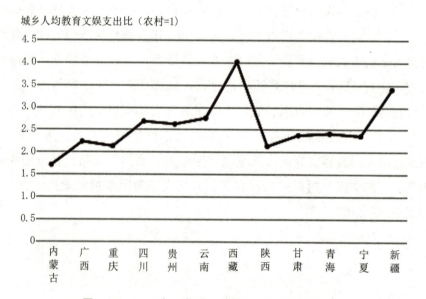

图 2—8　2015 年西部地区按城乡教育文娱支出比

五、社会保障差距

随着社会的进步，人们对社会保障的要求也越来越高。西部地区经济发展缓慢，相应的社会保障落后，城乡之间的差距更为突出。以人均医疗保健支出为例（云南省数据不可得，已剔除），2015 年西部地区城镇医疗保健支出最高的省份是宁夏，人均每年医疗保健支出为 2016 元，最低的省份是西藏，人均每年医疗保健支出为 534.4 元。农村医疗保健支出最高的是青海，人均每年医疗保健支出为 1190.9 元，最低的省份是西藏，人均每年医疗保健支出为 136.4 元（见图 2－9）。以城乡人均医疗保健支出比来比较城乡的差距，2015 年西部地区城乡人均医疗保健支出差距最小的是青海和广西，为 1.2 倍，城乡人均医疗保健支出差距最大的是西藏，为 3.9 倍（见图 2－10）。西部各省城镇人均医疗保健支出都大于农村的人均医疗保健支出，可见西部城乡在社会保障领域仍有较大的改进空间，这为促进城乡社会保障一体化提供了方向。

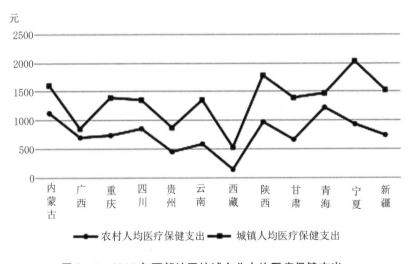

图 2－9　2015 年西部地区按城乡分人均医疗保健支出

城乡人均医疗保健支出比（农村=1）

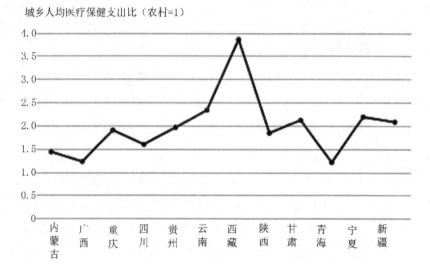

图 2-10   2015 年西部地区城乡人均医疗保健支出比

从以上分析可以看出，西部地区城市与乡村地区的差距依然较大，随着城乡一体化战略的实施，必须消除城乡差距的短板，为缩小城乡之间的差距寻找现实的依据及解决的措施。所以本章建立了相应的指标体系衡量西部地区城乡的差距及存在的问题。

第二节 西部地区城乡经济社会一体化程度测评

一、西部城乡经济社会一体化指标体系的建立

（一）指标的选取原则

为了将我国西部地区城乡一体化发展现状进行整体综合分析，并且全方位、精确、合理地展示我国西部地区城乡经济社会一体化发展的水平，展示

目前城乡一体化发展中存在的差异性，我们依据系统性、科学性、客观性、可操作性的原则对相关指标进行选择。

系统性原则。由于要综合衡量西部地区城乡一体化的发展状况，这要求我们选取的指标反映城乡一体化的各个方面。

科学性原则。我国西部地区整体城乡经济发展差异明显，发展极不平衡。在经济发展、社会文化、消费观念、医疗条件和教育水平等各方面都存在较大差距。因此，在指标选取过程中要尽可能科学地表现当地发展内涵和水平。

客观性原则。我国西部地区环境复杂，经济社会发展矛盾较多，因此在指标选取过程中，数据的可获得性和准确性是需要考虑的内容。只有获取客观数据才能进行客观的评价，得出客观的结论。

可操作性原则。建立模型和整理数据时，可操作性就成为十分重要的考虑因素。许多创新性的研究都因为可操作性太差而没有成功，因此在西部地区城乡一体化发展研究中的指标选择，要考虑可操作性。

（二）指标体系构建

在现有的理论研究基础上，本章通过研究指标体系构建基础理论。将西部地区城乡经济社会一体化指标体系分为四个部分，即城市农村收入支出一体化部分、城市农村投资储蓄一体化部分、城市农村经济发展结构一体化部分、城市农村基础设施建设一体化部分。

表 2-1 城乡经济社会一体化指标体系

目标层	准则层	指标层	计算解释
城乡经济社会一体化（A）	城乡收支一体化（B_1）	城市农村居民收入比（C_1）	农村人均收入/城镇人均纯收入
		城市农村居民生活消费支出比（C_2）	农村人均消费支出/城镇人均消费支出
		城市农村恩格尔系数比（C_3）	农村恩格尔系数/城镇恩格尔系数
	城乡投资储蓄一体化（B_2）	城市农村固定资产投资额比（C_4）	农村固定资产投资总额/城镇固定资产投资总额
		城市农村居民财富积累差距倍数（C_5）	（农村居民人均可支配收入－消费性支出）/（城镇居民人均纯收入－生活消费支出）
		城市农村人均储蓄额（C_6）	城市乡村人民总储蓄/总人口
	城乡经济结构一体化（B_3）	非农产业产值比重（C_7）	非农产业产值/GDP
		非农产业就业比重（C_8）	非农就业人口数/总就业人口数
		城镇化率（C_9）	城镇人口/总人口
		第一、二产业比重（C_{10}）	第一产业产值/第二产业产值
	城乡基础设施一体化（B_4）	交通网密度（C_{11}）	（公路运营里程＋铁路运营里程）/区域土地面积
		每万人口卫生技术人员（C_{12}）	卫生技术人员总数/总人口数万分之一
		城市农村卫生厕所普及率比（C_{13}）	城市卫生厕所普及率/农村卫生厕所普及率

二、西部城乡经济社会一体化评价模型构建

（一）各指标权重的选定

通过已有赋权方法的研究和总结，本章考虑运算的可操作性、指标之间的相关性、指标之间的差异性和数学模型的合适选择性，最终采用层次分析法对本章中我国西部地区城乡经济社会一体化发展水平各指标进行赋权，如表 2-2 所示。

表 2—2　西部地区城乡经济社会一体化各指标权重

目标层	准则层	准则层权重	指标层	指标权重
城乡一体化发展水平	城乡居民收支一体化	0.2406	城市农村居民收入比	0.0573
			城市农村居民生活消费支出比	0.0685
			城市农村居民恩格尔系数差异倍数	0.1143
	城乡投资储蓄一体化	0.2406	城市农村固定资产投资比	0.0543
			城市农村居民财富积累差异倍数	0.1169
			城市农村居民人民币储蓄存款余额比	0.0694
	城乡经济结构一体化	0.2406	非农产业产值比重	0.0470
			非农就业比重	0.0782
			城镇化率	0.1269
			第一、第二产业比重	0.0470
	城乡基础设施一体化	0.2197	交通网密度	0.0626
			城乡每千人口卫生技术人员比	0.0945
			城乡卫生厕所普及率比	0.0626

注：本章所选取的指标的原始数据来自《2015 年中国统计年鉴》以及 2015 年西部 12 个省份的《统计年鉴》。

（二）指数计算方法

指数的计算公式为：

$$城乡一体化评价指数 = \sum_{i=1}^{n} (y_{it}/y_{i0}) a_i$$

上式中，y_{it} 是指标 y_i 第 t 期的值；y_{i0} 是指标 y_i 基期的值；a_i 是指标 y_i 的权重；n 是指标的个数。城乡一体化指数的计算结果如表 2—3 所示（此处基期为 2013 年）。

表 2-3　2015 年西部地区各省份城乡一体化评价指数

最终评分	城乡收支一体化指数	城乡投资储蓄一体化指数	城乡经济结构一体化指数	城乡基础设施一体化指数	总指数	排名
内蒙古	25.83	22.70	30.51	22.96	102.00	6
广西	24.89	21.94	30.58	24.99	102.40	5
重庆	26.94	21.89	31.70	25.71	106.24	1
四川	24.87	23.71	31.55	24.45	104.58	3
贵州	24.29	21.34	30.37	26.80	102.80	4
云南	25.37	20.94	31.38	23.69	101.38	7
陕西	26.67	24.14	30.97	23.65	105.43	2
甘肃	24.33	20.14	32.17	23.79	100.43	9
青海	27.11	19.60	29.80	23.06	99.57	10
宁夏	25.39	19.21	30.94	24.00	99.54	11
新疆	25.65	21.87	31.53	22.34	101.38	8

从表 2-3 中可以看出重庆市的城乡一体化排名最高，其次为陕西与四川，而甘肃、青海、宁夏、新疆则在城乡一体化排名中相对靠后。在各个指数中，城乡经济一体化指数得分相对集中，而其余三个指数得分差距较大。重庆在所有指数中都排名靠前，可以说明其城乡一体化明显优于其他地区。其中新疆与内蒙古的城乡基础设施指数最为落后，这其中首要因素是当地特殊的自然环境因素及国土面积。城乡投资储蓄一体化和经济一体化排名中，青海省较为靠后，这主要是因为第一产业依然在青海省具有较大的比重，城镇与乡村的固定资产投资也还存在较大的差距。甘肃的城乡居民收入与消费还存在较大差距，这使得在城乡收支一体化评分中，其排名较为靠后。我们不难发现受到经济发展以及区位的影响，西北地区省份城乡一体化水平整体较为落后。

（三）聚类分析

聚类分析指将物理或抽象对象的集合分组为由类似的对象组成的多个类的分析过程，是如今运用较为广泛的数据挖掘技术，该方法可以将联系不强的多个数据划分为有限组的数据，并且这些组的数据是按一定类别分好，具有一定规律，每一类别内部的数据具有相似性，不同类别之间不同。

为了得到西部地区各省份城乡经济社会一体化发展类别特征，依据上述四个指数运用 SPSS 软件进行层次聚类，聚类结果如下表 2—4 所示。

表 2—4 2015 年西部地区各省份城乡一体化指数的层次聚类

Case	4 Clusters	3 Clusters
内蒙古	1	1
广西	2	1
重庆	3	3
四川	2	1
贵州	1	1
云南	1	2
陕西	2	1
甘肃	4	2
青海	4	2
宁夏	4	2
新疆	4	2

从层次聚类的结果来看，若把西部地区各省份的城乡收支一体化指数、投资储蓄一体化指数、经济结构一体化指数和基础设施一体化指数分为 4 类。则重庆独自为一组梯队，广西、陕西、四川为一组梯队，内蒙古、贵州、云南为一组梯队，其余省份为一组梯队。如果将以上省份分为 3 类。则重庆依然独占一组梯队，陕西、内蒙古、广西、四川、贵州为一组梯队。不同梯队之间存在明显差异，而梯队内部省份则具有高度相似性。根据研究的需要及各省、自治区、直辖市的实际情况，本章将 12 个地区分为三类，内蒙古、西藏、新疆为一类，重庆单独为一类，其余地区为一类。

三、西部地区城乡经济社会一体化评价结果分析

根据以上的权重指标设计以及 2015 年西部省份城乡一体化的排名，我们可以得到以下信息，城乡一体化指数在西部地区表现出了东部偏高，西部偏

低，中部偏高，南北部偏低的特点。这些特点也符合经济发展水平，并且也反映了城乡经济社会一体化发展的程度随着当地经济发展水平的提高而增加。

从城乡经济社会一体化发展指数来看，各省份城乡一体化发展十分不平衡。重庆、陕西、四川、广西、贵州的城乡经济社会一体化发展指数高于西部地区平均水平，而其余各省份的城乡经济社会一体化发展指数均低于西部地区的平均水平。从西部省份的排名状况不难看出，从地理区域空间上来看总体呈现着"东部高于西部""中高南北低"的状况，这与西部整体经济发展状况相符合。

总体来讲，我国城乡经济社会一体化发展水平和我国区域经济发展水平保持一致。即东部高于西部，南方高于北方。这再次说明了，只有经济发展好的地区，城乡经济社会一体化发展水平才会上去。

从各项指数来看，重庆地区城乡经济社会一体化指数、基础设施一体化指数三项均在西部地区排名第一，尤其是基础设施一体化指数要远远超越西部地区的平均水平。作为西部地区的直辖市，其发展过程有其独特特征，存在众多发展优势；内蒙古、新疆同为地广人稀的边远省份，其城乡经济发展有相同的特点，表现为基础设施一体化指数都较低，这与其独特的地理特征是分不开的；其余地区分为一类，其中陕西省的各项指数均较高，这说明这类中的其他省份可以以陕西省为参考，完善自身的城乡发展一体化。

本章通过对相关数据的整理分析，从消费、固定资产投资、产业结构、教育文化、社会保险五方面衡量了西部各省（区、市）城乡之间的发展差距，从以上几方面来看，西部地区城乡发展还存在着较大的差距。另外，本章对我国西部地区各省（区、市）的城乡经济社会一体化发展水平采用了层次分析法，进行定量分析，我们发现重庆在城乡一体化建设中得分最高，陕西、四川、贵州排名相对靠前，甘肃、青海、宁夏排名相对靠后。整体来看城乡一体化建设与各地所处区域有着较大的关系。由分析结果来看，要想完成城乡一体化差距的抹平，需要从以下方面着手：

（1）"使制度正确"，打破二元空间结构，协调城市与农村之间的关系。要从科学规划先行的理念，统筹城乡发展优化空间布局，按照区域统筹城乡一体化、全域规划的要求推进省域城乡规划全覆盖，实现城乡规划的一体化，协调城市与农村关系，互促共进。

（2）建立激励机制，优化经济结构，实现城乡产业一体化。城乡要合理进行专业化分工，资源和要素向双向流动，推进城乡产业链互补、协作配套，实现新型工业化、信息化、城镇化与农业现代化同步发展，优化产业结构、就业结构，进而优化城乡经济结构。

（3）加快能力建设，改革户籍制度，实现城乡人员自由流动。健全城乡利益共享的分配体系，深化户籍制度，消除城乡人口自由流动的障碍，加大对农民的培训，有序推进农业转移人口市民化，解决农民进城后创业、就业和生活保障问题，加大支农惠农力度。

（4）加大组织建设，推进城乡社会事业一体化，全面建成覆盖城乡居民的社会保障体系。使城乡居民实现在社会生活各个方面（如教育、医疗和社保等）都享有实现公平的资源和机会，保障居民特别是困难居民的生活能够正常化，使之改善。

第三章 西部地区都市区统筹城乡经济社会一体化模式与经验

　　大都市区一般指那些城市化率较高、人口较为集中的城市群,大都市区往往集中着区域最优质的资源、提供着大量就业机会岗位,在区域经济发展中起着至关重要的作用。起初大都市区核心区域的发展往往来自工业与制造业的兴起,经济发展带动土地成本不断上升,迫使工业企业不断外迁,城市规模不断扩大。不断扩大的城市又如同"吸铁石"一般吸引着源源不断的人口与各种优质资源。在这种背景下"都市病"越来越多的出现,污染、贫困、公共资源不足等问题在大都市开始蔓延。为了解决都市人口不断膨胀所引发的种种矛盾,西方很多国家采取"反城市潮流"的做法,即引导中心城市居民迁往城市郊区地区或周围卫星城。同时一些城市在郊区发展精品农业、观光农业、生态绿色农业。大都市区域内的每个城市承担着不同的功能,起着不同的作用,各个城市相互协调与合作。大都市核心区域与外围城郊区资源互动、优势互补,从而形成一个高度体系化的有机整体,促进大都市区经济更好的发展。

　　经过40年的高速发展,我国已经出现了多个具有国际竞争力的大都市区,如长三角城市圈、珠三角城市圈、京津冀城市圈、成渝城市圈等。这些大都市区内部的良好发展,促进了大都市区城乡关系的不断优化,为我国现阶段发展都市区提供了有益的借鉴。

第一节　都市区的含义、理论及文献

一、都市区含义

早在 1910 年，美国政府进行首次人口普查时提出了都市区的概念，当时将这一概念称为"标准大都市统计区（SMSA）"。直到 1980 年后美国政府才将这一概念称为"大都市区（Metropolitan Area）"，根据美国政府的定义"大都市区"具体是指那些人口超过 5 万的核心城市以及围绕核心城市的卫星城和相邻的外围地区。从具体量化指标来看，美国政府认为大都市区应该符合周围区县非农就业率达到 75%；外围城郊区县人口密度需达到每平方公里至少 50 人；都市区核心区域与外围区县之间通勤率达到 20%，同时对于都市区人口增长速度也有具体要求。

除了美国政府以外，欧洲发达国家也都建立了自己国家的都市区指标。其中英国称为"大都市劳动市场区"，加拿大称为"国情调查大都市区"，各国也建立了自己的指标评价体系，各国通用的主要指标有人口增长率、非农人口比例、通勤率、人口密度、产业结构比重、经济发展速度等。在东亚各国中，日本最先提出了"大都市区"的概念。日本政府于 20 世纪 50 年代提出了"标准城市区"的概念，用这一概念表示人口密集的都市区域，后来这一概念演变为"都市圈"。日本土地稀少人口密集较高，这使得日本较早地出现了人口与产业集中的城市圈。在城市的发展过程中日本政府对都市圈也提出了自己的一套认定标准，首先必须是日本政府指定的中心城市，其次其人口规模需超过 10 万人，且周围必须包含有规模较大的城市与城镇，周围地区与都市圈的通勤率需高于 5%。

我国首次提出"都市圈"的概念来自周一星教授，1986 年周一星在研究了国外的相关理论之后，结合我国实际情况对都市区的范围进行界定。都市区应符合以下条件：城市非农业人口需要达到 20 万人，周围区县除了第一产业的产值占整体 GDP 的比例不超过 25％；第一产业的就业人员比重占整体就业人员的比例不超过 40％等。[①] 胡序威（2003）提出都市区是由一个大中城市和周边城市化水平较高的区县组成的区域，一般而言是跨越行政区域的联合。[②]

从现有的定义来看，大部分学者是从非农就业人数、经济发展水平、人口总量、通勤率、产业结构等方面来解释都市区的。国内学术界对于都市区并没有准确的定义，我们将都市区定义为具有大量人口，并且经济较为发达，辐射范围较广，拥有众多卫星城市的区域性中心城市。在此基础上我们将对都市区的相关理论进行研究。

二、都市区的理论

埃比尼泽·霍华德（Ebenezer Howard）在 19 世纪末发表的《明日田园城市》一书里，深刻地指出了大都市在未来发展中可能出现的各种问题，并从城市建设、城市规划的角度提出了自己心中理想的城市模板，即"田园城市"。在其规划中考虑了富裕人民生活、贫苦人民温饱、农业建设、工业污染、地下管网建设、工业发展等现实问题，再考虑这些现实问题的基础上，围绕中心城区建设城市群。

区域规划理论创始人苏格兰人帕德里克·葛德斯（Patrick Geddes）20 世纪初在自己的专著《进化中的城市》一书中将城市的演进过程划分为城市区域、集合城市、国际化大都市三部分。城市区域指城市的中心区域，这类区域集中了城市的大部分人数并集中了主要经济资源。集合城市指那些为了缓解大城市压力而扩散形成的大城市与周围的卫星城市，这一概念与"都市区"的概念较为接近。国际化大都市是那些不仅在区域经济中有重要作用，还在国际贸易与交流中处于重要的环节。

20 世纪 20 年代之后，学者们将研究的重点转移到了城市内部组织规划问

① 周一星：《关于明确我国城镇概念和城镇人口统计口径的建议》，《城市规划》1986 年第 3 期。
② 胡序威：《对城市化研究中某些城市与区域概念的探讨》，《城市规划》2003 年第 4 期。

题上，博哥斯（E. Burges，1925）、霍伊特（H. Hoyt，1939）等人提出了同心圆城市、扇形城市、多核心城市的理论。多核心城市是指那些城市发展中有着多个产业支柱，霍伊特认为这将是未来城市发展的趋势。迈克尼兹（Mckenzie，1933）提出一座城市的长久发展必须具有核心产业的支持，产业的发展拉动经济发展，从而带动人口及贸易的集中，最终形成中心城市，辐射周围地区。通过研究，他提出欧洲以及北美大的核心大都市，都有核心工业以及制造业。

哥特曼（J. Gottman）在回顾了北美城市的发展历史之后，提出了连绵城市结构理论，指出大城市的设立需要以下条件的支持。首先几个大城市在区域空间上较为集中，且附近存在辅助性的卫星城市。其次核心城市与外部城市紧密相连，并与外部城市在经济上联系紧密。另外该城市人口规模需达到25万人以上，且非农人口比例达到70％。最后该城市应当属于国家核心区域，有国际联系枢纽的作用。[①]

20世纪60年代后，随着对计量与数理经济学的运用越来越多，出现了很多与空间经济学理论相关的理论，如"增长极理论""土地循环理论"和"空间扩散理论"等。特弗（Taaffe，1963）提出较为理想的城市形态是由外延区域、近郊区、核心都市区三部分组成的。随着交通设施水平的不断提升，都市人群开始向郊区移动，城市郊区化在一些发达国家成为一种潮流，他将这种现象称为空间蔓延。空间蔓延使得一些城市出现市区空心化的局面，即白天或周内在都市核心区工作，夜晚或者晚上城市核心区空无一人。

1990年之后，随着经济全球化的发展，人口、资金、商品、技术、资源在全球范围内迅速地流动，都市区逐渐由大型城市向国际化大都市转变（global city-regions），此类城市面向世界，与周围城市紧密相连。[②]瓦利斯（Wallis，1994）在研究了欧洲都市的变迁发展之后提出由于人口的扩展以及工业的发展，都市区不断在空间上向外扩展，最终城市可能出现多个中心，

---

① GOTTMAN J.，Megalopolis or the urbanization of the Northeastern Seaboard，Economic Geography，1957，pp. 31—40.

② SIMMONDS R.，HACK G.，Global city region: their emerging forms，London and New York: Span Press，2000. pp. 3—7.

不同中心也将承载不同的功能。①

　　戈登（Gordon）在对美国都市区从 1969 年到 1994 年 25 年间劳动就业状况进行分析后，发现美国都市区的就业人口由核心区域逐渐开始向城市郊区、外围区直至乡村地区转移，即就业出现了"离心化"趋势，这与同期出现的"逆城市化"状况本质相同。

　　阿德瑞安（Adrian，2003）在研究了北美自由贸易区对墨西哥都市区的影响之后，提出区域经济一体化以及经济全球化对都市区的发展有着明显的推动作用，这种作用在一些依靠外贸的发展中国家体现得尤为明显。通过回顾国外学者对都市区相关理论的研究我们可以发现，国外学者往往会从多学科、多角度观察都市区的发展，比如从社会学、经济学、自然生态学、地理学、城市规划学等角度进行观察，并在近些年呈现出多学科交叉研究的状况。而随着新的研究方法、数据的收集，在理论研究与实际案例方面都出现了大量的研究成果，其中很多理论还得到了各国政府的重视，被运用到城市的实际建设之中。

　　我国学术圈对都市区相关理论研究虽然起步较晚，但也取得了很多理论的成果。孙胤社（1992）对中国与西方发达国家都市区成长的路径进行比较，并以政治中心北京和经济中心上海为案例分析了我国都市区形成的决定因素。他认为我国都市区的发展离不开初期工业化的带动以及非农产业的支持。陶松龄（2002）回顾了上海都市区发展过程，并详细分析了长三角城市带在未来发展的方向。② 姜世国（2004）认为以往我国学术界对于都市区的界定划分标准并不客观准确，他在研究了外国相关理论的基础上根据距离衰减效应理论、断裂点理论定量分析了杭州市区的发展水平。③ 罗震东（2007）从制度经济学的角度对我国都市区建设进行研究，他认为中国都市区发展的初始历程是地方与中央政府在博弈中而形成发展的。④ 闫水玉（2010）将我国都

---

① ALLAN D.，Wallis evolving structures and challenges of metropolitan regions，National Civic Review，1994，pp. 40－53.

② 陶松龄、甄富春：《长江三角洲城镇空间演化与上海大都市增长》，《城市规划》2002 年 2 月。

③ 姜世国：《都市区范围界定方法探讨——以杭州市为例》，《地理学与地理信息科学》2004 年 1 月。

④ 罗震东：《分权与碎化——中国都市区域发展的阶段与趋势》，《城市规划》2007 年 11 月。

市区建设过程中的生态环境保护问题与欧美发达国家的都市区进行对比分析，指出我国都市区在发展过程中缺少对生态建设的考虑，这导致未来中国的都市区将有可能面临生态困局，这种生态困局包括垃圾围城、酸雨现象、空气质量下降等。[①] 宁越敏（2011）从人口经济学的角度研究了我国都市区的发展，他将我国人口普查数据与城市发展数据相结合，提出市区人口超过 50 万为"中心市"，中心市外围城郊区城镇化率达到 60％为"外围县"，其他周边的城镇乡村称为"非都市区"，按照其提出的标准进行衡量，我国都市区共有 117 个，占总城市数量的 4 成左右。[②] 冯艳（2014）分析了我国都市区发展过程中所出现的大城市"簇群式空间"现象。并提出社会层面各因素通过与基础层面各因素的相互作用，共同造就了大城市都市区簇群式空间的形成。[③] 李英东、赵哲（2016）在分析了我国都市区的发展现状以及形成原因之后，提出都市区的发展将会成为经济的新引擎，其中都市区基础设施建设也将会对经济发展起到巨大的推进作用。[④]

　　由于我国都市区出现时间相对较晚，所以我国关于都市区的相关研究起步也远远慢于国外研究，但改革开放以来我国城市化与都市区发展迅速，这成为国内学者进行研究的对象与依据，为国内学者的研究提供了大量数据。我国学者从都市区的形成历程、功能划分、划分标准与经济发展的联系等角度进行研究，并将我国都市区与欧美发达国家都市区进行对比研究。并从我国实际国情出发，有依据地吸收国外相关理论，形成了自己的研究体系。但我国学者在多学科交叉研究以及数量计量分析研究方面仍有待提升。

---

　　① 闫水玉、刑忠等：《美国、欧洲、中国都市区生态廊道规划方法比较研究》，《国际城市规划》2010 年 2 月。

　　② 宁越敏：《中国都市区和大城市群的界定——兼论大城市群在区域经济发展中的作用》，《地理科学》2011 年 3 月。

　　③ 冯艳：《大城市都市区簇群式空间的成长动力》，《城市科学》2014 年第 8 期。

　　④ 李英东、赵哲：《大都市区的演进与经济增长》，《理论学刊》2016 年第 3 期。

第二节 大西安城乡一体化发展进程与评价

西安市作为陕西省省会，属于西部城市中发展较快的地区，西安的辐射效应也带动了关中平原其他城镇的发展。尤其是西咸一体化战略提出之后大西安城乡一体化速度明显提速。西安在发展过程中既具有现代化产业、传统农业，也拥有文化产业发展基础。分析大西安城乡一体化发展进程以及大西安城乡一体化发展过程中的经验模式，对西部其他地区都市区的发展具有很强的借鉴与示范作用。

一、大西安城乡一体化进程的简介

西安位于我国中部，地处关中平原，北临黄土高原，南靠秦岭山脉。关中平原土地肥沃、自然资源充足、气候适宜、自然灾害较少，自古以来便为天然粮仓、人口聚集的中心城市。历史上，共有 13 朝以西安为都城，所以历史名胜也是西安的一大特色。改革开放之后，西安获得了较快的发展，经济总量、综合实力、城市建设水平不断提升。文化产业、教育产业在全国排名突出，西安已经成为西北地区教育科技、文化、金融、贸易中心和连接东西的交通枢纽，是西部大开发战略中的桥头堡。同时在"一带一路"倡议的背景下，作为丝绸之路的起点，西安积极与西亚各国进行贸易、人才交流，成为"一带一路"倡议的起点城市。伴随着经济水平的不断提升，西安的城市空间结构不断优化，劳动力不断从周围区域进入西安，周围区县也因为西安的辐射获得了较快的发展，尤其是位于西安西北方向的咸阳获得了很快的发展，大西安都市区逐渐形成。大西安都市区（包括西安市的新城区、碑林区、莲湖区、雁塔区、灞桥区等 10 区与户县①、蓝田县 2 个县，及咸阳市辖的秦

---

① 户县，陕西省西安市辖县，原称鄠（hù）县，1964 年简化为户县。2016 年 12 月，国务院已批复关于西安市部分行政区划调整的请示，户县撤县设区，改为鄠邑区，相关行政区划界线和政府驻地未变。

都、渭城 2 个区与三原、泾阳两县）既有发展程度较高的西安都市也有周边发展较为落后的城郊区县。

西安市 2009 年城市居民人均可支配收入为 18963 元，农民纯收入为 6275 元，城乡居民收入差距为 3.02∶1，在全国 15 个副省级城市中排名垫底。2008 年西安常住人口为 843.46 万，其中城镇人口 581.4 万，乡村人口 262.06 万，城镇人口比例仅为 55%。在这种背景下，西安市统筹城乡建设，将农村与城市共同发展列入了"十二五发展规划"之中。

2009 年 6 月，国家发展和改革委员会发布了《关中-天水经济区发展规划》，提出了"一核、两轴、三辐射"的规划格局。经济区西起天水，向东经过宝鸡、杨凌到达都市区核心西安（咸阳）。向北辐射榆林、延安，向西北辐射平凉、庆阳，向南辐射陇南、汉中与安康，从而最终实现扩散式发展，带动区域经济新发展。

2010 年 6 月陕西省政府审议通过《西安国际化大都市城市发展战略规划》，其中对西安城市建设进行了规划，设计了"一核、四组、七卫"的城市结构。一个核心是指西安市与咸阳市，即都市区的主城区。西安人口规模 710 万，咸阳 140 万，建设用地规模达到 850 万平方公里。"四组团"指常宁、洪庆、渭北、草堂，这四组团位于核心都市区外围区域，人口规模合计达到 45 万，建设用地规模面积达到 99 万平方公里。"七个卫星城"指户县、三原县、阎良区、临潼区、高陵区、泾阳县和蓝田县，七座县城人口合计为 146 万，建设用地总规模约为 175 万平方公里。除此之外都市区规划所包含的建制镇人口合计 70 万，建设用地规模约为 60 万平方公里。

2010 年 4 月，西安市委下发了《关于全面推进统筹城乡发展的意见》，意见指出要将西安作为核心城市，辐射、引导、带动周边经济发展。发展意见提出要推进"三个建设""四个转移""五个统筹一体化"，目标到 2020 年全市实现城乡共同繁荣。

2014 年 1 月 6 日，国务院发布国函〔2014〕2 号文件，正式批复陕西设立西咸新区。至此，西咸新区正式成为国家级新区，是中国的第七个国家级新区。西咸新区是经国务院批准设立以创新城市发展方式为主题的国家级新区。位于陕西省西安市和咸阳市建成区之间，区域范围涉及西安、咸阳两市所辖 7 县（区）23 个乡镇和街道办事处，规划控制面积 882 平方公里。新区定位：西安国际化大都市的主城功能新区和生态田园新城；引领内陆型经济开发开放战略高地建设的新兴产业集聚区；城乡统筹发展的一体化建设示范区。2017 年 4 月，西咸新区托管给西安市管辖，大西安逐渐成型。

西安市在推进统筹城乡一体化建设过程中，始终坚持以城带乡以及城乡共同发展的理念。通过西安市与咸阳市的发展带动周边卫星城以及乡镇的发展。并且各地在发展过程中从自身实际情况出发，发展特色产业。西安大都市区通过合理地域规划与建设一方面促进了经济的持续发展，另一方面又可以缩小城乡发展差距，实现城乡共同发展。

二、西安大都市区城乡经济社会一体化评价指标体系

为了衡量西安大都市区城乡一体化水平的发展程度，我们设计了相关的评价指标体系。本章在查阅了相关资料并对以往评价体系进行总结的基础上，确定从城乡经济发展、城乡社会发展、城乡自然环境发展三个维度对西安大都市区城乡一体化的发展进行衡量。根据相关文献并考虑城乡一体化发展的各个方面，最终选择出 21 个具有代表性的三级指标（见表 3－1），我们认为这 21 个指标可以全方位地衡量西安大都市区城乡一体化的发展水平。

表 3−1 西安大都市区城乡一体化发展评价指标体系

目标层	准则层	指标层	计算公式
西安大都市城乡发展一体化水平 A	城乡经济一体化指数（B_1）	人均国内生产总值（C_1）	国内生产总值/总人口
		城乡居民收入比（C_2）	农村居民人均收入/城镇居民家庭人均可支配收入
		城乡社会消费品零售总额比（C_3）	农村社会消费品零售总额/城镇社会消费品零售总额
		城乡居民恩格尔系数比（C_4）	农村居民恩格尔系数/城镇居民恩格尔系数
		城乡固定资产投资比（C_5）	农村固定资产投资总额/城镇固定资产投资总额
		科学技术支出占财政支出比重（C_6）	科学技术支出总额/区域财政总支出总额
		非农产业产值比重（C_7）	非农产业产值/国内生产总值
		金融保险业产值占国内生产总值比重（C_8）	金融业产值/国内生产总值
	城乡社会一体化指数（B_2）	城镇化率（C_9）	城镇人口数/总人口数
		公路网密度（C_{10}）	公路里程/土地面积
		人均拥有载客汽车辆数（C_{11}）	载客汽车辆数/总人口数
		每万人口中在校大学生（C_{12}）	在校大学生人数×1万/总人口数
		普通中学师生人数比（C_{13}）	普通中学教职工人数/普通中学在校学生
		每万人口卫生技术人员数（C_{14}）	卫生技术人员数×1万/总人口数
		每万人影院、剧院场所数 C_{15}	公共影院、剧院场所数×1万/总人数
		每万人卫生机构床位数（C_{16}）	卫生机构床位数×1万/总人口数
		非农产业就业人员比重（C_{17}）	非农产业就业人数/总就业人数
	城乡生态环境一体化指数（B_3）	城市污水处理率（C_{18}）	污水处理量/污水排放总量
		建成区绿化覆盖率（C_{19}）	绿化面积/土地面积
		人均园林绿地面积（C_{20}）	园林绿地面积/总人数
		垃圾无害化处理率（C_{21}）	垃圾处理量/垃圾产生总量

注：指标中的逆指标进行正向化处理，数值越大代表城乡一体化水平越高。

三、运算方法及结果分析

在选出 21 项指标来衡量西安城乡一体化发展水平后，我们需要通过科学的方式为每一项指标赋以合理的权重。本章选择 AHP（层次分析法）来进行各指标权重的衡量，然后通过 2006 年至 2015 年的时间序列数据分析西安城乡一体化发展水平的变化。随后我们通过因子分析法，提取对应因子个数，运用相关数据测度西安与咸阳所含区县在 2002 年、2007 年、2012 年、2015 年四年间城乡一体化排名的变化状况。原始数据来自 2006 年至 2015 年的《陕西省统计年鉴》《咸阳统计年鉴》《西安统计年鉴》以及《中国县域社会经济统计年鉴》。下面简单介绍通过层次分析法为 21 个指标进行赋权的过程。

1. 建立层次结构模型

层次分析法首先需要确定目标层、准测层、措施层。本章构建的西安大都市区城乡发展一体化评价指标体系目标层为大西安城乡发展一体化水平，准测层有三项，即为城乡经济一体化、城乡社会一体化、城乡环境一体化。措施层为 21 项指标。

2. 构造准则层指标的判断矩阵

通过专家评分法对指标层中相关指标重要性进行评分，得出城乡经济一体化、社会一体化、生态环境一体化三方面指数的权重之比为 4∶4∶2。

3. 一致性检验

由于指标之间两两对比数量较多，不可能达到完全一致，因此需要进行一致性检验。本章通过 MATLAB 软件构建判断矩阵计算一致性指标。若通过一致性检验方可进行下一步计算分析。公式为：

$$CR = CI/RI \tag{3.1}$$

其中 CR 为检验系数，当其小于 0.1 时，通过一致性检验。

计算公式为：

$$CI = \frac{(\lambda_{max} - n)}{(n-1)} \tag{3.2}$$

其中，λ 为判断矩阵的最大特征根，n 为比较因子的个数。RI 为随机性一致指标，一般来说，阶数越高，发生偏离的可能性就越大。检验结果见表 3-2。

表 3-2　随机一致性检验

矩阵阶数	1	2	3	4	5	6	7	8	9	10
RI	0	0	0.37	0.56	1.1	1.34	1.38	1.42	1.47	1.5

本章运用均方差法计算措施层各项指标指标权重。

公式为：$\sigma(Y_j) = \sqrt{\sum_{i=1}^{n} \frac{(Y_{ij} - \bar{Y}_j)^2}{n-1}}$ (3.3)

其中 $\sigma(Y_j)$ 是 Y_j 的均方差，$\bar{Y}_j$ 是 Y_{ij} 的平均值。计算出措施层对准测层的权重后，将其与对应的准测层的权重相乘，这样可以得到最终的权重。结果详见表3—3。

表3—3　西安大都市区城乡一体化指标权重

目标层	准则层指标权重	指标层	指标层权重
西安大都市城乡一体化水平	城乡经济一体化 B_1（0.445）	人均 GDP（C_1）	0.121
		城乡居民收入比（C_2）	0.011
		城乡社会消费品零售总额比（C_3）	0.031
		城乡居民恩格尔系数比（C_4）	0.019
		城乡固定资产投资比（C_5）	0.039
		科学技术支出占财政支出比重（C_6）	0.186
		非农产业产值比重（C_7）	0.021
		金融保险业产值占 GDP 比重（C_8）	0.017
	城乡社会一体化 B_2（0.363）	城镇化率（C_9）	0.022
		公路网密度（C_{10}）	0.090
		人均拥有载客汽车辆数（C_{11}）	0.100
		每万人口中在校大学生（C_{12}）	0.040
		普通中学师生人数比（C_{13}）	0.019
		每万人口卫生技术人员数（C_{14}）	0.024
		每万人影院、剧院场所数（C_{15}）	0.049
		每万人卫生机构床位数（C_{16}）	0.011
		非农产业就业人员比重（C_{17}）	0.011
	城乡生态环境一体化 B_3（0.192）	城市污水处理率（C_{18}）	0.130
		建成区绿化覆盖率（C_{19}）	0.043
		人均园林绿地面积（C_{20}）	0.059
		垃圾无害化处理率（C_{21}）	0.033

4. 测度结果及成因分析

为了对西安都市区城乡一体化发展进行量化分析，以构建的评价指标体系为基础，计算出西安都市区 2006—2015 年城乡一体化评价指数。计算公式为：

$$城乡一体化评价指数 = \sum_{i=1}^{n} (y_{it}/y_{io}) a_i \qquad (3.4)$$

上式中，y_{it} 是指标 y_i 第 t 期的值；y_{io} 是指标 y_i 基期的值；a_i 是指标 y_i 的权重；n 是指标的个数。城乡一体化指数的计算结果如表 4—4 所示（此处为以 2005 为基期）。

表3—4   2006—2015 年西安大都市区城乡一体化发展状况

年份 准则层得分	2006	2007	2008	2009	2010	2011	2012	2013	2014	2015
经济一体化得分	0.454	0.510	0.483	0.554	0.633	0.585	0.670	0.668	0.802	0.971
社会一体化得分	0.424	0.480	0.538	0.622	0.704	0.701	0.798	0.916	1.065	1.235
生态环境一体化得分	0.250	0.239	0.250	0.281	0.295	0.309	0.318	0.326	0.335	0.341
城乡一体化水平总得分	1.130	1.229	1.272	1.458	1.633	1.596	1.787	1.911	2.202	2.548

另外为了观察西安都市区城乡一体化 10 年的发展变化趋势，我们将经济一体化得分、社会一体化得分、生态环境一体化得分以及城乡一体化总得分以折线图的形式进行呈现。（如图 3—1 所示）

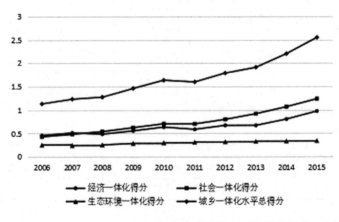

图3—1   2006—2015 年西安大都市区城乡一体化发展状况

从图3-1可以看出，西安2006年到2015年10年间城乡一体化发展水平总体呈不断上升的趋势。2006年至2011年发展相对平缓，2011年甚至比2010年还有所下降，这一阶段可以看作城乡一体化发展的第一阶段。从2011年至2015年西安城乡一体化进入了高速发展阶段。2015年城乡一体化得分与2011年相比增加了42.64%，所以2011年至2015年可以看作西安大都市区城乡一体化发展的第二阶段。

从三项分指标折线图可以看出，社会一体化得分最高，社会发展对城乡一体化水平起到了重要的作用。生态环境一体化的作用相对最小。社会一体化发展速度一直较为稳定，保持较高速度的增长，社会一体化得分10年间增长了2.9倍。经济一体化方面从2006年至2013年发展速度较慢，但在近三年经济一体化发展速度较快，2015年与2012年相比经济一体化得分增长了1.55倍。社会环境一体化从2006年至2015年有着稳定的发展，但是对城乡一体化总得分的贡献较小，且增长速度与发达地区相比有着较大的差距。这说明西安在经济高速发展的同时，生态环境状况并没有出现明显提高，近些年西安极端空气质量天数明显增加，这严重影响了人民群众的基本生活。当前西安正处于从粗放型发展向集约型发展转变的关键时期，只有解决了生态环境问题，人民的生活质量水平才能真正得到提高，经济发展才符合绿色的发展理念。

四、各区县城乡一体化发展水平测度

在对西安市与咸阳市各区县进行测度的过程中，由于某些数据较难获得，所以我们对相关指标进行了调整。我们删去城乡生态环境一体化的相关指标，另外对城乡社会一体化与城乡经济一体化的指标进行删减。在获得相关数据之后，我们采用因子分析法，用SPSS软件，分别测度2002年、2007年、2012年、2015年西安市与咸阳市各区县乡一体化发展水平，其中由于数据不齐全从样本中去除阎良区。

（1）采用Z-score进行标准化处理。

公式为：$Z_{ij} = \dfrac{x_{ij} - x_j}{s_j}$ (3.5)

公式中 x_j 是 x_{ij} 的平均值，s_j 是 x_{ij} 的方差。

（2）随后求解矩阵的特征向量、特征根、因子贡献率，从而确定需要提取的公共因子个数。2002 年与 2007 年提取三个，2012 年与 2015 年应提取四个，累计贡献率分别为 88.324%、87.786%、88.469%，87.347%，均大于 85%，说明数据具有较强说服力。

（3）估计因子得分。得出 2002 年、2007 年、2012 年、2015 年西安与咸阳各区县城乡一体化水平评分。计算公式如下：

$F_{2002} = 0.390 \times F_1 + 0.321 \times F_2 + 0.179 \times F_3$ (3.6)

$F_{2007} = 0.482 \times F_1 + 0.254 \times F_2 + 0.157 \times F_3$ (3.7)

$F_{2012} = 0.333 \times F_1 + 0.267 \times F_2 + 0.164 \times F_3 + 0.125 \times F_4$ (3.8)

$F_{2015} = 0.379 \times F_1 + 0.287 \times F_2 + 0.259 \times F_3 + 0.135 \times F_4$ (3.9)

表 3—5 2002 年、2007 年、2012 年、2015 年各区县城乡一体化得分及排名

区县	2002 年	排名	2007 年	排名	2012 年	排名	2015 年	排名
碑林区	21.23	3	59.28	2	77.32	4	96.34	3
未央区	17.38	5	23.54	5	37.32	6	74.78	5
秦都区	−2.23	6	4.43	7	41.31	5	34.49	7
莲湖区	34.53	2	52.76	3	90.44	2	105.47	2
长安区	−23.64	7	−16.23	9	27.55	6	57.23	6
雁塔区	21.11	4	83.13	1	123.75	1	133.45	1
灞桥区	−21.31	8	−11.23	8	6.43	10	10.98	11
临潼区	−39.35	10	−28.23	12	−6.45	11	11.36	10
户县	−39.23	11	−25.31	10	−11.43	12	2.46	12
高陵区	−48.31	12	−25.42	11	23.67	8	31.68	8
蓝田县	−52.53	13	−49.35	13	−30.13	13	−11.74	13
新城区	39.43	1	41.44	4	83.53	3	92.39	4
渭城区	−25.32	9	7.53	6	16.35	9	26.76	9
三原县	−91.54	14	−72.35	14	−54.53	14	−34.57	14
泾阳县	−93.24	15	−85.57	15	−63.54	15	−38.24	15

（4）测度结果及成因分析

根据表3-5的数据，观察各区县的评分结果我们可以发现，西安与咸阳各区县的一体化水平整体呈现不断上升的趋势。2012年至2015年上升的幅度较为明显。另外从区域来看，西安市城乡一体化的发展水平要明显好于咸阳市，咸阳市的秦都区与渭城区只能勉强排到7至9名，而咸阳的三原县和泾阳县则明显排名更加靠后。西安市的城乡一体化发展也明显呈现着"中心强于外围"的局面，市中心的区县发展明显要好于周边区县的发展，这也与其他都市区的发展情况相类似。周边区县由于远离市中心都市区的辐射，很多地区还以农业为主，生活条件也还较为落后。从单个区县的发展水平来看，雁塔区从2002年至2012年取得了巨大的发展，排名跃升至第一名。高陵区也在10多年的时间里取得了巨大的进步。从现实情况来看，西安核心都市区的发展远远好于其他地区，这符合一般都市区的情况。我们认为西安大都市区如果想取得更大的发展，需要更加重视咸阳的作用，咸阳的发展一方面可以为西安分担一部分城市压力，另一方面又可以促进区域经济规模的发展壮大。

第三节 西安大都市区城乡一体化发展模式

面对复杂的城乡二元结构，西安大都市区在发展过程中因地制宜采用多种发展模式相结合。都市区城乡一体化模式是通过设立各种特色开发区，加速区域经济发展，吸引各方资金；利用文化资源优势，发展文化产业，促进第三产业发展；改造传统农业形式，以现代农业帮助农民致富；面对城乡接合部，西安合理推进城市社区改造，促进经济发展。总体来看，政府合理规划、因地制宜，推动大西安都市区城乡一体化水平不断提高。本节将详细分析大西安城乡一体化发展过程中的各种发展模式。

一、开发区带动模式

在我国区域经济发展的过程中，开发区起到了很重要的作用，对于相对落后地区而言，行政效率较低、经济基础较差、基础设施短板较多，通过开发区建设集中各种资源优势，带动区域经济发展，有些地区通过开发区的带动最终完成了率先致富。对开发区带动模式进行归纳，可以总结为由政府进行规划，整合各方优势资源，确定各新城功能定位、产业定位，特别是在交通、旅游、科技等优势明显的地区设立区域功能中心，带动周边居民的就业转移，最终推动地区城乡一体化发展。陕西省七个省级开发区，2015年实现生产总值4500多亿元，实现收入1.26万亿元，极大地带动了区域的经济发展。开发区发展模式显著的特点是政府支持，国家、省市及所在区域地方政府明确分工进行组织领导；体制机制灵活多变，能够吸引大型企业、项目入住，形成产业集聚。

（一）西咸新区带动模式

早在2002年陕西省便提出了"西咸一体化"的建设构想。从2003年到2008年，西安与咸阳完成了公交的连接，电信网络的合并，地铁也设计线路通至咸阳。2009年国务院正式提出"实现西咸一体化，建设西安国际大都市"的战略构想。随后五年关于西咸一体化的文件不断出台，西咸一体化的建设方案、规划设计、政策指引相继落地。2014年，国务院批复设立西咸新区，规划建设空港新城、泾河新城等五座新城（见图3-2）。2016年，被列为第二批国家新型城镇化综合试点地区。2017年1月22日在西安市第十二届委员会工作报告中提出西咸新区将划归西安托管，这标志着西咸新区的建设与发展进入新的阶段。

根据规划5个新城都有着不同的定位与发展方向。泾河新城位于泾阳县境内，拥有人口14万，规划面积146平方公里。出于保护生态环境以及自然资源的考虑，泾河新区发展的主要产业为高端制造业、测绘业、新能源产业等。秦汉新城位于咸阳市市区东北部，总规划面积302平方公里。秦汉新城如同其名,有着众多文化资源,其中仅西汉帝王陵墓就有9座,所以秦汉新城定位于打造西咸历史文化名片。空港新城位于西安市区西北部,咸阳市区东北部,总规划面积144.28平方公里,依托咸阳国际机场计划打造西北物流贸易中心,国家民航局批复其为全国首个国家航空城实验区。沣西新城共有建设用地面积64平方公里,新城定位为新兴产业基地以及配套服务中心,近些年已经有众多大型通信、医药类科技公司入驻新城,如中国电信智慧园、中国联通大数据运营中心、省医疗器械检测中心、西安交通大学科技创新港、西北工业大学翱翔小镇等都进驻沣西新城。沣东新城位于西安绕城高速以西,规划面积159.7平方公里,由于具有区位优势,所以将发展的重点放到科技类企业孵化、生态观光农业、大型会展商务活动方面,估计园区一年可创造生产总值超过2500亿元。五大新城各具特色,从自身实际出发进行规划发展,促进了西安咸阳城乡一体化进程的加快,也为西部地区城乡一体化建设做出了榜样。

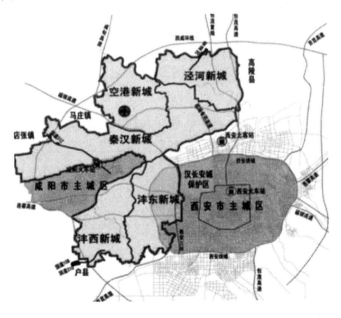

图3—2　西咸新区五大新城布局图①

① 西咸新区管委会官方网站,http://www.xixianxinqu.gov.cn/zwgk/xgjg/42283.htm。

西咸新区在建设五大新城的过程中，树立田园城市发展理念，结合各地实际情况合并村镇，发展特色小镇经济，打造特色旅游文化名镇。各地在建设特色小镇的过程中对村民利益的保护以及自然生态环境的保护尤为重视，对垃圾处理、水污染处理问题更是制定了详细的解决方案。各地在建设特色小镇的过程中有的结合当地历史、有的结合当地特色饮食、有的与当地生态景观相联系，其中具有代表性的如细柳营村，就是以西汉时期历史事件为背景建造的。又如泾河新城打造茯茶小镇并恢复传统的制茶工艺，发展特色茶文化旅游。同时，乡村的改造与小镇的发展相结合，改造传统民居与现代建筑相结合，改善了农村居民的居住条件和工作条件，传统农民转变为产业工人，收入明显增加。这些特色小镇的开发建设，对改善新区内农民生活水平，建立了完善的社会保障体系、完善基础设施建设等具有重要意义，也促进了城乡差距的进一步缩小。

（二）西安高新区带动模式

西安高新区全名西安高新技术产业开发区，位于西安西南方向，于1991年3月成立，是国务院批准的第一批国家级高新技术开发区。1997年西安高新率先加入亚太经合组织科技工业园网络，西安高新区与国际优秀科技园区成功接轨。2001年2月，西安高新区被列入我国"十五"期间重点建设的五个国家示范高新区之一。2005年6月温家宝同志提出要将西安高新技术开发区建设成为世界一流的技术开发区。2009年8月，西安高新区被国家科技部火炬中心评为"科技部科技企业加速器试点单位"。2010年1月，西安高新区被确定为"国家通信高新技术产业化基地"，国家级通信研究在高新区作为重点产业扶持。

高新区发展具有区位优势与人力资本两大先天优势。高新区开发之前西安西南方向多为农业，地势平坦。通过合理的规划与建设，高新区拥有大量可供使用的土地，为后来企业的入住提供了条件。从人力资本角度来看，陕西原本作为国防大省，拥有众多科研院所，这些科研院所代表着先进的科研实力。另外西安高校众多，教育资源优势明显，每年都有大批优秀人才从高校走入社会。这些毕业生为高新区的发展提供了强有力的支持。比如中兴、华为等通信电信企业出于人力成本的考量都将很大一部分业务放到西安来进行。西安这些年逐渐形成了良好的产学研互动体系，企业为高校寻找市场导向，高校为企业培养优秀人才。在人才引进上高新区管委会也做了大量工作，比如为了吸引优秀毕业生以及归国人才在高新区就业，高新区将会为符合要求的人才提供奖励并解决落户、子女上学问题。

西安高新区在产业布局方面十分合理，高新区在发展初期将陕西众多优秀大中型装备制造企业汇聚于此，如陕鼓动力、中航集团、陕西汽车集团、彩虹集团等。这些企业在初期支持了园区的发展、提供了大量就业岗位。高新区发展至中期形成了一大批优秀生物医药类企业，如金花制药、杨森制药、力邦制药、利君制药等，这些医药企业在高新区已经形成了从研发到生产销售完整的产业链。同时高新区逐渐形成了汽车产业集群，尤其在集汽车电子、重要汽车零部件和整车生产方面在全国处于领先水平，如我国自主品牌比亚迪部分研发部门与生产部门就位于西安。随着近年的发展，电子计算机、大数据、互联网相关企业在高新区也越来越多，并出现很多全国知名的互联网企业，如易点天下、极限网络等。可以看出，西安高新区在众多领域已经形成了完整的产业链，并处于全国领先水平。而且西安高新区的产业结构中不仅有机械制造等传统行业，也有医药科技、电子设备、互联网等新型行业。

截至 2016 年西安市高新区共有各类企业 23 000 多家，这其中中小企业与初创企业占据了绝大多数，同时这些中小企业也是高新区就业与纳税的主要组成部分。近些年在全国大众创业万众创新的背景下，高新区积极响应号召支持初创企业发展。首先高新区为了丰富企业融资渠道。积极引进全国优秀的风险投资（VC）、股权投资（PE）机构，并成立西部基金中心。同时高新区管委会控股，并参股各类创业基金会，通过基金为初创企业解决资金问题。另外高新区积极支持各类创业园区以及孵化器，并为这些孵化器提供场地、财税、法律等方面指导。其中一些社区已经走在全国前列，并孵化出很多优质企业。比如位于锦业路瞪羚谷创业就走出了巨子生物这种销售额过亿的优质科技型企业。

高新开发区经过 25 年的快速发展，现规划区域达到 310 平方公里，拥有各类企业 23 000 多家。陕西超过 70％ 的金融机构将区域中心汇集于此。在

2016 年科技部对全国开发区进行的调研考核中，西安高新区的知识创造和技术创新能力位居全国第三，可持续发展能力位列全国第四，综合指标评分位列西部开发区第一名。

回顾西安高新区的发展过程，我们认为管委会并不像很多地区的高新区仅仅是将企业聚集到一起，而是为企业提供各种资源，并引导行业建立产业链。在西安高新区发展过程中政府其中起到了很强的推动作用，但政府更多是在园区发展中扮演了服务者的角色，并不会直接影响企业的发展。高新区作为关中经济社会发展的龙头和战略支点，以优势产业为支撑，提高区域技术创新能力，推动经济社会发展切实转入科学发展的轨道，达到"以点带面、以城带乡、城乡统筹发展"的目标。采取了产业支撑发展模式、征地拆迁安置模式、农民就业培训模式，实现了城乡统筹、农民发展及市民化一体化。①西安高新区的发展模式与路径值得众多西部地区学习借鉴。

二、文化产业推动模式

西安都市区与其他区域都市区相比最大的优势就在于拥有丰富的历史文化资源，所以西安在发展文化产业方面具有巨大的先发优势。文化产业推动模式具体是指依托西安众多的文化古迹以及非物质文化遗产，以保护文化遗址为前提，开发历史文化旅游景区、文化主题公园、博物馆，带动文化旅游产业不断发展壮大，最终拉动经济发展。西安文化产业发展的一大特色在于，打造古都文化品牌，设计精品旅游线路，并带动文化区域内相关产业发展，发展经济促进就业，并使文化精髓传承下去。这一模式适用于历史遗迹较多、文化资源丰富的地区。

西安历史文化资源丰富，但分布分散于市中心与周围各区县，分布分散所以各文化景区始终各自为政。在这种背景下西安曲江新区的建设为相关区域树立了发展模板。西安曲江新区位于西安东南方向，2003 年由曲江度假旅

---

① 郭俊华：《西安"四区二基地"城乡统筹模式研究》，《西北大学学报》（哲学社会科学版）2012 年第 3 期。

游区发展成为"曲江新区",曲江新区核心面积51平方公里。2005年西安市政府提出"皇城复兴计划",将行政机构向北郊迁移,而将旧城区改造成为以旅游为主的区域。大雁塔、大唐芙蓉园等景区都是复兴计划中重要的一部分。2007年全国在评选第一批"国家级文化产业示范园区"时西安曲江新区成功入选。2008年7月,西安曲江池遗址公园、唐城墙遗址公园、唐大慈恩寺遗址公园盛大开园,这三大遗址公园合称曲江三大遗址公园。2009年国务院将文化产业上升为我国重要的战略性产业,西安曲江新区抓出此机会大力发展文化旅游业,并提出"文化立区"的发展思路,加大对基础设施和旅游景区的投资,开发了曲江南湖、大唐芙蓉园、大明宫遗址公园、大雁塔广场的一批具有文化历史特色的景区。2012年曲江管委会提出曲江发展的三驾马车"旅游拉动、文化拉动、科技拉动"。在大力发展的同时,曲江新区也注重生态环境的保护,生态用地占其总面积的32.7%,为西安各区县中最高的。截至2014年,曲江新区固定资产投资累计278.31亿元,实现国民生产总值34.23亿元,其中第三产业占GDP的比例达到了68.6%。经过多年的发展,曲江逐渐形成了自己成熟的商业模式,通过大力投资文化景区,吸引人流,发展商业地产;通过生态建设,围绕风景名胜,发展商业住宅。这种模式既为政府财政增加了收入,又为西安居民提供了娱乐休闲的合适场所,也保护了历史名胜与自然生态。

曲江新区以文化作为发展主线,积极发展文化相关产业,既具备软文化又具有硬文化设施,通过打造文化产业链,在促进经济增长,提供就业方面发挥了极大的作用。曲江新区围绕展开"文化GDP"所展开的建设主要可以分为两大部分:一部分是历史文化资源建设,另一部分为文化产业链建设。下面我们将沿着两大主线解析曲江文化产业的发展。

(一) 内容文化资源再造

文化遗产由于历史悠久,往往遗迹保存不完整,所以文化遗址的保护与再开发成为文化资源再造过程中非常重要的课题。曲江新区拥有众多历史遗迹,但往往只剩遗迹的影子,所以在这样的背景下曲江新区开展了文化资源再造开发。其中具有代表性的主要有大雁塔广场、大唐芙蓉园、曲江遗址公园。大雁塔的特色在于其核心旅游资源已经保留了千年，本身就具有极高的文化价值，但由于单一性始终无法吸引足够的关注。大唐芙蓉园与曲江遗址公园都为后期新建，但主要区别为二者面对的群体不同。大唐芙蓉园作为5A景区主要面对各方游客，而曲江遗址公园有着西安市区最大的"湖水"，为西安居民提供了一个极佳的休闲去处。

大雁塔景区位于西安曲江新区内，距市中心6公里，拥有西安标志性建筑之一的大雁塔，属于人流量较大的地区，拥有建设大型广场的主客观条件。大雁塔建于653年，大雁塔原称慈恩寺西院浮屠。大雁塔塔身用砖砌成，共7层，高64.5米，内有楼梯可盘旋而上，是中国唐朝佛教建筑艺术杰作。原本大雁塔作为单一没有足够的带动效应，所以从2000年前后开始围绕大雁塔打造大雁塔工程，经过5亿元的投资，大雁塔广场于2004年1月正式竣工。大雁塔广场分为北广场，南广场，东、西文化长廊等四部分。其中大雁塔北广场是最为主要景区，北广场建有亚洲最大的喷泉景观。大雁塔南广场紧连大唐不夜城等商业地产，使得整个景区连为一体。2015年大雁塔广场累计共接待各地游客623.3万人次，成为西安旅游的重要标志。值得一提的是，在大雁塔景区建设过程中，由于建设南北广场进行了大量的征地用地以及农户拆迁，在拆迁中对当地城中村采取了"预留地＋房屋"这一拆迁方案进行城市社区改造，并且取得了显著效果。这样一来，既保护了文化遗址，也可以开发文化遗址，创造并且利用其价值，还提高了这些村民的生活水平，这一方案随后在大明宫景区等众多景区的建设中进行了充分的借鉴。

大唐芙蓉园景区位于西安曲江新区，大雁塔景区南部，是中国唯一的唐文化主题景区，拥有全球最大的水幕电影，全球最大的水火景观表演，是中国第一个集视觉、嗅觉、触觉、味觉、听觉为一体的五感公园。大唐芙蓉园是由北池头等城中村和垃圾场开发而来，通过政府主导建设景区及配套基础设施，将一个缺乏活力的片区开发成了现在占地1000亩，以水为核心，浓缩了唐代文化的一个大型主题公园，成为西安的又一个地标性建筑。2015年大唐芙蓉园全年接待游客达214.47万人次，既创造了经济收益，提升了景观价值，又让游客在游玩过程中体会到了唐代的文化，实现了唐文化的传承，为其他文化再造景区提供了借鉴意义。

曲江遗址公园景区位于西安曲江新区,与大唐芙蓉园景区相连,占地1500亩,北邻大唐芙蓉园。曲江遗址公园使得青林重复、绿水弥漫的山水景观得以重现,目前是西安一处集商业、文化、休闲、娱乐为一体的综合性生态娱乐休闲区。曲江遗址公园包含艺术人家景区、阅江楼景区在内的八大景区。在散步的树林里遍布着几座院落,一共是九栋两层的唐式建筑,名字有浣溪沙、浪淘沙、水调歌头、念奴娇等等,充满了诗情画意。曲江遗址公园将公园、商业建筑相结合,提高了周围环境的商业价值,也为周围的人们提供了一个便于休闲娱乐的生态景区。现阶段在西安已经有众多景区学习曲江遗址公园的经验,建设生态遗址公园。

(二)文化产业聚集形成文化产业链

曲江新区除了再造历史文化景区,还积极打造文化产业,并形成一条独具特色的文化产业链。为了支持并引导文化产业发展,曲江新区管委会投资设立了国有独资公司曲江文化产业集团,集团为文化产业企业提供股权、债券等多种融资支持。截至 2015 年 12 月,曲江新区入驻企业累计超过 9700家,其中文化产业相关企业共有 4700 多家,包括与文化产业链相关的多种行业,成为全国首屈一指的文化产业园区。2014 年新区内文化行业就业人数超过 3 万,文化产业增加值超过 232 亿元。文化产业的蓬勃兴起也促进了演出、贸易、商业地产、旅游、餐饮等其他行业的发展。

文化产业在曲江新区的快速发展离不开曲江管委会的大力支持。新区推出了大量有益于文化产业发展的政策。这些政策从金融支持到办公场所支持,从企业法律支持到文化产权保护支持涵盖企业运行的方方面面。比如在融资担保方面,由于文化产业属于轻资产产业,缺少抵质押物,从传统的渠道很难获得融资。为了帮助园区内文化企业获得资金支持,曲江新区管委会先后参股或控股西安曲江文化产业投资(集团)有限公司、西安曲江文化产业风险投资有限公司、西安文化科技创业城股份有限公司、西安曲江影视投资(集团)有限公司。这些公司积极开展针对文化产业的投资,为文化企业提供低成本的发展资金。针对很多初创的文化企业受制于资金问题无法得到良好发展,曲江新区在 2015 年挂牌成立西安文化创业城中设立 7 个文化企业孵化器，为文化企业提供廉价的办公场所，当年入驻企业就有 120 余家。

文化旅游行业属于无污染、无公害、可循环利用的持续发展产业，作为拥有许多旅游资源的西安曲江新区应该很好的推广。在曲江新区进行以大唐文化为主题等的旅游、文化创意活动。同时旅游业属于服务型行业，涉及吃住行游购娱多方面，属于劳动力密集性行业，能够解决失地农民的就业问题；旅游业与各个行业的联系紧密，需要许多行业相配合才能完成，这决定了它对于餐饮业、房地产等行业都具有拉动作用，可以带动当地经济的发展，增加了失地农民的就业机会及收入的提高。

三、现代农业驱动模式

在推进城乡一体化的各项措施中，发展现代农业模式是直接带动农村发展、农民增收的政策。通过建立现代农业园区，将城乡联系起来，可以促进我国的农业发展水平，也促进了我国的经济发展和社会发展。而现代农业园区的选址就显得尤为重要，只有在城乡接合部设立，才能起到双向沟通城乡的作用。当城乡逐渐融合，现代农业引入了现代资本、现代科技、现代人才、现代信息、现代市场，农业产品实现了绿色、环保、有机，农业不再是传统的农业，而发展成了现代高科技农业，这一转型使得农业具有了都市农业的特征，其现代化水平高，并且功能多样，既有生产功能，也有服务功能。不只是农业转型，农民也发生了转型，从以前的传统农民变为了现代农民。现代农业驱动模式在大都市周围、农田集中区进行推广，对农村与农业的发展有巨大的作用。

2006 年 6 月，西安市委市政府出台《西安市加快发展都市农业实施方案》，围绕农业增效，农民增收提出了众多可操作性的政策建议。方案中提出必须提高科技对于农业产业的支持，加速农业由单一生产功能向多功能转型，并提高农业产业化经营水平。方案指出，农业的规划布局要以城市为中心，呈向外辐射状，按照近郊、远郊、山麓、平原地区，根据各地区实际情况发展特色现代化农业。按照此方案西安市在现代化农业建设方面成果显著。较为成功的如白鹿原特色农业、长安区特色农业、高陵区特色生态农业、鄠邑区生态农业区。

其中长安区的经验最值得推广与借鉴。西安市长安区位于西安市的南部，北邻雁塔区、新城区，西邻鄠邑区，东邻蓝田县，地处关中平原，总面积1580平方公里，辖25个街道办事处。2002年长安县撤县设区，长安区由此而来。以前的长安县是个传统的农业县，设区后经济得到了发展，传统农业也在转型中升级。2009年长安区粮食播种面积122万亩，第一产业占国民生产总值的8.61%。2010年长安区被认定为全国首批农业示范区，在农业发明技术方面开展了多项改革。首先，长安区坚持将科技运用到农业生产、储存、运输的每一个环节，通过科技提高产量，优化质量，降低非正常损耗率。其次长安开展了众多培训活动，提高农民的市场意识、科学种植技能。同时长安区由于南靠秦岭，北靠市区，具有极佳的区位优势，在这种背景下长安区积极发展休闲体验型农业。截至2016年长安区采摘果园面积达到3.6万亩、花卉面积达到2550亩、超过百亩的农业观光园区共有60余家，在日常节假日长安区已经成为西安市民休闲首选场所，全区休闲农业每年接待游客超过1200万人，创造收入7亿余元。另外在发展现代农业过程中，政府不忘打造地区知名品牌，"王莽鲜桃""长安草莓"在2016年双双入选全国百强农产品，这两大产品远销海外，极大地促进了农民增收。

白鹿原位于西安市区东南方向，灞桥区行政区范围之内，白鹿原地形较高，处于原顶，可以俯瞰整个西安城区，同时白鹿原因为陈忠实同名小说而全国闻名。白鹿原现代农业将发展的重点放到了观光农业、农产品加工、科技示范项目等方面。白鹿原现阶段在采摘观光农业上发展极具特色，尤其是白鹿原大红樱桃采摘更是远近闻名，每年5月白鹿原的樱桃采摘园都非常火爆。为了解决白鹿原农业初始发展过程中资金不足的问题，灞桥区政府通过BT融资为现代农业发展融资1600余万元。同时省国土资源厅通过土地置换手段，增减建设用地90.1亩。解决了土地与资金问题后，白鹿原现代农业势必在未来取得更加广阔的发展前景。

高陵区位于西安东北方向，关中平原腹地，被称为"关中白菜心"。高陵区西侧为咸阳泾阳县、三原县，北为阎良区，东侧为临潼区，南接未央区、灞桥区，全区面积为294平方公里，常住人口35.2万。高陵区在发展现代农业的过程中积极推进菜篮子工程，扩大菜篮子基地建设，对菜篮子工程予以科技支持，发展精细化绿色蔬菜种植。另外，高陵区积极培育具有地方特色的农产品品牌，如"鹏杰草莓""伊甸园樱桃"的品牌在多次农业博览会上都获得了全国众多商家的抢购。还有，高陵区积极推进农业数据信息化建设，增加互联网在农产品种植、销售、储存等方面的运用，培养专业电商人员，打造适合电商销售的绿色农产品。农产品电商发展过程中，物流业的冷藏与快速至关重要，高陵区协调物流公司共建优质仓储物流基地，提高运输效率。

户县（鄠邑区）位于西安西南方向，南起秦岭终南山，北至渭河，全县面积 1281 平方公里，截至 2015 年全县共有人口 62.6 万。2016 年 2 月，国务院通过了西安市行政区调整请示，户县由县转区，改称鄠邑区，原行政地界不发生改变。户县地处关中平原腹地，地理位置优越，土壤肥沃，适合多种农业品种生产。户县在发展现代农业方面最为著名的便是户县的葡萄，人称"户太八号"，户太八号是西安市葡萄研究所经过多年培育、研究出的优良品种。原本户太八号种植地仅为秦岭终南山北麓草堂村的村镇，后由于热销，其种植地区已经扩展至户县东部长安西部的村镇。截至 2016 年全县种植面积 6.5 万亩，产量 5.5 万吨。户县的现代化农业除了葡萄种植外，还有户县渭河农业示范区，示范区地处渭河平原之中，土地自然条件极佳，示范区积极开展苗圃培育、农业研究、良种培育等工作。通过示范园区的建设为户县农业提供科技支持，同时示范园区也增加农业观光游览人数。

通过总结西安周边长安区、白鹿原、高陵区、鄠邑区的现代化农业发展状况，我们发现各地都依靠自身区位条件，开展具有特色的现代化农业项目。通过多种手段增加农民收入、提高农业产量与效率。这些现代化农业的发展经验值得在更多都市城郊农业区进行推广。

四、绿色生态区发展模式

西安南靠秦岭，北临渭河，自古以来自然资源丰富，原有"八水绕长安"的美称。但随着工业的发展，人口数量的增加，对自然环境造成了极大的压力。随着用水量的增大，八水中多条支流处于枯竭的边缘，西安一些区（县）

因为发展造纸业、重工业一度给河流造成了巨大的污染。为了解决城市发展中人与自然和谐相处的问题，西安市政府进行了积极的探索。西安浐灞生态区的建设就是众多成功案例中极具代表性的案例。

西安浐灞生态区位于西安东北方向，规划面积 129 平方公里，因为是八水中的浐河水系与灞河水系交汇处，所以被统称为"浐灞"。浐灞生态最南端到西安绕城高速，最北端到渭河，与灞桥区、国际港务区毗邻。为了解决浐河灞河水系的合理开发与生态保护，浐灞生态区的前身西安市浐灞河综合治理开发建设管理委员会于 2004 年 9 月成立。2008 年在渭河灞河交界处西安浐灞国家湿地公园设立，园区规划面积 5.81 平方公里，共投资 15.69 亿元，湿地公园的设立将生态环保与景观旅游合二为一，成为西安生态环境圈中重要的一笔。2011 年经过国家环保部的评比，西安浐灞生态区成为国家级生态区。同年世界园艺博览会在生态区成功举办，园艺博览会共接待全球各地游客 1572 万人次，创造了历次世园会的记录。

生态区在发展过程中始终将绿色环保放在第一位，各种项目的落地都会经历严格环境审评，坚决防止发生向浐灞水系中排污的行为。在拒绝工业的同时积极发展绿色产业，从旅游观光业到金融业、到大型连锁商超。由于拥有良好的生态环境，浐灞生态区成为西安市民周末休闲的首选。浐灞国家生态公园被评为 4A 级景区后，在保护生态环境的同时每年也吸引了大量外省游客。除了发展旅游业外，生态区积极发展金融业，在浐灞的核心区域建立了西安金融商务区，成为区域金融中心的重要载体。2016 年西安金融商务区被纳入自由贸易试验区之中，截至 2016 年已经有 60 多个金融项目落地。由于紧邻国际港务区，拥有地位优势，生态区积极发展大型连锁商业超市，众多全球知名品牌在此落户，包括麦德龙、迪卡侬等，超大型商场浐灞砂之船奥特莱斯也在此运营。

经过超过 10 年的发展，浐灞生态区已经取得了很好的成绩。2015 年生态区创造的生产总值合计 53.95 亿元，整个"十二五"期间，生态区完成固定资产投资 1200 多亿元，政府财政收入 53.27 亿元。生态建设成效显著，浐河、灞河水系水质明显改善，每年都有大量候鸟飞至湿地公园迁徙，2015 年冬季便有超过 3500 只候鸟在此过冬。灞河滨水景观、灞河景观区、雁鸣湖景观区等生态景区的建成，使整体生态环保与观光景区成功如融为一体。近些年金融业的发展、使领馆区的引入使整个生态区的发展更加多元化。在未来的发展中，生态区在保证生态环境的基础上，继续发展生态旅游业。同时积极承办大型会议与会展，以及大型体育赛事，实现多元化发展。根据园区"十三五"规划方案，浐灞生态区将发展的方向定位于生态旅游业、商贸物流、现代金融业、健康养老产业等方面，计划在"十三五"期间服务业增加值达到90亿元，创造的生产总值超过100亿元，完成超过12%的发展，最终实现绿色可持续的发展。浐灞生态区这种将生态保护与经济发展相结合的模式值得在西部其他地区进行推广。

五、西安大都市区城乡经济社会一体化的经验总结

西安大都市区既有传统农业区域也有现代科技区域，同时也有着丰富的水系资源和自然资源。面对这种情况西安各区域结合自身优势发展特色产业。在西安的发展中我们可以看到众多开发区的身影，通过开发区为园区内制定针对性的发展策略，提高发展效率。我们发现浐灞生态区、高新开发区、曲江新区等园区都完成了高效率的发展。另外在城乡经济社会一体化的发展过程中，农村以及乡镇的发展至关重要，西安都市周围的农业区域选择了生态农业发展之路，生态农业的发展遵循科技发展、绿色发展之路，同时积极打造农业优质品牌，在销售终端助推农业大发展。而西安大都市区建设中对外辐射很重要的一环就在于西咸一体化战略的实施，而在西咸一体化过程中五大新城各具特色的建设，将会在促进当地一体化发展的同时，与西安咸阳都市发展形成良好的互动，促进最终的协同发展。

（一）健全大都市区的管理制度建设

西安大都市区既具有历史文化古迹又具有现代高新技术，既有现代工业制造业同时也有新型现代化农业生产，既有现代化居民居住区也有众多处于城市边缘的城中村和城乡接合部。面对这种情况，避免了各区县各自为政制定自己的规划，而从西安大都市区全局的角度考虑进行规划与管理，并充分

兼顾各方利益，明确各个区域的发展定位，避免重复建设，同时要注重既保留原有古都的文化又要有新时代国际化大都市的活力与个性。

在大力发展现代化都市的同时，注意保留优秀的文化痕迹，彰显古都特色。西安在进行建设的过程中充分考虑了保留历史文化痕迹，比如城墙内四条大街统统实行"带帽"充分彰显了古城特色，比如曲江的发展就将现代化发展与历史文化紧密地进行了结合。在进行城乡改造、乡村发展的过程中也应当充分结合当地历史文化特色，建设有特色的城乡一体化。

在新农村建设方面，统筹安排城乡基本设施建设、联合进行生态保护、协调发展乡村特色产业。促进公共建设与公共资源，如医疗资源、教育资源向小城镇、新农村进行延伸。推动人口向城镇、居住区、工业园区进行集中。政府应当加强更多优秀乡村建设模板的宣传，鼓励各个地区结合自身资源优势，发展有特色的产业与建设模式。

（二）丰富西安大都市区城乡文化建设

随着人民群众生活水平的不断提高，精神文化需求在人们的生活中已经变得越发重要。在建设西安大都市区的过程中应当注重公共文化服务体系的建设，需要指出的是村民市民化并不是简单的住上楼房那样简单，而应该是生活方式、文化习惯的改变。这就要求政府需要引导好这部分人的文化生活。让农村居民逐渐享有和城市居民平等的精神文化。在信息化、网络化生活的今天，打破城乡壁垒，逐步实现基础网络"村村通""户户通"。政府应主导建立乡镇一级图书馆、村一级图书室（站）、图书流动站点，并加强乡镇与各村之间的文化互动。鼓励农民成立富有地方特色锣鼓队伍、地区舞蹈队。通过引导村民进行健康的群体活动，来防止赌博等糟粕文化在农村社会的出现并蔓延。在发展乡村旅游增加收入的同时，也加强了乡村居民与城市居民之间的互动来往，从而更好地促进城乡一体化的深入发展。

（三）推进西安大都市区的城乡劳动就业

大都市区的发展既会吸引周围各地的劳动力资源前来寻找工作，也要面对由乡村变城市过程中所出现的大量劳动力不对口的结构性失业问题。针对外来寻找工作的人员，政府不应当在政策上有所歧视，应当为这部分人群提供平等的就业机会。针对本地结构性失业的状况，应当加强对这部分人群的专业技能培训以及就业指导。通过义务培训宣传方式宣传最新的技术与就业方向，设立专业技术培训平台，帮助当地劳动力掌握实用劳动技能。同时应通过互联网方式，建设就业信息交流平台，减小寻找工作的信息成本，并将这些措施长效化。对于外出寻求工作机会的农民工，乡镇级政府应当做好对相关法规的宣传，使农民增强自我保护意识。同时应当适时引导向第三产业就业，发展服务业在吸收就业人数方面的优势。

（四）完善西安大都市区的城乡社会保障机制

在城乡一体化建设过程中除了注重经济发展、群众致富、文化精神生活充足外，还应当注重构建城乡社会保障体制，社会保障体制如同整个社会的安全垫，对整个社会的稳定起着至关重要的作用。现在在城乡二元结构的背景下存在着不同保障制度的状况，所以现阶段逐渐消除城乡社会保障机制不同步的状况成为政府民生工程工作的重点。西安各个区县应当从各地实际情况出发，逐步改善，最终实现城乡保障水平均等化建设。另外，社会保障资金的使用效率在保障稳定安全的前提下，可以有所加强，并对社会保障资金的运营加强监管。在制定保障政策的过程中应当对贫困户制定相对应的政策，帮助贫困人群通过各种手段致富。对于家庭情况特殊的特困人群，应由政府兜底保障其最低生活水平。最终通过政府及社会各方的努力让广大农民贫有所济，病有所医，弱有所助，老有所养，使农民享受与城镇居民同等的待遇。

第四节　其他地区都市区城乡一体化发展的模式与经验

我国幅员辽阔，不同区域都形成了具有辐射作用的都市区。比如我国东部地区是经济发达地区，工业化程度、经济基础远高于西部地区，乡镇企业在 20 世纪末进入高速发展阶段，实现经济的快速积累，城乡居民的收入也在不断提高，工业反哺农业，城市支持农村走在全国的前列，特别是江苏、上海、武汉等城乡一体化程度在不断提高。西部地区也应借鉴东部地区城乡一体化的先进经验。所以本章我们选择了武汉、苏州两座经济基础相对较好的城市。西部地区我们选择了重庆与成都两个全国统筹城乡试验区，成都与重庆属于典型的城乡二元结构地区，具有较强的代表性。在西部地区我们还选择了乌鲁木齐与兰州市，乌鲁木齐与兰州市作为西部内陆城市经济状况以及基础设施建设相对较为落后。六座城市各具代表性，希望通过对六座都市发展模式的总结，可以得出一些都市区城乡一体化发展中的经验。

一、苏州模式

苏州市位于江苏省南部，从地理区位来看，苏州位于上海的西面，太湖的东面，地理位置十分优越。苏州市是我国历史悠久的文化古城，也是全国著名的旅游胜地。苏州市总面积 8437 平方公里，市区面积 1647 平方公里，含 5 区代管 4 市。

自改革开放以来苏州经济取得了飞速的发展，2008 年苏州市 GDP 达到 6701.3 亿元，财政收入为 668.9 亿元，农村居民人均纯收入 11 785 元，城市居民人均可支配收入约为其 2 倍。在党的十六大提出统筹城乡建设发展以后，苏州市就将农村与城市作为一个整体来进行规划设计，将农村农业的发展与城市的发展结合起来。2008 年 9 月，经江苏省委研究决定苏州市成为江苏省第一个城乡一体化发展综合配套改革试验区，担负着在城乡一体化问题上先行先试的重要任务。

苏州市推进城乡一体化建设的主要措施包括统筹城乡经济发展和统筹城乡公共服务两大部分。①在统筹城乡经济发展方面：苏州市继续坚持发展工业经济，以实现"以工带农"，推动优质工业企业集中于工业园区之中，打造工业集群，推进产业升级；努力提高村民财产性收入，改变农民传统的收入结构，最终帮助农民实现共同富裕；鼓励各种经济创新模式，支持多种经济形式共同发展。比如在乡镇一级大力发展民营经济、新型合作经济，坚持县域经济与都市经济的共同协调发展。②在统筹公共服务建设方面，为了完成

"农民变市民"，苏州市通过各种政策引导居民向新社区不断集中。通过政府财政资金以及各方投资，建设新型社区，让农民首先在生活条件上市民化；围绕新建社区设立社区中心、医院、养老场所、学校等一系列配套基础设施，通过基础设施建设，让农民真正融入城市生活之中；通过公共财政建立农村养老保险、农村低保、征用土地保障、创业保障，并在此基础上不断提高标准，实现农村各项保障的全覆盖。

经过多年的发展与努力，苏州城乡一体化建设取得突出的成绩。到 2013 年，苏州市农村人均纯收入达到 21 578 元，是全省平均水平的 1.5 倍，全国平均水平的 2 倍以上，其中财产性收入占农民收入的比重达到 40% 以上。截至 2013 年年底，全市有 90% 以上的大中型工业企业入驻工业园之中，承包耕地中超过 90% 的土地进行了规模经营，县乡一级有过半的农户实现了集中居住，城乡居民收入比达到 1.91:1，成为全国城乡居民收入差距最小的地区之一。另外苏州市在公共服务均等化建设上成绩也非常显著，2013 年苏州市率先完成了城乡低保、基本养老、医疗保险"三大并轨"。在这样的背景下，苏州市 2014 年被国务院列为"国家发展改革委城乡发展一体化综合改革试点城市"，并在同年提出到 2020 年苏州市要基本实现城乡发展一体化，城镇化率超过 85%，农民人均纯收入达 4 万元。

苏州的城乡一体化建设是我国发达地区统筹城乡建设综合配套改革的有益探索，其取得的经验不仅有助于我国发达地区城乡一体化建设，其中一些经验对于西部地区一体化进程也有所帮助。

（1）苏州的一体化建设始终将产业发展作为基础。苏州较好较快地推进城乡一体化建设，其良好的产业发展基础起到了关键的作用。经济实力的基础使苏州具备了城市支持农村经济发展的条件。

（2）苏州市城乡一体化建设的成功表明，政府是城乡发展的主体。政府不仅需要在初期制定政策，还需要在后期保证政策的推进和落实。

（3）苏州的经验告诉我们，城乡一体化建设要以农民生活质量的提高为核心，城乡一体化建设与发展必须让农民的生活质量真正的有所提高。

（4）苏州模式证明城乡一体化建设要以城镇为载体。小城镇的发展既可以缓解大城市的"城市病"，又可以改变农村的现状，是城乡一体化建设的最优载体。

二、武汉模式

武汉，简称"汉"，是湖北省省会，是我国中部六省中唯一的副省级市和特大城市。武汉市是全国重要的工业基地、科教基地和交通枢纽中心，自古以来就有"九省通衢"之称。武汉在发展过程中形成了以武汉为中心的城市圈，一般称为武汉市"1＋8"城市圈。即武汉市就是城市圈的中心，而城市圈中其他八个城市分别是黄石、潜江、咸宁、黄冈、孝感、天门、仙桃和鄂州，这九个城市相互协助，共同促进湖北经济发展。自城市圈的概念提出后，湖北经济得到了迅速的发展，但是武汉城乡一体化的发展却存在众多问题。比如各区域发展水平不同，城乡收入差距明显。中小城镇辐射能力较弱，农村基础设施建设滞后等。在这样的背景下，2008 年武汉城市圈中的鄂州市被确定为湖北省首个城乡一体化试点城市。同年武汉市开始实施"汉南区城乡一体化改革试验区"试点工作。并在随后的"十二五"规划中提出了武汉城市圈城乡一体化建设的相关意见。

武汉在随后推出了一系列具有针对性的政策建议。针对传统的城乡二元户籍制度严重约束了城乡之间的人口流动，极大地束缚了城乡之间资源流动的状况。为此武汉市推出了多项举措：①推行一元化的湖北户口登记制度，加快城中村改造进程。②实行小城镇户籍管理制度改革。③通过多种方式帮助企业职工解决户口问题。④在中心城区探索建立外来农民工积分入户政策。2013 年武汉市完成农村劳动力转移 5.27 万人，为流动人口发放 31 万张"武汉通"居住证。

在产业发展方面，武汉各城区结合自身的产业基础及区域特色，大力发展新型产业，积极推动各区的支柱产业和优势产业发展。武汉投资 7 亿元建成了 7 万亩蔬菜基地，并提倡有机生态农业。另外，以园区为主导形式引导工业向新城区布局，发展先进制造业，吸引高新技术企业进驻园区。最后武汉市大力推进乡村特色旅游，市财政于 2013 年投资 8.5 亿元，全面启动 36个重点赏花游项目，并打造樱花季乡村游活动。2014 年全市乡村旅游收入同比增加 27%。通过这些政策极大地促进了当地村民的农业和旅游业增收，实现了以城带乡的一体化发展。

在发展过程中武汉市也积极通过开发区带动经济发展。武汉最早于 1991 年就成立了经济技术开发区，经济技术开发区此后经过 20 多年的时间，不断扩容，不断优化，已经成为带动武汉经济发展的重要一环，截至 2015 年，工业产值突破 5300 亿元。此外，武汉市还拥有两个国家级开发区：高新产业技术开发区、临空港经济技术开发区。东湖新区集合了生活、医疗、科技、产业为一体，发展较为全面；临空港新城则依赖其区位优势，发展仓储物流、贸易以及航空配套产业，2015 年新城实现生产总值达到 1500 亿元。由于距离市中心相对较远，空港新城的建设为周围乡镇提供了更多的发展机会。

武汉在推进城乡一体化过程中值得借鉴的经验主要有：①结合各地实际大力组建农村特色产业集群，丰富致富手段，促进农民增收，从而缩小城乡差距。②通过"1+8"城市群优势互补，协调各种资源，共同促进城乡一体化。③节约资源，坚持可持续发展，坚持绿色发展的战略。在武汉城市圈城乡一体化进程中，各地十分注意保护当地自然生态环境，尤其是保护当地淡水资源。唯有坚持可持续发展、绿色发展的理念，城乡一体化建设才能真正得以推进。

三、成都模式

成都是全国较早提出推进城乡一体化建设的地区之一。成都市作为四川省省会，位于我国西南地区东部，成都平原中心腹地，境内地势平坦、资源丰富、水系发达，自古便被称为"天府之国"。成都市区域划分历史上曾有过多次改变，如今的区域图是 2002 年所确定的。成都地处四川中部，分别与绵阳市、资阳市、雅安市、德阳市、阿坝藏族自治州接壤。成都全市面积共 12121 平方公里，其中平原地区占 40%、丘陵地貌占 27.6%、山区占 32.4%。成都共包含 9 区 4 市（县级市）6 县，此外成都还包括成都高新技术产业开发区，该开发区单列于成都市统计管理之中。

党的十六大提出了统筹城乡经济社会发展的思路，并明确提出要积极推进城乡统筹发展。成都市作为大城市与大农村相结合的典型地区，其城乡差距问题一直较为突出。成都经济发展水平在全国排名靠前，在西部地区排名第一。在这样的背景下成都作为西部大中心城市"以城带乡"开展城乡一体化建设的条件已经成熟。从2003年11月起成都就开启了统筹城乡经济社会发展，推进城乡一体化的进程。与其他区域以城市利益为主体，很少考虑农村的发展路径不同，成都的城乡一体化从一开始就试图走出一条统筹城乡发展、实现城市与农村共赢的新型城市化道路。2004年成都市出台了《关于统筹城乡经济社会发展推进城乡一体化的意见》，意见中规划了城乡一体化的基本路径以及基本原则。2007年，成都市与重庆市被国家同时批准为"全国统筹城乡综合配套改革试验区"，其中试验区就代表着在统筹城乡建设方面成都可以进行很多大胆的尝试。2008年"5·12"汶川地震发生后，成都市调整原有的方案及政策，将统筹城乡的思路与解决震后重建结合起来共同处理。2009年国务院批复了《成都市统筹城乡综合配套改革试验总体方案》，成都可以在土地制度、户籍制度等九个方面先行先试。

总体来看，成都城乡一体化建设是沿着战略规划设计进行的，其核心便是"三个集中"和"三大工程"。三个集中是指工业向园区集中、农民向城镇集中、土地向规模经营集中。而三大工程是指农业产业化经营工程、农村发展环境建设工程以及农村扶贫开发工程。需要说明的是"三大集中"与"三大工程"并不是孤立的，而是相互促进、相辅相成的关系。"三个集中"将会直接提高城乡一体化的程度，"三大工程"的实施将会提高城乡一体化的质量。成都的城乡一体化建设主要是由政府力量在背后进行推动，可以说政府的引导在城乡一体化建设中起到重要的作用。在市场发育不完全，城乡一体化的自发推动机制没有形成之前，必须一定程度上依靠政府的力量推动一体化的发展。在合理界定政府与市场边界、科学安排政府角色的前提下，政府行为将是一种有效的运作方式。

成都市政府除了统筹制定城乡一体化战略规划，还因地制宜地根据不同区县的具体情况，开展了有针对性的城乡一体化建设，其中很多经验与模式值得其他区域借鉴学习。比如锦江区创新土地流转制度，打造龙头企业，发展特色乡村旅游，最终完成了农民就地市民化、生态环境与产业发展三位一体的建设。锦江区位于成都市核心区域，其新型城市化率已经于 2014 年达到 98.3%，锦江区大力发展农家旅游，近些年已经成为支撑就业与经济的重要一环。成都地形较为复杂，存在山地、平原、丘陵等多种地形，而山地与丘陵就占了接近一半的土地。面对复杂的地形，新津县的土地治理政策值得推广与学习。一方面新津县加大投入，整治"三荒"地形，从而扩大可使用土地面积。另一方面县国土局建立了城镇建设用地增加与农村建设用地减少相挂钩的专项规划，从而从两方面保证了土地使用面积与质量。而在环保建设方面，成都青羊区率先将其融入城乡一体化建设之中，青羊区将农区分为 4 大片区，根据各区情况集中治理。另外青羊区将环保检测点深入到村，全方位检测环保状况。

成都市经过十多年的发展，在城乡一体化建设之路上已经取得非常喜人的成绩。从数据上来看，成都人均 GDP 从 2003 年的 17 915 元，增长到了 2015 年的 74 273 元。成都一二三产业结构从 2003 年的 8.2:45.9:45.9 发展到 2015 年的 3.5:43.7:52.8，产业结构越来越合理化、高级化。成都非农人口占比从 2003 年的 36.98% 提升到 2015 年的 77.8%。从城镇化率的角度来看，2003 年成都城镇化率为 57.5%，同期全国城镇化率为 40.7%，到 2014 年，成都城镇化率突破 70%，同期全国城镇化率为 54.2%。成都在 2003 年城乡居民收入比为 2.64:1，到 2014 年这一数据已经降为 2.17:1，而成都最初提出的目标是到 2020 年将城乡居民收入比降为 2:1。另外，从这一指标的变化过程我们可以发现，自从 2007 年成都被批准为全国统筹城乡综合配套改革试验区后，其城乡收入差距逐步缩小，城乡一体化进程明显加快。由此我们可以得出一个结论：区域经济的发展，除了依靠自身的努力之外，国家层面的支持也是必不可少。

总结成都城乡一体化发展的历程，我们认为在其发展过程中有四方面经验值得其他地区城乡一体化发展过程中加以借鉴学习：①成都在城乡一体化建设过程中，始终坚持科学发展观，贯彻绿色环保理念。②成都城乡一体化的建设离不开国家层面以及全市人民的大力支持。国家层面的支持如同外因促进城乡一体化更快的发展，而全市人民作为城乡一体化的主力军与受益者在城乡一体化的过程中起到了决定性的推动作用。③成都城乡一体化建设过程中，尊重各地差异，结合各地情况，通过因地制宜的推动特色产业发展，从而拉动当地经济的快速增长。这些政策保证了土地的供给和使用效率为城乡一体化建设打下了坚实的基础。

四、重庆模式

重庆地处我国西南部。1997 年第八届全国人民代表大会第五次会议批准设立重庆直辖市。重庆直辖市共辖 43 个区市县（现辖 38 区县），1035 个乡镇，面积 82 401.7 平方公里，3001.8 万人。重庆东连湖北、湖南，南接贵州，西临四川，北连陕西。重庆与成都类似之处在于两座城市城乡差距都较大，都具有明显的城乡二元结构特征。重庆也是典型的"大城市与大农村相结合"地区，但与成都不同，重庆相对土地资源较为贫乏，建设用地有限，重庆也有"山城"之称。

重庆城乡一体化建设开始于 2007 年，2007 年重庆与成都同时成为全国统筹城乡综合配套改革试验区。重庆市将城乡一体化建设分为两步：第一步从 2007 年到 2012 年 5 年时间，基本形成城乡一体化发展的制度框架，初步建立城乡与区域协调互动的发展机制。第二步到 2020 力争形成城乡一体化发展的制度体系，总量不断提升，结构不断优化，统筹城乡发展水平在西部处于领先水平，使重庆成为长江上游地区经济中心、西部增长极。

在城乡一体化的建设过程中重庆主要从统筹经济发展、统筹基础设施和统筹城乡管理体制三方面着手采取了一系列措施。

（1）统筹经济建设方面。首先重庆将"一圈两翼"作为切入点，一圈是指围绕重庆市的一小时经济圈，两翼则是指重庆东南地区和重庆东北地区。通过区县帮扶工作，完成"一圈"辐射带动"两翼"的发展。

（2）生产要素流动方面。利用政策引导促进生产要素在城乡间流动，实施一批城市资源下乡示范项目，并探索村企合作新模式。实行新的土地流转方式，实现土地的规模经济。

（3）统筹基础设施和基本公共服务方面。积极为农民工提供各种公共服务，为其开展培训、就业、社保、安居、医疗等一系列服务，保护农民工合法权利。积极推进对教育和医疗事业的统筹建设，教育上重庆市大力解决农村代课教师问题，医疗上通过实施"健康重庆"计划，大力发展基层医疗设施。统筹城乡社会保障建设方面，实现了"一个平台、两套标准"的社会保障体系。

（4）统筹城乡管理体制方面。通过推进"农村基层人才队伍建设计划"解决村镇的人才缺口问题；合理划分市、区县、乡镇三级政府的财政支出比例，保证乡镇有足够的经费可以补足短板；启动了按照竞标方式配置涉农资源的改革，加强了资金的使用效率。

我们认为重庆市在推进城乡一体化建设的过程中，有以下三点值得广泛借鉴。

（1）在土地资源流转上大力尝试。一方面政府出资改造荒地，增加土地供给。另一方面加大流转，2008年12月重庆农村土地交易中心挂牌成立，产生了全国第一宗"地票"。通过土地流转增加了土地的使用效率，也帮助农民群体增加收入。

（2）在户籍改革上取得突破。重庆从2010起开启了围绕农民工的户籍改革，并引导农民自愿进城落户。通过户籍改革从制度上为城乡一体化铺平了道路。

（3）在推进城乡一体化的过程中，积极推进重庆周边巴渝特色小城镇的发展。小城镇的发展既缓解了中心城市的部分压力，又可以更好地吸引周边的乡镇一级村民入城。其中很多小城镇结合自身特色，开展特色旅游，又进一步促进了当地经济的发展。

五、乌鲁木齐模式

乌鲁木齐是我国新疆维吾尔自治区首府，地处我国西北腹地，亚洲大陆的中心地带，是整个新疆的文化、教育、经济、政治中心。同时也是我国西北地区的重要城市，也是面向丝绸之路经济带西北开发的门户城市。乌鲁木齐城市总面积为14 577平方公里，辖7区1县。乌鲁木齐2015年GDP为2680亿元，一、二、三产业比重为1.2:29.4:69.4，总体上看服务业占比大。

地方财政收入为 465.09 亿元。2015 年全市常住人口 355 万，城镇化率为70%。乌鲁木齐在城乡一体化的经验主要有以下方面：

（1）在都市区外延扩展方面，乌鲁木齐市制定了"南控北扩，西延东进"的战略。城市西部由于关系到生态保护屏障建设，所以西侧在生态保护的前提下稳步建设。全市将外延的重点放到北部和东侧。尤其是城市北部，开展了城北新区的规划建设开发工作，在做出充分估计的基础上，提前为城北建设配套基础设施，将城北定位为以现代服务业为主的增长新极点。对于城区内原本相对落后以及棚户区进行积极改造，尤其注重老城区地下管网、地面道路的返修建设。同时在城市外延的过程中，乌鲁木齐市通过道路建设，将都市区与郊区外围县城紧密联系起来，以实现以城带乡的发展局面。

（2）将农业现代化与城乡一体化进行紧密的结合。乌鲁木齐市大力推进蔬菜种植基地与养殖基地建设，大力发展观光农业、休闲度假区。同时乌鲁木齐结合当地气候发展冬季冰雪运动旅游项目，以此增加旅游收入，实现农民多种渠道增收。在农村建设问题上乌鲁木齐市开展了安居富民工程，2016年全市共建设安居富民住房 11 000 多套，整个"十二五"期间累计建设 5 万余套。通过安居富民工程帮助农牧民解决了生活的基本需求，推动了城乡一体化的不断进步。

（3）在与周边城市共同发展方面，乌鲁木齐市提出了乌昌一体化战略。"昌"指昌吉回族自治州，昌吉回族自治州位于乌鲁木齐北面，昌吉自治州既是连接欧洲必经之路，也是新疆重要的农牧业基地，昌吉自治州已经形成了棉花、畜牧业、粮食等支柱性产业。2004 年乌昌经济一体化正式实施后，两地实现了资源共享、优势互补，极大地促进了两地经济的发展。同时两地政府联合打造昌河新区，在昌河新区打造东西翼工业走廊和"十大产业集群"，现如今已经有神华集团、鲁能、国投电力等众多企业再次进行开发建设，煤化工产业发展迅速，通过资源优势促进了当地的经济发展。2014 年 11 月 25日，国务院批复了《乌鲁木齐市城市总体规划（2014—2022 年）》，明确了乌鲁木齐未来的发展目标是推进乌昌一体化进程。乌鲁木齐计划到 2020 年，把城市建设用地控制在 519 平方公里，将城市人口控制在 400 万人以内，并进一步推进乌昌一体化，发展新城同时提升旧城活力，最终城乡发展一体化。

六、兰州模式

兰州，位于我国西北部，是甘肃省省会，是我国西部重要的交通枢纽、物流中心，同时也是我国重要的工业基地和陇海兰新西段的重要经济支点。近年来，在"一带一路"倡议背景下，兰州市也成为丝绸之路经济带上的重要城市。兰州市地形特殊，呈东西走势依黄河建城，南北靠山。全市面积共13 271平方公里，2015年兰州市国民生产总值为2095.99亿元，三产比例为2.62∶41.23∶56.15，工业在兰州发展中占据相当大的比重。全市人口为369.31万，其中乡村人口70.35万，占总人口的19.05%，在兰州市各区县中城关区作为核心都市区有127.28万，占据了总人口的近1/3，同时城关区的非农人口也为各区县中最少的。兰州都市区与发达地区相比无论是经济还是基础设施差距不大，但是兰州周边城镇农村与发达地区周边相比差距巨大，兰州周边城镇乡村一方面与兰州核心区域交流互动较少，另一方面经济落后，基础设施不健全，城乡二元结构明显。其城乡一体化的经验为：

（1）制定以大城市带动大农村三步走战略。在这种背景下，兰州市提出以大城市带动大农村为核心的城乡一体化建设三步走战略，第一步到2012年，城乡一体化规划体系基本完善，城关区与安宁区率先实现城乡一体化；第二步到2014年，提前完成建设小康社会的目标；第三步到2020年全市城乡一体化格局得到确立。2012年国务院批复成立西部第一个，全国第五个国家级新区——兰州新区。通过兰州新区的设立带动经济发展，缩小城乡差距，对外将兰州打造成为交通枢纽、物流枢纽、贸易集散地。同时对外与西宁相结合，增加两地互动，共同打造兰西城市群的建设。对内打造大都市、大产业、大市场、大平台的新格局，最终实现"大兰州新兰州"。

（2）大力加强基础设施建设，为城乡一体打下基础。由于兰州地处西北，基础设施条件与东部相比一直较为落后，这成为制约兰州发展与城乡一体化进程的重要原因。为了加强内部的互联互通，并方便与外部的往来，"十三五"期间兰州市投入了巨大财力进行基础设施建设，其中较为典型的包括兰州中川机场三期工程、南北绕城高速、"大兰州经济区"铁路网建设、新修建三座黄河大桥等。新机场的建设促进了兰州物流与贸易的集散，绕城与黄河大桥的建设将城郊区与都市核心区更紧密地联系，而铁路网的建设则促进了兰州与整个西北地区的互动。通过大量交通基础设施建设，兰州市逐渐改变原本交通相对闭塞的状况，为城乡一体化以及经济的发展打下了基础。

（3）城市与周围城镇，形成有效互动、错位发展。在都市区与外围城郊区以及外围城镇交流方面，兰州市提出了打造"一小时经济圈"的概念，"一小时经济圈"即以兰州市为中心，100公里为半径，力争与周围城市城镇，形成有效互动、错位发展的新局面。努力构建"主城区与兰州新区小城镇小县城紧密联系互动"城乡一体化体系。对外与西宁联系，建立兰西城市群，缩短两地来往时间，促进两地产业交流发展，并在各种资源上实现优势互补。同时兰州通过与天水的高速公路铁路建设，加强与"关中天水经济区（关天经济区）"的联系。

（4）重构产业体系，实现协调发展。兰州的初始经济基础相比发达地区相对较弱，部分区域行政效率较低。在这种情况下，兰州市积极推进了新区建设。希望通过开疆辟土重新建设，集中优势力量从而最终带动整个兰州经济的发展。从2010年起在甘肃省内部，就开始对设立兰州新区进行一系列的讨论，并出台了相应的文件，在2012年经过国务院的批复，兰州新区上升为国家级新区，成为全国第五个国家级新区。兰州新区距离兰州近40公里，且位于白银市西侧77公里。兰州新区具有明显的区位优势，兰州中川机场就位于新区之内。同时兰州新区将产业发展的方向定位于石油化工业、装备制造业、生物医疗业、物流仓储业等。同时兰州新区在发展产业的同时不忘对自然环境进行保护，在兰州新区北部与南部分别建立了生态农业与生态林业的示范区。通过五年的发展，兰州新区虽然并没有达到预想的发展效果，对企业和居民吸引有限，新区招商工作推进速度较慢，过程较为波折。但是相信经过对规划合理的调整，兰州新区在未来一定可以助力兰州经济，并带动周围乡镇经济发展，推动当地城乡一体化水平的提高。

经过近些年的发展，兰州市城乡一体化建设已经初见成效。到2014年兰州市城镇化率突破80％大关，进入高级城市型社会。到2016年兰州市生产总值达到2221亿元，是2010年的2倍。农村居民人居可支配收入为2010年的 2.2 倍，全市固定资产投资为 2010 年的 2.7 倍。在此情况下，兰州市提出在新的发展阶段，继续完善基础设施建设、促进产业结构优化升级，对污染较重能耗较大的第二产业进行调整改造。同时兰州市提出要大力发展县域经济，支持"三县一区（永登、榆中、皋兰、红古）"发展，在各个方面给予三县一区更多的话语权，只有通过县域经济的发展壮大，才能真正促进兰州市城乡一体化的进一步提高。总结兰州市城乡一体化发展的经验我们发现，作为西北都市，兰州市还是从基础设施建设做起，打通内部联系，打通与外部沟通，从而继续开展下一步发展。同时兰州在新区建设结合自身经济状况，合理规划发展，打造合理的产业规模结构。我们认为兰州市这种发展思路对于西北的省会城市具有很强的借鉴意义。

七、各地模式经验总结

在总结苏州、成都、重庆、武汉、乌鲁木齐、兰州六个都市区城乡一体化进程的过程中我们发现，虽然在经济发展阶段和工业基础上各地存在不同，但都市区城乡一体化过程中都面临着一些同样的困境，面对这些困境也有一些具有通用性的。大都市区往往在区域经济中都起着支撑的作用，引导周围各种要素的汇聚。在这个过程中出现了两个大都市区普遍遇到的问题。第一，由于城镇化的发展和土地资源的稀缺，城市建设用地紧张，需要占用大量农业用地。土地的合理运用与流转成为城镇化过程中的首要难题。第二，在城乡一体化的过程中，为了使劳动力可以自由的流动，户籍制度改革以及配套的措施也是不得不面对的话题。

在土地使用问题上，成都与重庆由于地形所限，可使用土地资源相对较少，所以这两地一方面通过政府投入，改造荒地、山地、丘陵扩大使用面积。另一方面成都建立了城镇建设用地增加与农村建设用地减少相挂钩的专项规划以及土地合理流转的制度。这些制度既增加了土地供给又提高了土地流转与使用效率。在户籍制度问题上，各地都推出了相应的解决方案，并帮助解决居住、医疗、教育、娱乐等一系列问题。在解决这两大问题的基础上，再根据各地基本情况推出相应的产业政策，从而促进农民致富增收。

乌鲁木齐与兰州作为西部城市，在很多问题发展过程中存在先天滞后性。但从这两地建设发展的思路来看有两点相同。首先，两地在都市核心区域发展壮大后都投入了大量的人力、财力用于基础设施建设，尤其是公路铁路的建设。只有打通了周围公路才有可能实现以城带乡，只有远端铁路和航空发展才能加强与发达地区的联系，实现贸易与经济的发展。其次，相对落后地区往往选择通过新区建设，另起炉灶来发展优势产业，从而带动当地经济发展和城乡一体化进程。相比其他地区，乌鲁木齐与兰州市的相关经验对于大部分西部城市而言更具有参考价值。

本章初始对都市区的概念内涵，以及国内外学者对都市区的研究进行回顾，在此基础上得出了我们对都市区的定义。然后通过相关文献资料的查询设定指标体系，从社会、经济、环境生态三个方面测度西安都市区近十年的发展状况，并结合因子分析法对西安与咸阳相关区县的城乡一体化建设状况进行排名。且对西安城乡一体化发展过程中的成功经验进行了总结。随后我们对全国其他地区城乡一体化发展过程中的模式进行了总结。苏州与武汉属于经济相对发达地区的建设模式；成都与重庆由于初始条件类似，在众多政策上也较为相似；乌鲁木齐与兰州市则属于西部典型落后市城乡一体化建设。通过分析西安与研究全国其他地区一体化建设，我们希望从中总结出的经验与不足可以在更多地区都市一体化建设中有所运用。通过研究本章得出以下结论：

第一，我们发现西咸城乡一体化总体呈不断增长态势，但是生态环境指数增长较为缓慢，说明西咸在城乡一体化进程中缺少对环境问题的足够重视。同时咸阳地区及西安周边城郊区一体化发展水平远慢于西安核心区域，要想进一步推进西咸城乡一体化建设，咸阳相关城镇的发展必须得到足够重视。

第二，西安在发展城乡一体化建设的过程中主要有四种模式，即开发区带动模式、文化产业拉动模式、生态区建设模式以及现代农业拉动模式。这四种模式在西安不同地区的城乡一体化发展过程中都得到了充分的运用。尤其是通过成立各种开发区，提高了土地利用效率，解决了失地农民的市民化、就业等各种问题，快速实现了城市化，消灭了农村。

第三，在总结全国其他都市区城乡一体化经验的过程中。从苏州、武汉的经验中我们得出，经济的发展是城乡一体化实现的重要保障。而成都与重庆在城乡一体化建设过程中在土地问题上的解决方案值得其他地区借鉴。西部乌鲁木齐与兰州市相关经济基础与基础设施较为落后，所以这两地都在发展前期大规模投资基础设施建设，一方面打通与外界沟通，另一方面完善内部城乡之间的互动沟通。同时对于相对落后地区我们认为开发区建设是带动区域经济发展的捷径，但开发区的建设一定要紧密联系当地实际，不可盲目照搬。

第四章 西部地区资源富集区统筹城乡经济社会一体化模式与经验

城乡关系一直是我国经济社会发展的重点关注对象，也是全面建设小康社会、实现中国梦的关键因素，党的十八届三中全会对建立城乡一体化的新体制做出了重要部署，并颁布了一系列新政策与新制度，旨在打破城乡二元结构，实现城乡一体化发展。近年来我国统筹城乡发展取得了重大的进步，但由于城乡二元结构早已根深蒂固，城乡关系发展不协调、发展差距大仍是我国经济社会发展的一大障碍，尤其是西部地区。众所周知，西部地区是我国重要的资源富集区域，煤、石油、天然气等矿产资源丰富，尤其是新疆维吾尔自治区、陕西省榆林市、内蒙古自治区鄂尔多斯市等地区，更是我国重点发展的资源富集区，城镇资源型产业发展迅速，同时农业发展缓慢、农村居民生活贫困、农村经济发展落后等问题突出，严重制约了我国经济发展与城乡一体化发展。为此，本章主要以我国西部资源富集区的城乡实际发展状况与发展经验为研究对象，旨在总结出西部地区资源富集区城乡一体化发展的经验模式，丰富城乡关系研究。

第一节 资源富集区的含义及文献

一、资源富集区的内涵

目前国内外关于资源富集区概念的界定并不统一，大多国外学者认为所谓资源富集区主要是指资源较丰富，而且是以资源采掘业为主，即"矿业城市""资源城市"等。国内对于资源富集区的界定主要概况：席群认为资源富集区是指某一地区的自然资源蕴藏总量大、质量较高且种类多、容易开采等特点，并且该区域范围内资源的占有总量在全国或整个世界范围占重要或者主导地位。[①] 李炎亭则认为所谓资源富集区不仅指自然资源储量丰富的区域，即不仅包括自然资源本身，还包括随着这些自然资源不断被开采利用，资源的开发产业与加工相关产业迅速成长和发展的过程。这些产业的市场份额在该区域经济发展中越来越大，最后成为整个资源富集区发展的核心动力和重要引擎。[②] 总体而言，学术界普遍认为资源富集区即指区域内自然资源储量丰富，容易开采，资源产业发展潜力较大且对该区域经济发展有重大影响的地区或城市。

二、资源富集区城乡一体化的文献

关于资源富集区城乡一体化的研究国内学者也取得了一些成绩。蔡军田、王守武研究了山东东营市在石油矿区的基础上，通过发展中心城市与建设小城镇相结合的方式促进地区城乡经济一体化发展。[③] 郑延涛以山西沁水县为例研究了资源富集区经济的可持续发展问题，提出了"一带三"的发展战略模式。[④] 李男男对延边城乡一体化进行了实证分析，提出延边地区发展城乡一体化应该着重发展壮大中心城市、加快新农村建设和农村城镇化、深化城乡体制改革，同时加强基础建设，注重可持续发展，加大对生态环境的保护力度。[⑤] 任保平指出西部资源富集区发展新农村主要路径：一是发展现代化农业，实现农业转型；二是发展农村人力资本，培育新型农民；三是发展非资

---

①　席群：《资源富集区的资源开发战略转变》，《生产力研究》2009 年第 6 期。

②　李炎亭：《资源型城市发展与产业创新》，《甘肃科技纵横》2008 年第 6 期。

③　蔡军田、王守武：《东营市城乡一体化发展战略探讨》，《胜利论坛》1995 年第 2 期。

④　郑延涛：《"一带三"模式的启示——资源富集区县域经济可持续发展战略探析》，《中共山西省委党校学报》1999 年第 6 期。

⑤　李男男：《延边地区城乡一体化问题的研究》，硕士学位论文，延边大学，2007 年。

源型产业，设计新农村建设机制。[①]鲁金萍、董德坤等以"资源诅咒"为背景研究了资源富集地区贵州毕节在持续发展存在的主要问题，如工业结构单一、基本建设投入力度不够等，并通过实证分析得出该地区终将陷入"资源诅咒"的困境。[②]张军纪通过主成分的方法对陕北资源富集区——榆林市的城乡一体化进行评价与问题分析，并因地制宜地提出了南北两大发展模式，即北六县（市、区）的资源、高新技术产业推动模式和南六县的特色生态农业拉动模式。[③]肖雁、赵颖新以云南省兰坪县为例，研究了西部资源富集型贫困县的城乡一体化发展，提出应从以下三个方面推动城乡一体化：一是试行工业反哺农业的机制；二是因地制宜，发展高原特色农业；三是大力发展旅游文化产业。[④]

第二节　资源富集区榆林市城乡经济社会一体化的测度

一、榆林市经济社会发展概况

榆林市凭借丰富的自然资源，经济发展迅速，近年来无论是经济增长总量还是速度，都在陕西省名列前茅。2015 年榆林市生产总值达到 2621.29 亿元，其中第一产业的增加值为 143.60 亿元，较上年增长了 4.4%；第二产业增加值为 1637.29 亿元，较上年增长了 4.3%；第三产业增加值为 840.40 亿元，较上年增长了 4.0%，一、二、三产业的增加值占生产总值的比重为 5.5：62.5：32。总体而言，工业特别是煤炭开采业生产还是在全市的经济发展中占主要地位，但与过去几年相比，工业比重不断下降，而第三产业比重则不

[①]　任保平：《西部资源富集区新农村建设的路径选择》，《贵州财经学院学报》2008 年第 3 期。

[②]　鲁金萍、董德坤等：《基于"荷兰病"效应的欠发达资源富集区"资源诅咒"现象识别——以贵州省毕节地区为例》，《资源科学》2009 年第 2 期。

[③]　张军纪：《能源富集区的城乡一体化水平测度研究》，硕士学位论文，西北大学，2013 年。

[④]　肖雁、赵颖新：《西部资源富集型贫困县城乡一体化研究——基于云南省怒江州兰坪县调研》，《经济研究导刊》2014 年第 6 期。

断上升，整体产业不断优化与发展。此外全市社会固定资产投资达 1384.37 亿元，有力地促进了工业的发展；地方财政收入达到 295.58 亿元，同比增长 10.4%。在交通与通信方面，2015 年榆林市公路里程相比上年增加了 907.08 公里，公路总里程达到 30 684 公里，全年邮电业务总收入 27.69 亿元；同时在科教文化医疗、贸易旅游以及环境保护等方面都有所发展，城镇化水平不断提高，2015 年全市城镇化率达到 55%。

二、榆林市资源概况

榆林市是陕西省重要的资源富集区，全省 95% 的矿产资源都集中在此，目前发现的矿产资源将近 50 种，明确具体储藏总量达到一半，其中煤炭、天然气、石油等矿产资源最为丰富。据有关统计显示，榆林市平均每平方公里的煤炭资源为 622 万吨，石油资源 1.4 万吨，天然气资源为 1 亿立方米，且容易开发，蕴含着巨大的价值。据有关资料显示，榆林市矿产资源总的潜在价值高达 46 万亿元，被誉为"中国的科威特"。

煤炭是榆林市最主要的矿产资源之一，全市储量约为 2714 亿吨，目前已经探明的储量为 1447.74 亿吨，而陕西省已探明的煤炭储量为 1679.51 亿吨，榆林市占 86.2%。此外，煤炭在榆林市分布也较为集中，主要分布在神木市、横山区、府谷县和榆阳区，其中由神木市和府谷县的煤炭最为丰富和著名，即神府煤田被誉为世界上储量最大的七大煤田之一，煤炭储量高达 1200 多亿吨，且该地所产的煤炭具有"三低一高"的特点，即低硫、低灰、低磷和高热量，属于高品质的动力煤。榆林市的天然气储量约为 4.18 万亿立方米，已经探明的储量约占全部储量的 28.23%，主要储藏在横山区和靖边县，分布集中且易充分燃烧。关于石油，目前榆林市已经探明储量的为 3 亿吨，约占全部储量的 50%，陕西省已探明储量的 43%，也主要分布在榆林北部的横山区、定边、靖边等县。除了煤、天然气和石油三大矿产资源以外，榆林市的铝土矿、原盐等资源也较为丰富。

三、榆林市城乡一体化水平测度

根据榆林市自身发展的环境和条件，以及遵从指标体系构建的科学性、全面性、可比性、系统性等原则，从城乡经济一体化、城乡社会一体化、城乡环境一体化与城乡空间一体化四个方面对榆林城乡经济社会一体化发展状况进行测度，共 4 个一级指标和 16 个二级指标（见表 4—1）。

表 4—1　榆林市城乡一体化评价指标体系

目标层	准则层	指标层	单位
城乡经济社会一体化 A	城乡经济一体化（B_1）	城乡居民人均收入比（C_1）	%
		第一产业贡献率（C_2）	%
		农用机械总动力（C_3）	kw/h
		人均 GDP（C_4）	元
		商品零售价格指数（C_5）	/
		城乡居民人均消费比（C_6）	%
	城乡社会一体化（B_2）	城乡居民恩格尔系数比（C_7）	%
		城乡每万人卫生技术人员数（C_8）	人
		初中入学率（C_9）	%
		基础教育师生人数比（C_{10}）	%
	城乡环境一体化（B_3）	人均森林面积（C_{11}）	km^2
		人均工业废水排放达标量（C_{12}）	t
		人均公园绿地面积（C_{13}）	m^2
	城乡空间一体化（B_4）	公路里程（C_{14}）	km
		全市城镇化率（C_{15}）	%
		人均邮政业务收入（C_{16}）	元

注：其中城乡居民人均收入比、第一产业贡献率、城乡居民人均消费比、城乡居民恩格尔系数比 4 个指标为逆指标，其余指标均为正指标。

运用熵值法对榆林市城乡一体化水平进行测度与分析，首先确定各指标权重，计算得到各方面指数，再用相同的方法得到各方面指数的权重（见表

4—2），最终计算得出榆林市城乡经济社会发展一体化指数（见表4—3）。本章计算所采用的数据来自2006—2015年《陕西统计年鉴》《榆林市统计年鉴》以及榆林统计局发布的国民经济与社会发展统计公报。

表4—2　榆林市城乡经济社会一体化各指标权重

目标层	准则层指标权重	指标层	单位
城乡经济社会一体化	城乡经济一体化（0.3746）	城乡居民人均收入比	0.0601
		第一产业贡献率	0.0644
		农用机械总动力	0.0603
		人均GDP	0.0614
		商品零售价格指数	0.0631
		城乡居民人均消费比	0.0653
	城乡社会一体化（0.2457）	城乡居民恩格尔系数比	0.0584
		城乡每万人卫生技术人员	0.0636
		初中入学率	0.0592
		基础教育师生人数比	0.0644
	城乡环境一体化（0.1950）	人均森林面积	0.0677
		人均工业废水排放达标量	0.0594
		人均公园绿地面积	0.0678
	城乡空间一体化（0.1847）	公路里程	0.0594
		全市城镇化率	0.0630
		人均邮政业务收入	0.0623

表4—3　榆林市城乡经济社会一体化指数测度结果汇总

年份	方面指数				
	经济一体化指数	社会一体化指数	环境一体化指数	空间一体化指数	城乡一体化指数
2006	0.1094	0.0584	0.0000	0.0000	0.1678
2007	0.2022	0.0737	0.0143	0.0247	0.3149
2008	0.2545	0.1217	0.1104	0.0460	0.5325
2009	0.1858	0.1584	0.1168	0.0769	0.5378
2010	0.2152	0.1545	0.0959	0.0950	0.5605
2011	0.2223	0.2010	0.1137	0.1204	0.6574
2012	0.1583	0.2268	0.1030	0.1381	0.6562

续表

年份	方面指数				
	经济一体化指数	社会一体化指数	环境一体化指数	空间一体化指数	城乡一体化指数
2013	0.1682	0.2358	0.1068	0.1413	0.6520
2014	0.1655	0.2402	0.1280	0.1603	0.6840
2015	0.1778	0.2872	0.1145	0.1847	0.7242

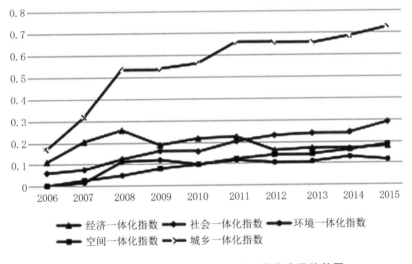

图4—1　榆林市2006—2015年城乡一体化发展趋势图

根据上述的计算结果与分析，可得出榆林市2006—2015年城乡一体化发展总体趋势图（见图4—1）以及下述结论。

由图4—1可知，2006年至2015年，榆林市统筹城乡发展的四个维度，即城乡经济一体化、城乡环境一体化、城乡社会一体化和城乡空间一体化指数都在不断增加，稳步上升，所以城乡一体化指数也一直呈现上升趋势，城乡一体化发展指数由2006年的0.1678增长到2015年的0.7242，增长了4.3倍。可以看出，党的十六大提出城乡统筹重大战略以后，榆林市经济、社会、环境、空间一体化稳步提升，使得城乡一体化水平迅速增长。党的十九大报告提出的以"产业兴旺、生态宜居、乡风文明、治理有效、生活富裕"为总要求的乡村振兴战略，为榆林市今后进一步推进城乡融合，实现农业农村现代化，促进城乡共享发展成果提供政策支持。

　　在榆林市城乡一体化发展的四个维度指数中，环境一体化指数比较低，特别是 2011 年之后，这恰好也反映了资源富集区较为普遍的一个问题，资源污染比较严重，生态环境较差，当然这也与榆林市本身地处黄土高原的自然条件有着密不可分的关系。但是近几年来榆林市政府意识到生态环境保护的重要性，越来越重视生态建设和环境保护，也更加关注矿产资源开发利用带来的生态破坏和补偿工作，加大环保工作的人力与资金投入，生态环境逐渐好转，进而环境一体化指数迅速上升。

四、榆林市城乡经济社会一体化的制约因素

　　近年来，榆林市依靠储量丰富的矿产资源带来的收益投入城乡一体化的发展与建设中去，虽然城乡整体发展水平不断上升，实现了稳步增长，但是较东部资源富集区而言，依然有很大的差距，制约城乡一体化发展的因素不可忽视，主要体现在以下几个方面。

（一）环境承载能力较低

　　榆林市位于黄土高原与毛乌素沙漠交界，自然环境与气候恶劣，土地沙漠化、植被稀疏问题严重。随着煤炭、石油等矿产资源的开采与生产，原本恶劣的生态环境更加脆弱，环境问题更加突出，严重阻碍了榆林市城乡一体化发展进程。由于矿产资源的开采造成的部分地区地表下陷、植被破坏等问题，严重影响了矿区周围居民的生活水平和质量。在水资源方面，榆林市可利用的水资源十分缺乏，曾被联合国列为世界上重度缺水的地区之一。据统计，陕西省的水资源总量为 442.33 亿立方米，而榆林市的水资源仅为 32.29 亿立方米，占全省的 7.3%，水资源的极度匮乏不仅很大程度上阻碍了榆林市的经济发展，也极大地影响了人民的生活水平。在人均耕地面积方面，由于人口总量的不断增长与耕地总面积逐渐减少，榆林市的人均耕地面积也在不断下降，虽然近年来，榆林市的农业现代化水平不断提高，但人均耕地面积的减少还是在一定程度上影响了第一产业的发展与农民的收入水平。综上

所述，不断恶化的生态环境阻碍了榆林市整体经济发展与城乡经济社会一体化发展。

（二）区域内经济发展差距过大

榆林市虽然矿产资源丰富，但大都分布在榆阳区、神木市、府谷县、横山等北部的六个县（市、区），而南部六个县则由于独特的地理位置和生态环境，主要实行以特色农业产业为主的发展模式，由此导致南北地区经济发展不平衡，北六县（市、区）的经济发展水平远远高于南六县。据统计，2015年榆林市北六县（市、区）的生产总值为2385.96亿元，占榆林市生产总值的91%，地方财政收入为612.84亿元，占榆林市财政总收入的95.7%，北六县（市、区）成为榆林市主要的经济发展区域，带动全市的生产与发展，也是全市城乡一体化水平进一步提升的主要发动机。所以南北区域差距的拉大，必然会成为全市经济发展与城乡统筹发展的一大障碍。

（三）产业不平衡且结构性失衡

榆林市能如此迅速地发展壮大起来，主要源于煤炭矿产资源的开采与利用，即第二产业发展带动经济整体的必然结果。从表4-4可以看出，2006年以来，榆林市第一产业比重逐渐下降，2012年最低，仅为4.55%，第二产业比重却不断上升，2008年达到了78.65%的峰值，2009年起比重虽然有所回落，而仍是全市经济发展的主要动力，比重均达到60%以上。第三产业比重变化较大，但近年来明显有所上升，占比提高。

表4-4　2006—2015年榆林市三次产业结构

年份	第一产业比重（%）	第二产业比重（%）	第三产业比重（%）
2006	8.04	68.18	23.78
2007	7.15	74.69	18.16
2008	6.56	78.65	14.79
2009	5.38	66.10	28.52
2010	5.24	68.64	26.12

年份	第一产业比重（%）	第二产业比重（%）	第三产业比重（%）
2011	4.90	71.10	24.00
2012	4.55	73.23	22.22
2013	4.90	69.80	25.30
2014	4.80	68.30	26.90
2015	5.50	62.50	32.00

注：数据来源于 2006—2015 年《榆林市国民经济与社会发展统计公报》。

从表 4-4 我们可以看出，榆林市第一产业的比重偏低，农业是一国和一个地区的经济发展基础，农业比重过低则会导致经济整体根基不稳。同时对资源型产业过度依赖，这也是资源富集区的通病，但过度的资源依赖极有可能造成"资源诅咒"，反而影响了整体经济的发展。第三产业发展也极不稳定，且比重过低，2015 年全国一、二、三产业比值为 8.9:40.9:50.2，而榆林市的比值为 5.5:62.5:32。比较合理的产业结构是工业化后，第三产业逐渐取代工业的地位，主要引领经济发展。榆林市的三次产业结构明显不合理，过度失衡。此外，第二产业内部结构也存在不平衡，主要以技术水平要求较低的采掘业和粗加工为主，而对于高级、精细化的加工生产却严重不足，产业链条短、延伸不足，总体经济附加值偏低，没有充分发挥资源的潜在价值。三次产业结构的不合理以及第二产业内部结构的不平衡势必会阻碍榆林市经济的可持续发展与城乡一体化发展。

（四）人力资本发育不足

人力资本是一个地区乃至一个国家长远发展的核心要素和必要前提。但榆林市的人力资本发育却严重不足，产业是就业的载体，所以人力资本匮乏与产业结构有着必然的联系。榆林市农业比重较低，人力资本与经济、科技投入不足，导致农业整体发展水平偏低，农业现代化水平落后，直接影响了农民的收入水平，进一步导致人力资本发育不足，恶性循环。同时工业内部结构失衡以及粗放的工业生产模式，使得工业生产处于价值链的底端，高新技术投入不足，产品附加值低，所需劳动力要求低，挤出高技术的人力资本。此外，榆林市的服务业主要以餐饮业、旅游业、住宿业等传统服务业为主，现代物流业、科技服务业、信息服务业、金融保险业等生产性服务业发展较为落后，也不利于人力资本的发展与培育。

第三节 资源富集区榆林经济社会城乡一体化模式与经验

城乡一体化是我国现代化建设的必行之路，也是影响我国现代化进程的重要因素，为统筹城乡发展，我国不断在实践中探索、总结经验。榆林市统筹城乡经济社会一体化的模式为：以"四化同步"为动力，着力产业升级、空间优化、生态建设和机制创新；以新型城镇化为统领，以改善民生为出发点和落脚点；以城、镇、农村居民点空间布局优化为切入点，针对榆林城镇化发展实际，充分发挥榆阳区作为中心地区的带动辐射作用，各地区协同、均衡发展，积极推进县级市的发展、大力培育重点城镇、统一规划布局一般城镇与农村。因地制宜、差异发展，有重点分层次建设城乡居民点，实现城乡经济社会一体化发展。

一、始终把规划引领、顶层设计作为首要前提

科学合理的规划布局是城乡经济社会一体化发展的前提和基础。榆林市切实加强党的领导，落实工作责任，完善工作机制，组建规划实施领导小组，由市政府主要领导担任组长，其他单位为成员，打造一支高素质干部队伍，负责规划实施过程中各职能部门之间的组织协调。各级部门按照统筹城乡发展的理念，协调各方力量，整合各种资源，强化服务功能，各县区政府依据规划抓紧制定本县区城乡统筹实施方案，形成推进城乡统筹发展的工作格局，城乡一体化得到了进一步发展。

榆阳区是全市的中心城区，其他县区应该加强与中心城区之间的联系与交流，充分发挥中心城区的扩散效应。其中横山区、佳县、米脂县三个县区

与中心城区相邻，地理位置优越，打造为副中心城区。榆横工业园区就是区县合作一体的成果，横山区更是凭借资源禀赋与区位优势，国务院在2015年12月3日已批复将其撤县设区。榆米、榆佳之间也逐渐建起一批工业园区，有效整合了各个地区的资源，充分发挥了中心城区的经济辐射作用，也带动了周边城镇的发展，加快了榆林市城乡一体化进程。同时将中心城区和三个副中心以外的其他地区根据自身发展状况和资源分布，分为神府经济区、南部经济区以及靖定经济区，明确各个经济区的区域功能与发展规划，实行差异化战略，共同推进榆林市城乡一体化发展。根据南北地区的自然条件与资源状况，北六县（市、区）应主要以城镇为发展基础，采取城镇网络化发展，优化城镇结构，南六县则应以县城为主要发展中心，集中发展。总体而言，在统筹城乡发展之前，必须要根据各个地区自身地理、经济、资源等情况制定全面、切实可行的规划与战略，科学的规划是行动的方向和旗帜，也是决定成功的关键。

二、创新的制度设计

榆林市通过制度创新清除一系列阻碍城乡一体化的不合理体制。其主要表现为：

（一）放开农村土地的流转权

由于矿产资源的开发和生产加工导致大量土地塌陷、荒化，通过土地制度的创新和土地流转权的放开，农民可以将废弃的土地或收益差的土地转让、租赁给需要大量土地进行生产或者经营的第三方，以此获得收益，土地也得到专业化、集中化经营，可以发挥其最大价值，同时又可以吸收一部分农村剩余劳动力，提高村民的收入水平。此外，政府加大对土地流转、承包的支持力度，确保土地制度改革后的稳定性，让农民、经营承包者等放心大胆地去干。

（二）从制度层面加强"以城促乡"

确保城市带动农村、工业反哺农业，不断缩小城乡差距，加快城乡经济社会一体化发展。一是完善农村的基础设施建设，使得更多的城市产业、资源顺利进村；二是创新、完善农村和城镇的金融体系，为农村发展提供充足的金融支持和便利；三是建立完善的农村信息市场和销售市场，为农产品和农村工业解决销售问题。在税收制度方面，制定更多关于农村和农民的税收优惠政策，取消农民的个人所得税也可将其改为家庭所得税，对于农村的工业小企业，适当减免税收或免税，鼓励农民积极创业。

（三）完善农村的社会保障体系

农村应采取和城镇统一的失业登记制度，对于农村的剩余劳动力，政府应进行补贴或免费培训，加强农村人力资本培育，解决农村剩余劳动力和失业问题。同时向城镇看齐，提高农民的基本社保与医疗卫生水平，真正实现城乡统一。

三、尊重自然规律，发展特色产业

榆林市根据南北县区自然条件、资源分布与经济发展状况的差异，分为北六县（市、区）和南六县，北六县（市、区）包括榆阳区、横山区、神木市、府谷县、定边县以及靖边县，拥有储量丰富的煤炭、天然气等矿产资源，经济发展迅速，城镇化发展水平较高；而南部六县则包括米脂县、佳县、清涧县、吴堡县、子洲县和绥德县，资源禀赋较差，经济发展与城乡一体化发展水平有待进一步提升，由此决定了南北地区应该根据自身发展状况实行不同的发展模式。

北六县（市、区）凭借资源禀赋，城市工业发展较快，城市带动乡村的能力较强，利用县域经济的发展带动周围城镇和农村的发展，同时利用发展基础较好的城镇带动相邻农村，在农村吸引大量劳动力，又进一步增强了城镇的辐射能力，如此循环，城乡一体化发展进程较快。农村一方面做好土地审批和规划工作为城镇化做准备，另一方面大量培育优秀的人力资本不断输送到城市，做好人力资源的培训与基础教育工作，提高就业水平。鼓励民营企业的创办和个人创业，针对中小型民营企业及新兴产业，政府加大支持力度，建立多层次的融资体系。鼓励外资注入，拓宽企业融资渠道，打造特色品牌，提供交流合作的平台。大力鼓励发展能源化工产业与资源就地开发、加工产业，加大农村非农产业比重，促进农村工业发展与工业化水平的提升，加快榆林市北六县（市、区）的城乡发展水平。在发展主导产业的同时，应响应"十三五"规划中的绿色发展理念，制定严格的节能评估和审查制度，进行低碳化生产，大力倡导节能减排，努力发展集约经济，试图探索出一条促进产业发展与生态保护相协调的可持续发展道路。

南六县工业发展条件较为落后，以农业发展为主，县域经济发展缓慢，经济发展带动周边地区能力不足。所以南六县的城乡一体化发展模式不同于北六县（市、区），主要以发展农村和农业现代化实现城乡统筹发展。由于独特的地理条件和资源禀赋，南六县各地区主要以农业、特色农业以及畜牧业为主要经济来源，该地区生产出来的瓜果糖分高，其中产量最高和最著名的就是清涧和佳县的红枣，又大又甜，榆林市将其发展为南部地区的特色农产品，并打造属于自己的特色农产品品牌。农业现代化是农业发展的唯一出路，所以南六县注重农业科技的发展与信息技术的利用，通过发展特色农业、现代化农业，加速南六县的农村经济社会发展与城乡一体化发展。

四、增强产业支撑发展能力，提高城乡居民收入水平

以产业化促进工业化和城镇化发展，推动产业链条化、集群化、融合化发展，持续推进工业转型升级，推进农业现代化，大力发展现代服务业，提升产业整体素质和核心竞争力，加快转变产业发展方式，为统筹城乡发展提供产业支撑。

（一）持续推进工业转型升级，提高支撑带动能力

工业的转型发展可为统筹城乡发展奠定坚实的工业基础和资金来源，为城乡居民提供较多的就业机会，能够提高城乡协调发展的支撑带动能力。推动工业转型升级：一是根据经济发展趋势不断调整工业结构。按照解决短期问题与中长期发展相结合，优化存量与壮大增量相结合，稳固传统优势与培育新优势相结合的原则，逐步形成高端能化、高载能、高端装备业和新兴产业为主的"三高一新"工业产业结构。二是提升工业承载城乡就业能力。提升工业园区、重点项目对适宜贫困人口、农村居民的就业承载水平，提高农村务工人员收入水平。

（二）加快推动农业现代化发展

农业现代化发展不仅为榆林市城乡一体化发展提供有针对性的致富载体，还有效地提高了农村要素生产效率。一是优化农业产业规划与发展布局。积极引导农村的工业以及服务业向城镇以及县城靠拢，对于第一产业则按照榆林市农业资源禀赋，积极构建现代农业格局。二是加强三次产业的融合，尤其是加强农业与二、三产业的融合，在政府的引导和支持下，鼓励农民开展更加专业化和市场化且具有更高附加值的服务，促进农产品的深加工和精细化生产。对于具有特色的村庄进行统一规划和设计，将农村旅游与农业、农产品以及文化历史等有机结合起来，大力发展乡村体验和农家乐式的旅游模式。建设一批乡村旅游示范村、社会实践基地。三是加强农业经营主体建设。强化农民合作社和家庭农场基础作用，将农村废弃的土地或者收入较低的土地出租，让有能力和有经验的合作社以及农场统一进行规划与生产，既提高了农民的收入也提高了土地的生产效率。此外，充分发挥农产品加工流通、专业户生产以及电子商务等龙头企业的带头示范作用，带动合作社与农场等小企业的发展。四是大力发展农业新型业态。实施"互联网＋现代农业"行动，互联网是现代农业升级的重要途径和发展的主动力，将农产品与互联网充分结合起来，大力发展农产品电子商务，完善农村基础交通和物流体系，

保障农产品的及时供应以及绿色新鲜。同时鼓励农产品在生产、加工以及销售等各方面的创新。

(三) 大力发展现代服务业，加快农村居民就业转移

大力发展现代服务业是榆林经济社会转型的重要突破口，同时也能为统筹城乡提供更多的就业机会和增收平台。一是强化文化旅游、商贸物流的支撑带动作用，实现文化旅游、商贸服务的现代化，带动榆林其他服务业发展，有效吸纳城乡劳动力。二是推动服务业与农业、工业融合发展。围绕美丽乡村建设，积极推进休闲观光农业、民俗文化旅游融合发展，积极扶持农民开展农家乐等为主的旅游项目。推动服务业与工业、农业有机融合，构建生产装备、建材家居、农产品、小商品四大物流体系。三是积极培育新型服务业。培育发展电子商务、文化创意、网络信息等新兴服务业态，实现生产性服务业集聚化，生活性服务业便利化，基础性服务业网络化，公共服务业均等化。

五、加快城镇化进程，打造统筹城乡新枢纽

坚持以新型城镇化引领榆林城乡统筹发展，构筑以榆林城区为中心，以12个县城为重点，以重点镇为支撑，以新型农村社区为基础的多层次城镇发展体系，不断完善城镇体系功能，促进人口、资本、公共服务等适度集聚，切实提高城镇带动农村发展能力，促进城乡协调并进、高位均衡。

根据镇域发展需要，强权扩镇，赋予有条件的重点镇县级管理权限，设独立国库的财政管理体制，探索建立镇级市。全面提升集镇品质，集镇规划建设要按照中小城市的标准，在基础设施、公共服务、生态环境等方面补齐"短板"。要做大做强特色产业，走产城融合的路子，提升城镇生命力、竞争力和吸引力，根据不同的发展基础和条件，选择不同的发展主题，如工业依托型、农业产业型、商贸服务型、旅游度假型、电子商务型、健康养老型等。加快重点镇周边农业园区、工业园区、旅游景区建设，促进人口、资本、信息等生产要素向城镇集聚，把重点镇打造成为连接城乡、繁荣农村、服务农业、集聚人口的新枢纽。

六、推动公共服务延伸，促进公共服务均等化

（一）推动公共服务向农村延伸

一是合理提升农村的聚集度。大力发展中心村的带动作用，加强特色村的保护与发展力度，同时关注空心村的整治工作，尊重农民的意愿，积极引导农民向中心村、新型农村社区聚集，方便农民生产生活。将农村公共服务资源集中向中心村和新型农村社区投放，促进公共服务资源利用效率最大化。二是加强农村的基础设施建设与公共服务。解决农村安全用水问题，农村根据自身地理区位以及水源位置可采取集中或者分散供水，可也通过延伸城镇自来水渠道实现居民安全饮水。提升农村电网的改造升级与供电能力，推进城镇和农村用电的统一管理。此外确保城镇、中心村与其他各村之间通车运输便利，构建现代化的交通网络体系，发展农村物流产业，确保农产品以及其他零售商品销售渠道畅通。三是加快农村社会事业发展。按照"县办初高中-镇办小学-中心村、社区办幼儿园"三位一体的教育布局，不断提高学前教育的质量，完善农村孩子进城就学鼓励和补助机制和农民向其他产业就业的专业教育和培训。完善农村的医疗设施建设，真正落实基本医疗保险制度和大病医疗保障制度，以县级医院为医疗中心，带动城镇和农村的医疗条件，为居民提供更加完善的医疗保障体系。同时关注农村留守儿童与孤寡老人，完善最低保障制度，确保满足其基本生活需求。

（二）提升城镇公共服务水平

一是集中力量率先完善城镇公共交通设施，公共交通是城镇交通发展的基础和最重要的组成部分，也是居民出行的首要选择，所以必须建立完善的公共交通体系，完善市县、县镇、镇村三级公共交通网络，真正让人民享受城镇发展所带来的便捷服务和基础设施。二是完善城市公共服务体系与基础设施建设，包括社区养老设施和体系的完善，便利店、超市等基本生活需求

的便捷等，让人民生活更加便利，居住环境更加优化。合理布局公益性蔬菜市场、农产品批发市场。合理布局城镇停车场和立体车库，新建办公小区和住宅小区要配建地下停车场，新建大中型商业设施要配建货物装卸作业区和停车场。同时根据居民的实际需求和居住区位分布，集中规划和统一布局学校、体育场、图书馆以及医疗卫生机构等公共服务机构，在满足居民需求的基础上不断进行公共服务供给创新，打破政府独资投入的格局，让更多企业和社会团体加入公共服务供给机制中去，建立更加多元化和现代化的公共服务体系。

（三）推进农业转移人口享有城镇基本公共服务

一是保障随迁子女享受教育权利。教育是农村人口走出去的重要路径，所以必须保障农业迁移人口的子女接受基础义务教育，以及在职业教育方面的补助，完善对随迁子女的教育发展规划与财政教育支出。二是完善劳动力市场，积极鼓励农民就业创业。首先，必须加强农民工的基础职业素质，根据自身兴趣爱好以及特长，对农民工进行统一培训和教育，鼓励他们取得相关专业证书或从业资格，就业或者选择创业，并适当给予补贴。其次，完善劳动力信息市场，及时更新市场劳动需求信息，为农民工就业提供免费的指导。最后，完善社会保障体系。依法将农民工纳入城镇职工基本医疗保险，完善社会保险关系转移接续政策。同时监督企业强化社会保障服务与社会责任感，适当调高农民工的基本保险，特别是工伤保险。

第四节 其他资源富集区城乡经济社会一体化模式与经验

西部地区是我国重要的资源富集区，资源储量丰富但资源型产业带动当地的发展能力偏弱，产业链条短，资源型产业链条延伸不足，就业带动能力弱，虽然经济整体发展能力、经济实力不断提升，但农民的生活水平却没有得到同步提升，区域内城乡经济发展差距大，尤其在新疆、内蒙古、甘肃以及陕西北部等地区，城乡差异化更加明显。正是由于这种发展的差异化与不平衡，导致整个西部地区城乡发展模式的多样性。本章结合西部地区主要资源富集区的实际状况和已有经验，总结出相应的适合该地区的城乡经济社会一体化发展模式。

一、新疆模式

新疆维吾尔自治区地处我国西北边陲，地理位置偏远，沙漠面积大，昼夜温差大，气候条件特殊，实行以绿洲经济为主的经济发展模式，正是由于这样的独特性，导致新疆地区的整体经济发展以及农民生活水平与我国内地，特别是东部地区的发展差距越来越大。此外，由于自然资源分布以及地理位置等差异，新疆内部各个地区在经济发展上也有很大的差距，尤其是南北疆的差异十分明显，且两个地区的差距不断增大，城乡对立矛盾逐渐凸显。所以新疆实行农业产业化，以工补农、以城促乡、加快推进新型城镇化进程的城乡经济社会一体化模式，推动全区的城乡经济社会一体化发展。

（一）农业产业化，科技兴农广泛应用

新疆是我国重要的农业产区，为了实现农业产业化，国家、自治区不断加大落实新疆经济发展的各项优惠政策力度，上千家农产品加工企业进驻并落户新疆，极大地推动了新疆农业产业化与现代化发展，不断提升农产品生产加工的精细度与经济附加值，活跃了农副产品市场。同时新疆鼓励并积极促成企业和农民之间的合作，主要在农产品生产和对外销售方面，并因此形成了一批农产品加工企业，实现了当地农民的增收与农业产业化的发展，一举两得。据统计，截至 2015 年年底，新疆共拥有农产品加工企业 13 758 家，较上年增长了 13.89%，农产品加工业总产值高达 1729 亿元；农业产业化经营组织 11 862 家，较上年增长了 7.77%；区级以上农业产业化重点龙头企业 509 家，较上年增长了 29.19%。并形成了以粮油、畜牧、特色农产品等为主导产业的龙头企业，不断推进龙头企业集群化发展，极大地促进了新疆农业的提质增效，并有力地带动了当地居民的就业水平和提高农民的生活水平。

新疆把对科技兴农的认识提高到一个崭新的高度，为当地农民发展农产

品企业、转变传统农业发展模式和创新方式提供了有力的帮助和技术指导。随着科技的不断进步与发展，新疆的科技推广体系愈加完善，农业科技创新能力显著增强，产学研有效结合，使得科技推广应用能力与转化能力大幅提升，大批技术新、增收明显并且适用的农业技术广泛应用。2014 年，全区实施良种补贴的农作物良种覆盖率达 98%，其他农作物良种覆盖率约 63%，农业科技贡献率提高到 45%。

（二）以工补农、以城促乡

新疆的乡镇企业发展比较落后，这也是其经济发展缓慢的一个很重要的原因。所以加强小城镇建设与乡村企业的发展是新疆推行城乡一体化的必然选择。尤其是推进乡镇企业集聚形成工业集群，不断向工业园区靠近，形成工业集群效应，不但可以提高基础工业设施的整体利用效率，还能有效地降低成本与环境污染问题，最终形成集约高效的发展模式。此外，也可带动工业园区周围配套产业的发展，比如服务产业、金融业等，从而更加强化了经济发展环境，吸引更多企业，以此形成良性循环的发展模式。同时注重中心城市对周边县域和城镇发展的带动作用，中心城市的带动作用机理首先体现在人口的集聚，以及随之而来的各种小企业和各大产业，而逐渐完善的市场又会带来更多的人，如此良性循环使得中心城市的规模不断扩大，继而带动周围城乡的经济发展。新疆的克拉玛依市就是一个典型的中心城市，该地区由于资源储量丰富而逐渐发展壮大起来，现已形成一个拥有 50 万人口的中等城市，充分发挥了中心城市的扩散效应，有效地带动了周边小城镇经济发展与繁荣。

（三）加快新型城镇化进程，推动城乡一体化发展

近几年新疆大力提倡"并乡建镇，并县改市"，促进城乡一体化发展，使得一些小城镇迅速发展起来，城镇化水平不断上升。截至 2015 年，新疆的城镇人口达到 1115 万，占总人口比重的 47.23%。同时，新疆大力推进户籍制度改革，立志打造全新的户籍制度，改革的主要内容：一是建立以稳定就业

和稳定住所为户口迁移基本条件，并以经常居住地登记户口；二是将农业户口和非农业户口一视同仁，统一登记为居民户口，同时取消暂住证制度；三是对于小城市和城镇的落户条件全面放开，对于中等城市的落户限制进行有序的放开，而大城市的落户则需根据事先调查，然后有条件地放开。逐渐完善常住居民的科教文卫、住房养老等基本制度和基本公共服务设施。不仅要完善农村人口和城镇人口的基础服务，还要健全从农村转移到城镇这部分人口的基础服务和相应权利义务。新疆农村人口落户城镇不仅原有的基本权利仍将得到维护，比如原来的农村宅基地仍然具有使用权，也可出售或者转让，集体收益也应得到分配，此外还应享受城镇的基本公共服务与福利。大力倡导和推进以人为核心而不是传统的以经济发展为核心的新型城镇化，增强城市就业吸纳能力，打造真正有宜于人民生活的新型城镇。

二、鄂尔多斯模式

鄂尔多斯市位于内蒙古西南部，西、北、东三面被黄河环绕，形成"几"字形状，是拥有储量极其丰富的金属矿产和非金属矿产资源的典型资源富集区。2015 年年末，全市总人口 204.51 万，其中生活在农村牧区的人口达到 54.96 万，乡村人口占比为 26.87%，而发达国家的乡村人口占比标准仅为 10%。由此可以看出，与发达国家相比，鄂尔多斯的城乡一体化差距和面临的挑战依然很大。其中农牧区的劳动力问题以及全市城乡产业结构失衡，是造成鄂尔多斯城乡问题的主要原因，也是缩小与发达国家城乡发展差距的主要阻碍。结合现状，鄂尔多斯市政府实行了"三化互动"、城镇化与新农村建设并行以及发展特色旅游小镇等模式举措，城乡经济社会一体化成效显著。

（一）"三化互动"推进城乡一体化

面对复杂的城乡一体化局面，鄂尔多斯市政府采取了"三化互动"的发展战略。"三化"指的是工业化、城市化和农牧业产业化，"三化互动"就是要将"三化"充分融合、相互促进。而优化三次产业结构是实现"三化互动"的前提和基础条件，鄂尔多斯利用自身的资源优势，不断转变经济发展方式，实现三次产业升级。同时将分散的经济聚合起来，形成产业集群，建立工农业园区，促进城市与产业园区互动发展，合理布局产城关系，在城市中心区周边高标准规划建设了高新技术、装备制造、空港物流等产业园区，有效解决了工业对城市环境的污染问题，实现了项目向园区集聚、人口向城市集中，促进了园区与城市融合发展、良性互动；另外，利用煤、天然气等矿产资源带动其他产业的发展，发挥资源型产业的补偿效应；利用特殊的地理区位和生态环境优势，大力发展特色草原旅游业，并努力修复和优化农牧生态园区；在工农业园区内积极发展不同层次的循环经济，主要包括企业内部的小循环、产业园区内部的中循环以及整个地区的大循环。

（二）城镇化与新农村建设并行

鄂尔多斯不断优化城镇发展布局，着力完善公共配套服务与基础设施建设，最终形成了以中心城区为龙头、旗府所在地和产业重镇为依托的新型城镇发展格局。在新型城镇化的不断发展和有力带动下，2015年，全市城镇建成区面积扩大到269.3平方公里，其中，中心城区建成区161平方公里（东胜片区78平方公里、阿康片区83平方公里）。城镇人口达到146万，中心城区人口80万，东胜-康巴什-阿镇城市核心区常住人口达到74万左右，其中康巴什新区常住人口10.3万，全市城镇化率达到73.1%。2015年城乡就业人数总量为106.5万，与2010年相比增加了8.5万，其中城镇新增就业人数为17.1万。

（三）完善新农村和新牧区的建设

鄂尔多斯市以实现农牧业现代化发展为城乡一体化建设的核心目标，积极稳步推进新农村与新牧区建设，并将新农村建设与新型城镇化建设充分结合、互为补充，最终形成人口转移城镇化与就地城镇化并行的发展格局。2015年，鄂尔多斯市启动了29个惠及农牧户1.3万户、4万人的新农村新牧区中心居民点建设，并整合了100个嘎查村，有力地推动了城乡一体化发展。同时在调查民意的基础上，保留村庄的整体风貌不变，进行村庄布局优化与村庄整合，尤其关注村庄整洁和居民的生活卫生条件，力求最大程度上改善居民的生活居住条件。坚持从扶贫攻坚、现代农牧业、文化旅游等方面推进新农村的发展，实现农牧区人口全面脱离贫困、农业现代化发展、农牧民生活富裕等城乡一体化发展目标。

（四）积极推进生态文明，发展特色旅游小城镇

"十二五"期间，鄂尔多斯努力转变发展方式，积极推进生态文明先行示范区建设，打造"天朗气清、自在养生"的旅游城市，生态、宜居、和谐已成为该市一张新名片，空气质量优良率达 83.4%。完成水土流失治理 875 万亩，完成林业生态建设 907 万亩，生态自然恢复区 2 万平方公里，森林覆盖率达 26.5%，比 2010 年提高 3.49 个百分点，植被覆盖率稳定在 70% 以上，成功创建全国绿化模范城市、国家森林城市。此外，鄂尔多斯市根据自身的资源优势、特殊的地理区位，对全市进行整体规划、逐步推进，立志打造一批独具特色的文化旅游小城镇。建成乌审旗嘎鲁图镇、鄂旗乌兰镇、鄂前旗上海庙镇等一批独具地域特色的精品小城镇，伊旗伊金霍洛镇等 7 个乡镇被评为全国特色景观旅游名镇，中小城镇产业集聚和人口吸纳能力明显增强。加快建设美丽乡村，大力实施农村牧区"十个全覆盖"工程，农村牧区面貌发生巨大变化，公共服务水平明显提升，基础条件得到显著改善。扎实推动新农村、新牧区建设，集中规划建设了一批精品移民小区和中心居民点，"十二五"以来累计转移农牧业人口 38 万。2018 年 1 月，鄂尔多斯人民政府发布人口发展"十三五"规划，提出有序推动农业转移人口市民化，促进有能力、有愿望在城镇稳定就业和生活的农业转移人口优先落户，多措并举引导人口向优化开发和重点开发区域适度聚集，到 2020 年，农业转移人口和其他常住人口在城镇落户达到 45.7 万，常住人口城镇化率达到 80% 左右，户籍人口城镇化率达到 55% 左右。

三、云南模式

云南是各种资源富集区，为破解长期以来发展不平衡、城乡统筹不协调

的难题，加快全面实现小康社会的步伐，在国家西部大开发战略中提出建造"绿色经济强省""民族文化大省"和中国连接东南亚国际大通道的三大目标。目前，云南城乡统筹已初显成效，其推进城乡一体化的实践经验可以总结为城市集群联动模式、特色旅游推动模式、山地城镇化带动模式、现代农业驱动模式四种模式。

（一）城市集群联动模式

城市集群联动模式是指经济较为发达的以昆明为中心的大中城市利用地缘优势，突出产业特色，通过建立发达的交通网络，消除地区壁垒，实现资源共享，带动周边经济发展，形成完善的经济圈，推动城乡经济社会一体化发展。由于地形地貌等原因，云南的城市数量较少，而且规模差异很大，多数为中小城市。自2014年城市规模划分标准调整之后，云南的城市体系结构由之前的1个特大城市、1个大城市、3个中等城市、11个小城市转变为1个大城市、1个中等城市、14个小城市。昆明市过高的城市首位度导致云南城市发展等级化日益明显。因此，打破城市规划的壁垒，有针对性地发展中等城市，组群发展较小规模的城市，带动周边经济社会进步，可以推动云南城乡经济社会一体化发展。

在推进滇中城市经济圈区域协调发展时，云南加快构筑"一圈、一带、六群、七廊"的空间结构。其中"六群"是指滇中核心城市群和滇西、滇东南、滇东北、滇西北、滇西南五个次级城市群。滇中核心城市群是云南推进城市集群发展的重中之重，承担着核心作用。同时，滇中城市群与其他"五群"相比，城镇体系、中心城市聚集作用、基础设施建设、交通网络体系、经济基础等各方面都有明显优势，交通网络体系趋于清晰，城市间分工体系正逐步形成，协调机制也正逐步建立。滇中地区同时也是云南的政治、经济、文化中心，以有色金属和装备制造业为主导产业，高新技术产业为增长点，对云南经济增长发挥着举足轻重的作用。通过近年的发展，滇中城市群逐渐形成了新型的产业格局。昆明市以工业为主，生物医药、电子信息和新能源等新兴产业配套的产业格局。曲靖市主打重工业发展，同时辅以烟草、炼焦、化工、生物资源、汽车等产业。玉溪市以烟草及其配套产业和矿产开发、钢铁冶炼等产业作为经济增长点。楚雄市则以药业、绿色食品加工业、冶金矿业、特色旅游业等为主导产业。

（二）特色旅游推动模式

特色旅游推动模式是指经济较为落后的地区凭借当地天然优美的自然风光或特色民族风情等资源优势，大力发展旅游业、服务业，带动当地农村经济发展，推进城乡经济社会一体化。云南是我国的旅游资源大省，有着巨大的发展空间。这里不仅有浑然天成的自然风光，如被西方誉为"世外桃源"的香格里拉，风光绮丽的西双版纳热带森林，还有人文气息浓厚的丽江古城等。云南有 5 个国家级历史文化名城，4 个省级历史文化名城和 3 个历史文化名镇，旅游产业发展优势明显。同时，云南是一个少数民族大省，共有 52 个民族，其中白族、哈尼族、傣族、景颇族等 15 个少数民族为云南独有。各民族在长期的生产、生活中形成了风情各异、类型多样的民族文化和风俗习惯。绚丽多彩的民族服饰、民族节日和饮食、宗教文化都极具吸引力。但由于地理、地形、交通等原因，大多数少数民族处于相对"封闭"的状态。通过旅游来推动云南少数民族地区发展，将云南独有的自然景观和民族文化完美组合，打造以民族文化为核心的特色旅游业势在必行。云南提出"民族文化＋旅游＝生态云南"的战略，不断加大旅游产品的开发力度，并带动民族工艺、民族文化艺术等产业共同发展。红河哈尼族彝族自治州丰富的自然资源与奇特的民族文化构成了特有的生态旅游文化，以不改变生态系统的有效循环及保护自然和人文生态资源与环境为宗旨，使当地居民和旅游企业在经济上大大受益，企业与居民收入共同增长。

（三）山地城镇化带动模式

山地城镇化带动模式是指山地较多，平原较少的地区根据地形及资源禀赋分布特征，通过发展特色小城镇，提高土地利用率，实现城镇上山、工业上山，促进当地经济社会协同发展，推动城乡经济社会一体化建设。云南山多坝少，单纯依靠大中城市及城市群的辐射带动作用推动城镇化远远不够，其带动力明显弱于平原地区。云南根据自身特殊性，做出"守住红线、统筹城乡、城镇上山、农民进城"发展特色小城镇的规划，推进山地城镇化的建设，以特色小城镇为依托，发展特色经济，不但可以强化小城镇的产业支撑，挖掘其内在发展潜能，而且可以吸引外来企业和民间投资投向小城镇建设，内外兼修，从而加快云南城乡经济社会一体化进程。2005年，云南围绕"突出特色、加快发展"的主题，以旅游小镇为突破口，全面展开小城镇建设。至2010年末，全省撤乡设镇256个，近100万人由农村人口转为城镇人口，城镇化水平明显提高。在进行户籍制度和基础设施建设的同时，旅游型、工矿型、商贸型和口岸型等多种功能型小城镇不断发展壮大。2015年全省小城镇平均国内生产总值为4.6亿元，农业、工业和服务业增加值占比为15.5∶41.2∶43.3，居民年人均纯收入为10 733元。宜良北古城工业园区和普洱茶科技园区就是山地城镇化带动经济发展的典型模式，从根本上解决了当地农民的非农就业问题。

（四）现代农业驱动模式

现代农业驱动模式是指以农为本，运用科学种养方法发展现代化农业，提高农民种养技术，推动农村经济发展，实现农业增产、农民增收，进而推进城乡经济社会一体化进程。云南是一个典型的农业大省。2015年农业总产值为2055.71亿元，在全省GDP中比重为15%。第一产业从业人员为1620万，占总就业人数的55.4%。可以看出，三次产业中产值最低的农业负担着一半以上的劳动力。因此，准确把握农业发展的环境条件，利用云南得天独厚的地理、气候和物种优势，发展高原特色产业，由传统农业向现代农业新跨越，是云南快速实现农民增收，解决"三农问题"，推进城乡统筹的必然需求。2012年8月，云南命名嵩明、腾冲等40个县为第一批"高原特色农业示范县"，打出"丰富多样、生态环保、安全优质、四季飘香"的四大名片，重点建设"高原粮仓、特色经作、山地牧业、淡水渔业、高效林业、开放农业"6大内容，合理布局，突出不同区域的资源特色，打造烟草、蔗糖、茶叶、橡胶、果类、蔬菜、畜牧、花卉等一批特色优势产业，全省各地区"一县一产业、一村一品牌"遍地开花，"云系""滇牌"等农产品知名度不断提高，其绿色、环保、安全、有机的形象日益受到国内外市场的广泛认可。

其中兰坪县就是现代农业驱动模式的典型例子，兰坪县根据独特的高原气候特征在空间上进行农业分类布局，在种植业上则主要选择了具有相对优势的优质杂粮、特有的瓜果蔬菜以及一些中草药材，这些种植基地集粮食、经济、饲料作物于一体，不仅农产品产量大，质量也能确保。加大对优势特色农产业在科技上的扶持，注重农产品新品种的研发与推广，不断提高农业科技服务水平，完善农业科技服务体系，积极鼓励新产品研发示范，使得农业新产品被研发出来以后能迅速进行扩散与推广。同时围绕兰坪县的特色优势高原产业选择一批具有一定规模、发展潜力且符合全县区域布局的龙头企业在政策上进行大力扶持，提升这些企业的发展能力与潜在比较优势，打造特色农产品品牌，提升龙头企业带动农民增收能力。2014年，兰坪白族普米族自治县中盛生态产业有限公司获得了省财政厅、农业厅300万元的现代庄园项目建设扶持资金，并成为怒江州第一个获得现代庄园建设项目的企业。兰坪县中盛生态产业有限公司始建于2012年8月，目前已建成全省滇重楼品种最齐全的集试验、示范、推广为一体的滇重楼基地200多亩。完成种植核桃1200余亩，核桃林下种植滇重楼200多亩、金铁锁100多亩，秦艽、云当归等中药材100余亩，逐步实现传统农业向现代化农业转变。现代庄园的发展和壮大，反映了兰坪县高速发展并已取得巨大成绩的农业现代化水平，对于云南省推动城乡融合发展与城乡一体化有着积极的推动作用。

四、白银模式

白银市位于甘肃省中部，是西陇海兰新经济带的重要组成部分，铜、锌、金、银等有色金属资源丰富，是我国重要的有色金属工业基地，并已经形成了集采矿、加工、科研等于一体的比较完整的有色金属生产与加工体系。但由于城镇化率偏低、产业拉动力不足等问题导致城乡差距较大，结合实际情况，采取了加快新农村建设、推行城镇化试点、产业融合互动发展、发展园区经济以及坚持绿色发展的城乡一体化发展模式。

（一）加快新农村建设

白银市通过对各乡镇实地调研，反复研究，结合实际情况，因地制宜地采取不同的措施，进行了新农村建设。对武川、强湾两乡进行了整体规划与分析，决定实施整体移民搬迁，并制定了配套的基础设施与产业培育计划，由政府统一进行款项筹借、土地规划以及移民搬迁安置小区的建设，对移民实行社区化管理。累计投资 3.2 亿元，建成安置住宅楼 57 栋，入住农户共 2281 户 8200 人。同时鼓励农民通过创业市场进行自主创业，确保进城农民安居乐业。对位于城郊的王岘镇和纺织路街道，加大"城中村"改造力度，建设失地农民安置小区，管理进社区，累计投资 1.48 亿元，建成安置住宅楼 27 栋，安置失地农民 876 户 4200 人。着力培育发展第三产业，确保搬迁居民有物业、有产业、能就业、有保障，实现农民群众与城市全面接轨。对水川、四龙两镇，则主要保持现有村庄整体规划，整村推进，并根据村民意愿，以"农房改造景观化、基础设施城市化、配套设施现代化、环境打造生态化"为目标，坚持"五个一""五统一"和"六有"的标准，新农村建设累计投资 1.4 亿元，共改造农宅 1876 院，受益农民高达 7500 人。

（二）推行城镇化试点

白银市坚持把推进城镇化试点工作作为加快城镇化进程与城乡一体化发展的重点和突破口，着力推进全市的新型城镇化试点工作，充分发挥先行试点的示范作用和带头作用，不断完善新型城镇的基础设施建设与公共服务体系，有力地促进了白银市的城乡经济社会一体化发展。按照市委、市政府部署和全市城乡一体化总布局，从中心城区到县城再到各个乡镇，逐步规划与推进。白银市是甘肃省选取的中心城市之一，目的就是利用中心城市的扩散效应，带动周围城镇的发展，同时以三县为发展重点，提高全市的城镇化水平。积极实施试点镇建设，目前全市共有 6 个省部级重点镇（郭城镇、王家山镇、水川镇、河畔镇、东湾镇、上沙窝镇）、1 个省级新农村建设试点县（会宁县）、1 个省级城镇化试点县（靖远县）、2 个省级历史文化名村（靖远县的仁和村、景泰县的永泰村)、6 个市级示范镇(四龙镇、草窝滩镇、东湾镇、郭城镇、北湾镇、水泉镇)以及 38 个市级示范村。截至 2014 年,建制镇由 1995 年的 5 个增加到 21 个,城镇常住人口 74.02 万,城镇化率达到44.93%,比 2013 年的 43.23% 又提高 1.7 个百分点。同时加大城镇化建设投入力度,不断提升城乡居民生活水平。

(三)产业融合互动发展

白银市立足实际发展状况,优化产业布局,推动三次产业互动融合发展与一体化发展。首先壮大工业经济,着力提升工业带动能力。近年来,白银市坚定不移实施大企业引领、大项目支撑、大园区开发的工业强市战略,注重工业企业的规模扩张、技术创新以及集群发展,实现结构优化与产业升级。先后实施了白银公司铜冶炼技术提升改造、长通电线电缆公司迁建、锌冶炼资源综合利用、景泰新能源综合开发、白银市热电联产、刘化集团白银基地建设等一批重大工业项目。其中各类发电装机容量达到 450 万千瓦,有色金属生产能力达到 68 万吨,而具有深加工能力的达到 23 万吨。全市集中关注与谋划的 3 个千亿元有色金属新材料及深加工产业链、1 个千亿元的化工企业以及 4 个百亿元的能源产业群也逐渐步入正轨。此外白银市工业集中区也逐渐发展起来,规划建设工业园区总面积 44.66 平方公里,集中区的各项功能设施不断完善,承接大项目的能力显著提高,成为白银市经济发展的重要增长极与统筹城乡发展的新引擎与动力,园区吸纳城乡劳动力 3 万多人。另外,大力发展现代农业。坚持以工业理念谋划发展农业,以现代农业方式改造提升农业,加快农业转型跨越,促进农村经济繁荣稳定,切实提高农民经济效益与收入。注重农产品安全问题,提倡绿色食品、无公害农产品。着力提升产业化水平与农业转型发展,大力扶持龙头企业与农产品综合示范区,提高农产品市场竞争力,走产业强农富农的发展路径。

(四)发展园区经济

白银市素有"铜城"之称,是典型的资源依托型工业城市,但在进入 21

世纪以来，该地区以铜矿为主的矿产资源逐渐展现出枯竭的态势，白银市成为全国第一批资源枯竭型城市，走上了资源枯竭转型发展道路。在转型发展过程中，经过不断摸索实践，白银市把发展园区经济作为实现跨越发展的主要引擎。白银市着眼于整合资源要素，立足于转型跨越发展，以兰白核心经济区建设为重点，以兰白、刘白高速公路和黄河为轴线，按照轴线延伸、板块聚集的思路，形成了以白银国家高新技术产业开发区为龙头，包括银东、银西、刘川、平川、正路、会宁工业园的"一区六园"白银工业集中区的空间格局，与兰州主城区、兰州新区三足鼎立共同推动甘肃中部经济发展，成为兰白核心经济区新的增长极。有资源枯竭经验教训在前，白银园区经济发展以循环经济为主，结合城区总体规划和循环经济规划合理进行园区产业布局规划。"一园六区"白银工业集中区总规划面积 44.66 平方公里，其中白银高新技术产业开发区规划面积 8.0505 平方公里，着力培育有色金属新材料、高端装备制造和生物产业等高技术产业集群，引进有白银神龙航空科技有限公司、白银长青农业机械有限公司和甘肃正生生物科技有限公司等高技术产业公司；白银西区经济开发区规划面积 19.6035 平方公里，以食品加工、生物医药等轻型工业发展为主，辅以商贸、物流等现代服务业发展，完善配套服务设施，形成产业、城市一体化的新格局；平川经济开发区规划面积 4.4843 平方公里，发力点在发展壮大建材陶瓷产业集群，打造集生产制造、研发设计、展示交易和物流服务于一体、面向西部区域市场的陶瓷生产基地和集散中心，此外以平川经济区为中心辐射出一系列以当地农产品为原料的食品加工产业园；刘川工业集中区规划面积 6.5986 平方公里，积极打造稀土新材料产业基地，培育有色金属精深加工和仓储物流等产业，探索发展技术含量高、产业链条长、环境影响小的煤炭重化工和装备制造产业集群；景泰工业集中区总规划面积 4.3449 平方公里，以发展能源密集型产业及其服务配套产业为重心；会宁工业集中区总规划面积 3.5760 平方公里，将发展重心定向培育劳动密集型的资源开发和特色农产品深加工产业的发展。

　　"一区六园"白银工业集中区的园区经济不仅带动了白银市整体的经济发展，并且在推动城乡一体化发展的道路上也是意义重大。以平川经济区为例进行简要分析说明：在全市工业园区发展政策鼓励下和平川经济开发区的带动下，水泉镇建立平川第二个工业聚集区水泉工业集中区，下分为综合服务区、食品加工区、饮料加工区、畜禽产品加工区、绿色包装加工区，以及生物制药产业区等六个功能分区。已入驻白银金坪生态农业有限公司大枣加工分公司、白银菁润生物科技有限公司、白银桔瑞生物科技有限公司、黄河饲料厂、黄河万头无公害生猪养殖基地等多家企业，这些企业生产过程中原料的就近采购扩宽了当地的农产品市场，有效促进了当地新型农业的发展，进而推动区域内农民实现增收。大枣加工厂几乎消化了水泉地区一半以上的大枣产出，菁润生物科技有限公司不仅大量收购地区内的苹果、梨子和桃子等常规作物，还指导当地农民种植更高附加值的沙棘，带动了地区新农业的发展；劳动力的就近雇佣也能有效的利用起水泉镇的潜在的劳动力，促进了当地居民就业。此外在水泉工业集中区的产业和企业的发展带动起来的基础设施建设也成为该地区城乡一体化发展的前提保障和助力器。水泉镇境内修建成的 750 千伏变电站，在保证西北地区高压"输、变、送"任务的同时，解决了水泉工业集中区位于远城区的工业用电不足的问题；平川区和水泉镇之间联通的公交缩短了城乡两地的距离，这条公交线成了农民将自产农产品卖到城区市场的输送线和农民在农闲去沿线企业打工的通勤线，方便农村地区的农产品与城区的农贸市场、农村地区的劳动力与园区企业的用人市场有效对接。园区经济有利于整合城乡资源合理配置，打破二元经济结构，将城乡连成一个整体，推动城乡共同发展。

（五）坚持绿色发展

白银市属于资源型城市，生态环境比较脆弱，影响了广大人民群众的生活品质，于是转变经济发展思路，实行绿色发展，并自觉推进循环发展，努力促进人口、资源与环境的良性循环和互动，坚持低碳发展、可持续发展的绿色发展理念，立志建设为天蓝、水净、地绿的生态城市与生存家园。突出增加森林碳汇，抓住全省实施国家生态屏障建设保护与补偿试验区建设的重大机遇，加快推进城区大环境绿化、绿色通道建设等工程，精心实施中信集团碳汇林项目，完成造林绿化 32.28 万亩，治理草原"三化"119.17 万公顷。加强环境综合治理，继续实施城市大气污染治理、城乡清洁能源、城乡安全饮水、城市环境治理等工程，加快东大沟河道整治、重金属深度污染治理步伐，2015 年，白银市城区空气优良天数达到 313 天。着力居民生存环境的改善，全力打造环境整洁村与美丽乡村的建设，截至 2015 年，白银市已经完成了 138 个环境整洁村的建设。此外，农村畜禽养殖污染治理、生活垃圾治理、农村生活污水等环境综合整治工作，城乡统筹工作成效显著。

五、延安模式

延安市位于陕北南半部，区域占地面积 37 037 平方公里，是国家历史文化名城、革命圣地。矿产资源丰富，据统计，延安市的煤炭储量高达 115 亿吨，天然气储量约为 2000 亿～3000 亿立方米，石油储量也非常丰富，约为 13.8 亿吨。以能源化工业为主要产业，其中最为著名的企业是延长石油，是大陆第一口油井之地。因此，延安市凭借丰富的能源化工产业与现代化农业基础以及人文资源，经济发展迅速，城乡统筹发展工作取得了明显成效，城乡居民生活水平明显提高，并形成自己独特的发展模式。

（一）坚持以新型城镇化为引领

延安市按照"做美延安、做强县城、做大集镇、做好社区"的城乡发展思路，完善以延安城区为中心，以 11 个县城为重点，以重点镇为支撑，以新型农村社区为基础的多层次城镇发展体系，不断提升四级城镇体系功能，促进人口、资本、公共服务、产业等适度集聚，促进城乡要素的互动、平等交换，切实提高城镇带动农村发展能力，促进城乡协调并进、高位均衡，城镇化步伐不断加快。"十二五"期间，延安市城镇化率由 2010 年的 48.34%提升到 2015 年的 57.32%，五年累计提高 8.98 个百分点，年均提高 1.8 个百分点，高于全国、全省平均水平，成为全省城镇化水平提升最快的城市。全市基本形成了以宝塔区为核心，县城、重点镇和中心村为支撑的层级城镇体系，初步构建起了城乡融合互动、成果共享的新型城镇化格局，城市品位和宜居宜业水平不断提高，人口、产业等要素聚集持续加快，县城建成区面积、城市化率、功能设施完善率、住房成套化率和总体现代化水平均有大幅提升。

新型城镇化快速推进，四级城镇承载服务能力全面提升，12个县城建成区面积扩大42％，35个重点镇有31个基本成型，101个新型农村社区有58个达到建设标准，累计有29.3万农民进城落户。

（二）发展特色优美集镇

稳步推进特色集镇建设，将集镇作为统筹城乡发展的重要纽带和县域经济发展的副中心。根据镇域发展需要，强权扩镇，赋予有条件的重点镇县级管理权限，设独立国库的财政管理体制，探索建立镇级市。全面提升集镇品质，集镇规划建设要按照中小城市的标准，在基础设施、公共服务、生态环境等方面补齐"短板"。要做大做强特色产业，走产城融合的路子，提升城镇生命力、竞争力和吸引力，根据不同的发展基础和条件，发展具有历史记忆、民俗文化、产业特色的美丽城镇，推进工业依托型、农业产业型、商贸服务型、旅游度假型、电子商务型、健康养老型小城镇建设，加快重点镇周边农业园区、工业园区、旅游景区建设。

（三）美丽乡村建设持续推进

延安市以"居住集中化、环境生态化、设施城镇化、管理社区化"为美丽乡村建设目标，加快村庄水电路网等建设进程，全面开展村庄人居环境整治，大力改善农村基础设施。截至2015年年底，全市101个新型农村社区中有96个基础设施和公共服务设施基本配套到位（其中58个新型农村社区各项功能设施达到标准，38个新型农村社区各项功能设施建成率达到93％），其余5个新型农村社区各项功能设施建设达到80％以上。全市新型农村社区人口聚集达到31万，平均每个社区人口达到3000多人，占全市总人口的14％。美丽乡村基本实现居住集中化、设施城镇化、管理社区化、环境生态化，涌现出了延长郭旗镇王良寺村、洛川旧县镇李家坳村、黄陵阿党镇备村等一批示范样本村，起到了良好的示范带动作用。

（四）公共服务均等化水平提高

延安市社会保障体系逐步健全，基本实现城乡居民医疗保险、社会养老、社会救助全覆盖和社会失业、工伤、生育保险市级统筹，社会服务均等化水平全面提升。率先在全省实现居民养老保险、医疗保险制度城乡一体化，农村居民就地就医的问题得到极大缓解，公立医院改革走在全省前列，组建了延安医疗集团，完成了对4家医院托管，积极推进重点镇卫生院规范化创建，17个重点镇卫生院达到了规范化创建标准。率先实现了免费义务教育和免费学前教育全覆盖，村办幼儿园、镇办小学、县办中学的学校布局调整基本完成。养老、敬老等社会福利事业机构数量明显增多，试点试行居家养老、社区服务养老模式。社会保障服务体系逐步完善，城市和农村居民低收入者的最低生活补助金逐步增加。

（五）城乡基础设施不断完善

围绕"做美延安、做强县城、做大集镇、做好社区"目标，延安市不断加快城乡公共基础设施和住房、学校、医院等公共服务设施建设。截至2015年年底，101个新型农村社区累计完成投资118.3亿元，35个重点镇累计完成投资263亿元，12个县城建设累计完成投资450亿元。城市市政公用设施实现县城以上城镇全覆盖，全面实现县县通二级路、乡镇通油路、建制村通公路，加快实施水、电、路、通信、气、房和优美环境"七到农家"工程，城市道路、供水、供气、供热等基础设施水平逐步提高。农村公共产品供给逐步加大，农村社区互联网、电信、广电、文化活动室、卫生室、健身广场、商业网点等现代生活服务设施逐步完善，垃圾污水处理、公园绿地等生态环境设施逐步改善。城乡住房水平稳步提高，重点镇和新型农村社区居住条件迅速改善，住房成套率大幅度提高，重点镇新建住房10.2万套，新型农村社区新建住宅30 515套（间），改建住宅22 277套（间），搬迁入住25 111户9.3万人。

（六）绿色发展，践行生态文明新理念

延安市深入实施"陕北高原大绿化"工程，加快树种结构调整，开展林分改造，突出抓好天然林保护、三北防护林、千里绿色长廊、新一轮退耕还林、1000 万亩长青生态林等林业重点工程，切实提高森林质量，实现资产化、价值化、交易化。以南部天然次生林为重点，强化资源保护，提升森林质量和生态功能，建设生态保护区；以白于山区、黄河沿岸为重点，营造防风固沙林、水土保持林和特色经济林，建设生态治理区；以各县县城、重点乡镇、重点社区和重要景区为重点，建设各类公园绿地、生态绿地，增强绿地服务功能，建设生态优化区。完成营造林 505 万亩，积极推进黄陵桥山森林公园、黄龙山国家森林公园等建设，建设山青、水净、坡绿、天蓝的自然生态环境，使延安成为西部地区生态环境最优的城市之一。同时加强城乡环境综合治理，加快实施延河、洛河、秀延河综合治理，加强饮用水源地环境保护，加大推进雨污合流制排水系统改造力度，提高城镇污水收集的能力和效率。加强工业固体废弃物、生活垃圾、建筑垃圾等处理处置设施建设，推进废弃物资源化和无害化。加强对建筑施工、工业生产和社会生活噪声的监管，创建安静生活环境。深化农村环境综合整治，推进农业清洁生产。

六、桂西模式

桂西地区是指地处广西壮族自治区西部河池、崇左、百色的三个市区的30 多个县城，总占地面积 8.71 万平方公里，拥有丰富的自然资源和优越的地理位置，且拥有巨大发展潜力的资源富集地区，也是我国西部大开发中重要的能源资源富集地区之一。桂西地区虽资源丰富、资源产业发展迅速，但生态环境脆弱，城乡发展差距大。所以，资源产业反哺农业、加强城乡基础设施与公共服务以及推动生态建设是该地区实现城乡一体化和走出贫困的必然选择。

（一）资源产业反哺农业

依托丰富的资源优势，桂西地区资源型产业快速发展，并反哺农业发展，使得广大农村居民和城镇居民一样享受现代化成果，最终形成了用资源产业带动农业、农村发展的机制。创新农业经营发展模式与体系，积极倡导和鼓励农民将土地和林地的经营权在公开市场上进行流转，加强其与家庭农场、农业企业、专业大户以及农业合作社之间的经营权交易与合作。鼓励农民将储蓄的资本投入发展良好的现代种养殖业。同时鼓励农民将土地和林地进行集中管理与经营，有效提高整体管理效率与专业化。鼓励第一产业即农林畜牧以及水利事业单位和国家干部职工发挥自身优势与能力，带薪创业，对大力发展农村产业起到示范带头作用。增强农村不动资产变资本能力与经济发展的活力，尤其是农村土地使用权与宅基地财产权的抵押、转让，建立完善的农村产权流转交易市场，保证农村产权的流动性。不断完善桂西地区农产品供求信息与交易机制，建设良好的市场信息公共服务平台，同时加强农产品市场与省内外大市场以及网络农产品销售市场的对接。加快人口城镇化进程，推动县城和乡镇中心协调发展、产业和城镇融合发展。

（二）加强城乡基础设施建设与公共服务

不断加快城乡交通、住房、学校以及医院等基础设施的完善，以及水、电、气等基本生活需求，据统计，2015 年桂西地区的城镇自来水普及率达到93％，燃气普及率也达到了 90％以上。同时逐渐完善互联网、文化活动室、健身广场以及商业网点等现代化服务设施建设。垃圾、污水处理率也不断提升，2015 年分别达到了 80％、75％以上。此外由于城乡二元结构的长期存在，中国城镇和农村享受的社会保障也存在着严重的分割，尤其是桂西地区很多农村仍未脱离贫困，所以覆盖的各项保障制度也在不断增加，比如职工医保、养老保险等。进一步完善医疗救助、慈善救助、贫困生资助等社会扶助体系，保障城乡弱势群体的基本生活。建立住房保障体系，给予进城农民在城里住房得到适当优惠政策与补助。推进城乡教育均等化，加大农村的教育投入；加强医疗体系的改革，基本上解决农民看病难、看病贵等问题，极力消除一切农民的歧视政策，实现城乡一体化的可持续发展。

（三）推进生态建设，加强环境保护

桂西地区是我国重要的资源富集区，但也是生态脆弱区，为此桂西从国家和省级重点生态项目着手，不断加强绿化造林与自然风景区的保护以及湿地生态系统、山地植被、矿山生态的修复，并且在重要的生态区继续实行退耕还林还草政策，提高森林面积的覆盖率。保护桂西地区生物的多样性，着力生态功能的提升与生态环境的改善。同时在生态退化问题突出的地区实行生态移民政策，改善生态脆弱区生态环境。扩大森林公园、湿地公园等园林的绿化面积，加强城乡居住环境的改善与城乡统筹发展。

七、遵义模式

遵义市地处贵州省东北部，资源较为丰富，其中水能、煤炭、旅游资源优势较为突出。遵义的农业发展水平较高，粮食、茶叶、牲畜、烤烟等主要农产品产量占到全省水平的近1/3。并且遵义市是我国著名的酒乡，盛产的茅台酒中外闻名。2001年年初，遵义提出"富在农家、学在农家、乐在农家、美在农家"的"四在农家"发展模式，并进行了示范推广。"四在农家"模式中的四个要素中，"富"是核心，遵义市积极实施了"多予、少取、放活"等惠农政策，大力发展现代农业，优化产业结构布局，充分利用当地资源优势，发展新型产业，开拓市场，实现让农民致富的目标；"学"是根本，即引导农民掌握科学技术和文化知识，普及法律常识，培养新型农民；"乐"是动力，即鼓励农民参加一些丰富多彩的文体活动，提高农民的幸福指数。在这方面，遵义市积极开展了有益身心健康的文娱类和体育类活动，加强了丰富农民的精神生活的公共娱乐设施建设，并完善了农村公共服务，构建了医疗保障体系；"美"是目标，不仅指改善农村生产生活环境，还包括树立农民正确的价值观，实现心灵美。在这方面，遵义通过改造公路、电网、农村饮水、农田水利等加强了农村的基础设施条件；通过实施退耕还林政策，保

护生态环境；通过"关爱留守儿童、关怀空巢老人、关心务工农民"的"三关工程"提高农村的精神文明水平。

"四在农家"模式提出至今已经十余年，遵义市经济水平迅速提升，农村发展态势良好，城乡差距明显缩小。根据城乡一体化水平测度结果显示，遵义市 2015 年城乡一体化发展水平位列全省第二。2001 年遵义市 GDP 总值是 252.75 亿元，2013 年总值增长了 8.6 倍，达 2168.34 亿元。人均 GDP 从 2001 年的 3500 元增至 2013 年的 35 123 元。三次产业结构从 2001 年的 32.7：36.3：31 调整到 2013 年的 16.1：44.8：39.1，第一产业所占比例下降，第三产业大幅度提升，构建了新型产业结构布局。2001 年的城乡居民人均可支配收入仅为 2015 年的 2/7，农民人均纯收入不足 2015 年的 1/2，城乡居民收入比从 2001 年的 3.2 扩大到 2008 年的 3.8，至 2015 年下降到 3.0。财政总收入从 2001 年的 26.88 亿元增加到 2015 年的 432.24 亿元，增长了 16 倍。从上述数据可看出，"四在农家"模式的开展不仅促进了遵义市整体经济水平的提高，对城乡一体化的发展也有一定的促进作用。主要表现：①显著的农民致富促进效应。农村基础设施得到改善，农民的生活条件普遍提高。通过培养新型农民，提高农民的综合水平，从而利用当地优势，探寻致富之路。②农村内需拉动效应。农民人均收入水平提高了，自然增强了购买力，政府对基础设施的投资，也会带动农民的投资和消费。③城镇建设的推进作用。通过城镇设施向农村的转移，农村公共服务的建设，推进了城乡发展一体化。

遵义市的"四在农家"模式，不仅为农村居民打造了良好的居住环境，营造了优美的生态环境，为构建新型生态产业体系奠定了基础，有效提高了遵义农村经济的综合实力，缩小了城乡差距，有利于实现统筹城乡经济社会一体化关系。

综上所述，由于西部几个主要资源富集区在资源禀赋、政策支持、产业发展、城乡问题等方面的差异化，各个地区所得出的城乡一体化成功经验也有所区别，总体而言，在推进城乡经济社会一体化发展的过程中，各个模式都要求以工补农、以城促乡，加强新农村建设与新型城镇化的带头作用，实现城乡统筹发展；在农业方面，主要注重农业产业化与特色产业的发展，发挥龙头企业的示范带头作用；此外强调生态环境的美化与绿色发展，有效控制资源型经济的生态恶化。所以这几个模式的整体发展思路是一致的，不过在细节和具体行动过程中有所不同。

本章结合资源富集区陕西榆林市经济发展条件、产业结构、资源禀赋等实际情况，对榆林市 2006—2015 年的城乡一体化发展进行评价与模式探索。从计量结果来看，从 2006 年至 2015 年，榆林市的城乡经济一体化、社会一体化、环境一体化和空间一体化的指数都在不断上升，所以城乡一体化发展指数也一直呈现上升趋势，且上升速度较为平稳。但在四个维度指标中，环境一体化指数是最低的，这刚好也与榆林市的自然条件与生态环境相符合，也是资源富集区较为普遍的问题，但随着环保意识的觉醒，近年来榆林市政府也实行了一系列环保措施，整体生态环境有所好转，环境一体化指数也明显上升。总体而言，榆林市独特的城乡一体化发展模式和经验也有其他地区可借鉴之处。

（1）榆林市近十年城乡一体化发展水平稳步提高，这主要得益于 2006 年榆林市根据国家政策方针提出了《榆林市城市总体规划（2006—2020 年）》，并细化为统筹城乡发展的政策与细则措施，经过十年的改革城乡发展取得了一定的成效，但城乡一体化整体发展水平与东部发达地区还是有很大差距。

（2）城镇化是统筹城乡发展的重要路径。在资源富集区城乡一体化发展的几个主要模式中，无论是以工促农、特色产业带动还是新农村建设与新型城镇化建设并行，城镇化都是重要的实现路径与桥梁，也是城乡一体化中永恒的话题。其主要原因有以下两点：一是城镇化可以用最低的资源消耗和环境、经济代价快速实现城乡统筹发展，从而节约了大量资源与财力。二是上述的三种城乡一体化发展模式实质就是用工业化带动农业现代化、以城市发展带动乡村发展、工业化与城镇化的相互融合促进与补充，以人为本，实现城乡人口共同发展。

（3）西部资源富集区的城乡一体化虽取得一定的发展与成绩，但与国内其他资源富集区相比，仍有很大的差异。这与西部地区自身的自然条件、经济发展水平以及经济发展模式有密切的联系。就自然环境而言，西部地区生态环境恶劣，阻碍了城乡一体化进一步发展；就总体经济发展水平而言，西部地区是我国经济发展较为落后的区域之一，与东部地区和中部地区差距大；

就经济发展模式而言，西部地区尤其是资源富集区大多实行以资源为主的粗放型经济发展模式，使得生态环境更加恶化，如此恶性循环，所以要实现可持续的城乡发展，必须采取集约型的发展模式，同时要加强生态环境保护。

第五章 西部地区农业区统筹城乡经济社会一体化模式与经验

我国是以农业为主体的国家，农业在我国有着举足轻重的地位，农业区域城乡统筹一体化是城乡一体化的必经之路。而我国西部自古以来农业资源较为充足，拥有一批独特的北方农作物产区，在我的农作物生产版图中占有一席之地。新中国成立后一段时间，严格的城乡分离产业政策人为地使非农产业所需的设施和技术从农村分离出来。重工业和城市发展摆在优先位置，农业农村的制度供给和经济支持跟不上，导致城乡差距拉大、轻重工业发展不平衡，使得我国国民经济健康快速发展和社会稳定受到一定程度的影响。本章主要从城乡一体化模式的视角出发，对西部农业区城乡发展总结出经验模式，为城乡一体化差异性研究奠定基础。

第一节 农业区的含义、划分依据

农业具有生产多样性特征和典型的地域性特征，农业区划分类型随着全国各地不同地区具体情况不同存在着很大差异，各农业区综合分类要依据农业区类型的划分。划分农业区要考虑多种因素，牵涉自然差异的特点，并在空间上呈现成带成片。农业区域划分和农业生产类型研究在我国具有特殊的地位。新中国成立以来，从20世纪50年代至80年代末，国家始终将农业区划列为中长期战略，农业区区域划分研究工作在全国范围内进行过多次研究，包括各省、自治区、直辖市和市县级单位都对该项工作做出很大贡献。各地区均设立了专门进行农业区区域划分研究单位和部门。

农业区形成的主要因素：①自然因素。当地资源禀赋和地理气候决定农业活动分布界限；②市场因素。产品差异化和农业区分化随着自给性和商品性农业生产产品的增加而逐渐成熟；③区位因素。农业区随着基础设施条件的改善和城市需求的增加发生变化，并且关联距离市场远近的相对区位；④文化因素。各个地区不同的民族地域文化风俗对农业区的划分同样举足轻重。

气象学是农业区概念的来源，1884 年德国气象学家对全球气候变化进行系统性研究，气候区的概念被首次提出。地理学家赫特纳（Hettner，Alfred）受到气候区概念的启发，来了灵感，他在 1908 年在《区域地理学基础》一书中将自然区划分这一概念首次提出。在近代，俄国 K. И. 阿尔谢涅夫（Alcher Neff）最早进行农业区划分研究，1818 年他首次把广袤的俄罗斯土地划分为十个"经济区域"。1927 年，司徒登（Studen）通过对农业经营生产结构研究，发表通过新的集约化、耕种方式对农业区域进行划分的观点。而欧洲、北美洲大陆的农业区则分别于 1925 年、1926 年被两位科学家约纳森和贝克（Lonassen and Baker）进行了划分工作。等值线划分法的技术被哈慈霍恩和迪肯（Hatzihorn and Deacon）运用，二者对欧洲和美洲大陆农业区域进行划分。中国地区的土地于 1937 年被美国科学家卜开（Bukai）划分为两大农业区和八个较小的区域。因此，农业区划分理论在世界范围内得到认可和较快发展。

1936 年胡焕庸在《中国之农业区域》一文中首次提出了中国农业区划分方案。改革开放后，农业区理论研究逐渐复苏。1955 年我国著名经济地理学家周立三先生在《中国农业区划分意见》一书中，把全国范围内地区划分为六大农业地带（华北农业地带、华中农业地带、中南农业地带、东北农业地带、西部农业地带和海洋农业地带）16 个农业区。[①] 邓静中提出农业区域划分的目的是区分同一个地区内部的差别和归纳它们的相似性，并且邓静中在著作《中国农业区划分方法论研究》中将我国农业区划分方法科学化。[②] 李应中主编《中国农业区划分学》一书中，提出的划分农业区的方法、理论、理念和概念都对我国的农业区划分理论有重要而深远的意义和积极的借鉴意

---

① 周灿芳：《我国区域农业规划研究进展》，《广东农业科学》2010 年第 6 期。
② 邓静中：《全国综合农业区划的若干问题》，《地理研究》1982 年第 3 期。

义。① 唐华俊、罗其友运用农业生产的发展规律和农产品的生长规律，在优化农业布局和农业区规划方面提出了一些有重要意义的理论②。在这些理论提出后，二人又在《农业区域发展论》这本著作中结合我国的开放条件，提出我国的农业区域划分发展理论应该从六个角度入手。

国内外的学者对农业区划分的研究都不同程度取得了一些进展，由于各国的国情和科学技术发展水平的不同，对农业区划分和农业区划分方法论的研究程度也不同。美国是世界上农业最发达的国家，农业科学技术也领先于其他国家。因此美国的农业区区域划分是根据专业化来划分的：根据地理形状和气候划分为东南、东北、南、中北、西、北和中东农业区七大地域，根据农作物种植类型划分为棉花产区、牧区、特种作物产区、谷物饲料产区、水果蔬菜产区、小麦产区和综合经营区、季节性牧区和非农业用地 9 个主要农作物带。20 世纪 70 年代法国农业学家约瑟夫·克拉兹曼（Joseph Klaz Mann）的著作《法国农业地理》是法国农业区划分的依据，该书中根据法国的自然地形和法国的农业种植条件、农业经济效益差异的多少把法国全境划分为 8 个农业大区和 24 个次级区。③ 由于历史等原因，中国的农业区域划分研究工作从 20 世纪 30 年代开始，于 1981 年编写《中国综合农业区划》一书，形成了沿用至今的我国农业区划分，把全国范围内的土地划分成 9 个农业区（东北、内蒙古长城沿线、黄海及淮海、黄土高原、长江中下游、西南农业区、华南农业区、甘肃新疆农业区、青藏高原农业区）和 38 个二级区。

因此，我国的地理条件具有独特性，仅仅西部地区十二省（市、区）的农业区域就十分巨大。此外我国西部地区地理环境差异十分显著，本章将我国西部划分为 4 个农业区，即黄土高原农业区、西南农业区、甘新农业区、青藏高原农业区，根据具体农业区情况提出合适的发展模式。

---

① 李应中：《中国农业区划学》，中国农业科技出版社 1995 年版，第 1—10 页。
② 唐华俊、罗其友：《农产品产业带形成机制与建设战略》，《中国农业资源与区划》2004 年第 2 期。
③ 张晴、罗其友：《浅谈国外农业区域研究》，《世界农业》2007 年第 10 期。

第二节　西部农业区的分区依据、特点

我国从东到西、从南到北，农业区的地域差异显著。根据全国陆地共划分为 9 个一级农业区，38 个二级区，对我国的农业区进行划分，划分基准是《中国综合农业区划分》这本著作。由于本章是研究我国西部农业区，再根据西部农业区城乡一体化发展方式，并根据农业生产自身的特点、地理环境、资源禀赋等的相似性，在此将我国西部地区划分为四大农业区，即黄土高原、西南、甘新和青藏高原农业区。

根据《中国统计年鉴 2016》数据显示，东部 10 省人口占全国人口总数的41%，国土面积仅占全国的 9.5%，GDP 总量却占全国的 58%；而西部地区拥有全国 27% 的人口仅创造出占全国 21% 的 GDP，西部地区 71.5% 的土地仍然停留在粗放型农业生产模式。西部地区集中了我国大部分农业区，上亿的农业剩余人口是否可以在城市和农村之间自由流动，实现人口高效率迁徙。在面积巨大的农业区如何进行农业生产作业，对西部农业地区直至全国范围内的城市化水平提高是否具有促进作用？接下来具体阐述西部地区各农业区的基本情况和目前城乡一体化发展水平。

一、黄土高原农业区

陕西北部和内蒙古部分地区的黄土高原是世界上黄土覆盖面积最大的高原，位于我国中部偏北地区、黄河中上游等地。本章根据实际情况进一步将黄土高原农业区划分为五个次级区，分别是秦岭以北的陕西中北部、甘南自治州以北和乌鞘岭以东的甘肃东南部的平凉、庆阳市，宁夏东南部的盐池、固原两县和同心组成的宁夏南部山区、青海湖东湟到同仁地区组成的内蒙古东北部的准格尔旗、林格尔旗和清水河县组成的内蒙古南部三旗县，本地区包括我国西部五省地区，是全国农业区范围内的主要区域之一。

黄土高原农业区的自然环境特征。本区域植被稀少，被大量远古时期就

存在的黄土层所覆盖，全地区平均海拔一千到二千米左右，温带大陆性季风气候是本地区的主要气候类型，降水和气温由东南向西北逐渐减少，夏秋多雨炎热、冬春干燥寒冷。

黄土高原农业区历史上森林茂密，地域广阔。虽然本地区由于历史和自然环境的原因形成大量的黄土层，这对于农业耕种十分利好，为农业和旱地养殖业提供了有利条件。然而，由于盲目垦荒、历史战乱和矿产资源开发严重破坏了高原植被，加之黄土的土质疏松，水土流失十分严重，黄土高原成了千沟万壑的地貌。本地区只有极少数河川地形和关中平原这类的平原地区，其余的将近八成面积的土地都属于山地、高原、沟沟壑壑的丘陵地形。例如陕西省总面积的37%为山地，46%为丘陵和黄土高原，而仅仅20%的土地面积属于平川地形。

农业生产发展现状。本地区农业生产发展主打种植业和畜牧业，总播种面积的80%为粮食作物，22%的畜牧业和仅为3%的林果业。平坦耕地多位于沟谷或小型盆地，所占面积一般不到10%，绝大部分耕地分布在小于35°的斜坡上，地块狭小分散难以进行水利化和机械化作业。此外本地区多高原山地相比于农耕更适合于林牧业，并且受到传统农业生产经营意识约束，开垦过度等不合常理的土地使用方法造成土壤肥力下降和水土流失，也阻碍着本地区农民生活水平的提高。

城市化进程。黄河流域为中华文明发源地，黄土高原是中华民族的摇篮。随着生产力的发展，黄土高原农业区由经历了农业聚居区-村落-城镇-城市的发展历程，改革开放以来这种发展速度与日俱增，而且随着我国现代化程度的不断提高，这些地区的现代化发展也取得了长足的进步。受到局限的是黄土高原农业区的地形地貌，地形地貌割裂着本地区的城镇化发展，各城镇不能连成片发展。此外我国由于历史原因，形成了东西部发展差异较大的局面，东西部本身的发展不平衡造成了东西部之间城镇化发展水平的不平衡，所以西部地区的城镇化受到西部地区经济发展水平的影响。为了达到经济平衡发展、缩小东部与西部、城镇与农村差距的目标，陕北地区于1999年率先实行退耕还林工程。没有良好的生态环境经济发展无从谈起，所以陕北地区开始大力着手改善当地生态环境。国务院于2000年成立西部大开发领导小组全力支持发展西部地区,本地区借着国家战略从生态、科技、经济、教育等各方面使自身得到发展。而且黄土高原地区拥有大量质优、易开采,污染小的煤炭资源。我国正将陕北地区建设成为重要的能源化工基地,使得形成城乡统筹发展、工业反哺农业的新型关系。

2006年至2015年本地区总体经济增长迅速与区域经济发展不均衡、不稳定的状态并存(如图5—1示)。陕北搭乘煤炭资源开采快车,GDP迅速腾飞,但是陕北地区贫穷已久,而且本地区城乡发展不平衡性名列全国前列,富裕的极富裕,贫穷的极贫穷。与此同时,通过数据研究发现,该区域中,宁夏南部最为落后贫穷,且居民生活水平整体较差,收入不高,特别是宁夏南部山区自然环境恶劣,地表形态复杂多样。内蒙古是本地区发展最好的地区,宁夏南部和内蒙古地区相比,居民生活水平差距很大。从恩格尔系数来看,城乡恩格尔系数从小到相等再逐渐扩大,即从2006年相差不到一个百分点,到2011年相等,再到相差4个百分点左右。(见图5—2)。

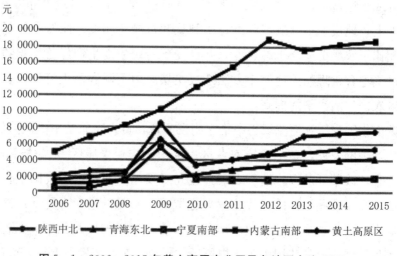

图5—1 2006—2015年黄土高原农业区及各地区人均GDP

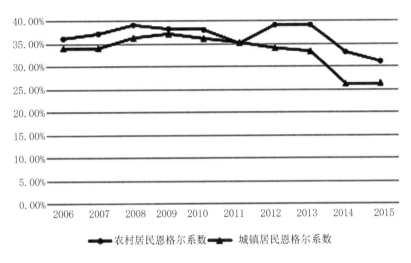

图 5—2 2006—2015 年黄土高原农业区城乡恩格尔系数

二、西南农业区

西南喀斯特地貌农业区位于秦岭以南，广西百色、云南新平、盈江以北，属于我国第二级阶梯，主要区域海拔 500 至 2500 米，是以山地丘陵为主的农业和林业生产区域，本地区占地面积占全国总面积 11％，包括重庆市、陕西陕南地区和甘肃陇南，还有贵州全省，云南、四川大部分地区都包括在内。

自然环境特征。本地区属喀斯特地貌区，山地、丘陵、高原和平原河谷相间分布，为农林业生产种植提供有利条件。该地区山地占总面积的71.7％，高原和丘陵占 23.4％，平原和坝子所占面积最小。其中云贵高原以石灰岩分布广、厚度大、喀斯特峰林密布形成的喀斯特地貌成为我国喀斯特地貌的主要地区，贵州 73％的面积为喀斯特地貌区域。四川盆地、安康盆地和汉中盆地是本地区农业核心区，这些地区土壤肥力高，水资源充裕、水田比重高。云贵两地，农业的主要生产基地是坝子。总之，本区人均耕地面积少，地形较为陡峭，平整的土地十分稀少，再加上每年雨季强降水集中和没有节制的开发，成为仅次于黄土高原的水土流失地区。

西南农业区在季风和地形的影响下，全年气候宜人，降水量充足。本地区气候属于亚热带山地气候，垂直差异显著，因此冷暖气流交替碰撞带来的降水在该地区形成庞大的水系，有利于农业和林业的灌溉。但是，本地区多山地丘陵，少平原的地形特征给水利灌溉设施的建设带来巨大的困难。

农业生产发展现状。种植业是本地区主要的农业生产方式，粮食作物的播种面积占了总播种面积的 3/4，四成的畜牧业占到全部农业的产值。本地区因为高原地貌分布较多的缘故，为立体农业林业的种植提供了极为有利的条件。水田主要在平原河谷地区，旱田在地势较高的山腰，林木分布在山顶，自然资源的丰饶为农业生产发展提供了极大的发展潜力。总体上，种植业主要分布于平原、盆地、丘陵，林木业主要位于山地高原。然而西南农业区总体农业基础薄弱、耕地质量欠佳，只有四川盆地拥有较为丰富和先进的农林灌溉设施，除四川之外其他地区则达不到这样的条件。此外该地区农村人口巨大，是这四个农业区中农村人口所占比重最多的地区，且少数民族聚居区较多、交通不发达、人口综合素质不高，使得农村经济难以健康快速发展。

城市化的发展。西南农业区城乡统筹发展水平存在较大差异，四川、重庆是发展最好的地区，以成都和重庆为中心确立的成渝经济区 2011 年正式成立，目的是使地区经济成为带动省市经济发展的火车头。成都和重庆于 2007 年获国务院批示，设立全国城乡统筹综合配套试验改革区，突破传统的城乡发展规划局限，推行实施城乡规划的一体化，形成了典型的"成都模式"为城乡一体化的推行提供了珍贵的发展经验。云南省推出"五四三"倍增计划，即城镇人口、地方生产总值和财政收入分别于五年、四年和三年内增长一倍。同时云南省推动小城镇经济的发展，以小城镇带动周边落后地区共同发展。

西南喀斯特地貌农业区总体经济发展水平稳定，经济在较高水平运行。全地区在 2006 年至 2015 年经济发展水平都稳中有升（如图 5－3 所示）。四川省于 2008 年 5 月 12 日汶川发生里氏 8.0 级特大地震，抗震救灾、抢险救援重建需要一定时日，因此导致四川省 2009 年经济发展水平有所下滑，但在 2010 年重新恢复增势。甘肃陇南社会综合水平最为落后，而相对的重庆最为发达。2015 年，重庆农村居民和城镇居民人均收入分别为 10 504.7 元、27 239 元，是甘肃陇南农村和城镇人均收入的 1.95 倍和 1.45 倍，因此可见本区域内不同地区之间发展水平存在较大差异。而从恩格尔系数看出，西南农业区城乡居民的恩格尔系数逐渐在下降且差距缩小，从 2006 年相差 10％到 2015 年缩小为 2％（见图 5－4）。

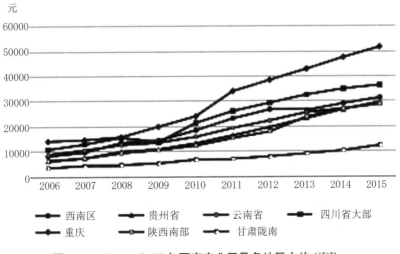

图 5－3　2006—2015 年西南农业区及各地区人均 GDP

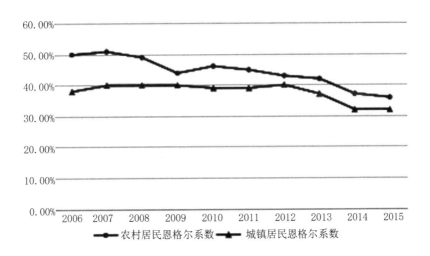

图 5－4　2006—2015 年西南农业区城乡居民恩格尔系数

三、甘新农业区

甘新农业区地处我国内陆腹地，位于祁连山-阿尔金山以北，包头-盐池-天祝一线以西，本章将甘新农业区划分为新疆全境、甘肃河西走廊（兰州、武威、张掖、酒泉和敦煌五市）、宁夏回族自治区的中部旱地区域和北部河川区域、内蒙古自治区西部地区（包括鄂尔多斯、巴彦淖尔、乌海和阿拉善盟四市）。甘新农业区地域广袤、人口稀少，并且有大量少数民族人口聚居，藏族、维吾尔族、哈萨克族、蒙古族和回族均有大量人口聚居于此。本地区的主要农业生产方式是荒地放牧和绿洲灌溉农业。

地理环境条件。大片高平原是本地区的主要地形，且本地区具有多样地貌类型、较大的地形起伏，比如最高海拔 8611 米的喀喇昆仑山脉，可是也有地势很低的地方，如吐鲁番盆地的艾丁湖水面则低于海平面 154 米。流沙堆积和大片裸露的戈壁滩是新疆东部南部、河西走廊西部的主要地形地貌，土地荒漠化积重难返，很多土地盐碱化。土地面积占全国土地总面积的 25%，全地区的 22.9% 和 49.3% 的土地被沙漠和盐碱耕地所占据，本地区内可供农牧业生产使用的土地稀缺，仅占 42.8%。本地区地处内陆且属于荒漠干旱型气候，海洋季风和暖湿气流极难抵达这里，导致这里将常年干燥缺水、温差较大、太阳辐射极强。本地区地域广袤人烟稀少，多个民族聚居于此，人口综合素质不高，再加上交通运输业现代化程度不高，使得农村工业十分落后。

农业发展现状。本地区由于地处内陆，全年降水稀少、气候干旱，因此农业生产发展主要依靠绿洲灌溉。绿洲地带主要分布于新疆境内，河西走廊的诸河流域平原，还有宁夏、内蒙古自治区境内的河套平原。甘新农业区牧草资源十分充裕，十分有利于畜牧业生产发展，本地区的畜牧业类型属于草原、荒漠放牧和绿洲地区畜牧业相结合的形式。这里的牧场草地广阔且草质优良，但每年季节性冬春时节优质草料匮乏阻碍了牧场健康发展。

甘新农业区城市化发展现状。本地区是欠发达的少数民族聚居区，城镇化水平十分有限，且城镇多建在绿洲地带，大多分布于公路、铁路和山麓沿线。城镇建设由于社会经济不发达而缺少资金，而且城镇数量极少。因此城镇辐射带动能力也十分有限,并且总体来讲本地区的人口素质与城镇人口素质尚且有一定的差距。本地区始终坚持实施工业和农业的新型现代化,推进城镇农村中小城市统筹一体化发展。比如,新疆维吾尔自治区不仅推动自身城镇化发展,还积极推动具有当地独特风格的"绿洲地区城镇化"和"新疆生产建设兵团城镇化"。将建设绿洲中心城镇和兵团城镇融入新疆的城镇化建设中去,打造连队驻地区域协调共同发展的新局面。

2006年至2015年内本区域内部经济发展不协调(如图5—5所示)。内蒙古自治区是"呼包银"经济带和"呼包鄂榆"经济开发区重要成员,且内蒙古西部黄河沿线和京包兰铁路有显著的地理位置优势,将鄂尔多斯和呼和浩特这样的中心城市发展起来带动临河、乌海这样的次级中心城市,打造西部经济发展区,使小城镇成为城镇体系的支撑。新疆维吾尔自治区2015年农村和城镇居民人均收入分别是9426元/人、24 276元/人,分别是内蒙古自治区的64%和82%,区域发展不协调、不均衡可见一斑。从恩格尔系数看,城乡的恩格尔系数差距不大,到城镇大于农村再到农村大于城镇直到城镇大于农村的恩格尔系数的不规则变化。(见图5—6)

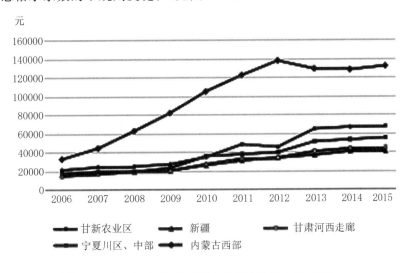

图5—5 2006—2015年甘新农业区及地区人均GDP

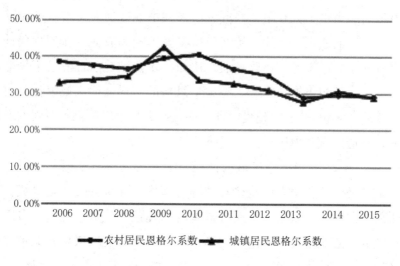

图 5—6 2006—2015 年甘新农业区城乡居民恩格尔系数

四、青藏高原农业区

青藏高原是世界上海拔最高、中国境内最大的高原地形的地区，本章将青藏高原农业区划分为包括西藏全部土地、青海省内除西宁和海东以外区域，甘肃境内甘南自治州和肃南、天祝两县，四川的阿坝州、甘孜州（该地区数据取得十分困难，本章没有选取数据计算）。本地区是我国重要的农牧区和天然林业区，共辖 146 个县市。

自然地理环境。本地区海拔较高，平均海拔 3000—6000 米，多为大面积山地高原。该地区是世界范围内农业区的一个特殊区域，地表地形条件复杂，气候环境因海拔的变化而变化剧烈。大量的河谷湖盆、山川丘陵由于山脉的切割而形成，地处高原主体区域（藏北、藏南、青西南高原）的湖盆河谷地势极高，海拔均在四五千米以上，沿着东北东南逐渐下降且地势开阔。该地区受海洋季风和西风的双重影响导致雨热同期、干湿交替。独特的地理位置因素造成不同地区降水量差异巨大，大多数区域降水普遍集中，再加上本地区空气稀薄，阳光资源充足、阳光辐射强劲，农用土地大幅增加，由于光水热资源的良好分布，农用地生产力也得以大幅提升。

本地区土地广袤，人烟稀少且分布不均匀，尤其北部地区近十万平方公里无人居住，而且交通运输十分不便，铁路运输只有青藏铁路通往西藏拉萨，其余绝大多数地区运输主要依靠公路，甚至牛羊运输仍然是当地的主力运输工具，县以下地区运输状况极差，遇到雨雪天气和滑坡泥石流等自然灾害运输更是十分困难。当地缺乏公路等基础设施，落后的交通运输使得当地经济发展举步维艰。

大量藏族人民长久以来聚居于青藏高原地区，当地藏民独特的生活环境造就了该地区独特的生产生活方式，而且受到本地区恶劣的自然环境、贫乏的自然农业资源禀赋和落后的经济发展，该地区的农业以传统农牧业为主。此外由于该地区地处高原寒冷地区，常年平均气温低于零摄氏度，因此像青稞、小麦，藏山羊、牦牛等适合在高寒地区存活生长的动物植物成为该地区特有的农业产业，即高寒地区农业。但是由于传统的耕种经营模式和片面追求数量的目标使得当地的种植业和畜牧业对农耕地和草地的利用效率十分低下。而且当地居民小农意识依然占据主流思想，缺乏现代商品经济思维，经济落后，缺乏先进的农业技术和生产工具。加之信息闭塞，交通不便，导致生产水平十分落后，总体社会经济生产水平欠发达。

本地区的城市化发展。本地区地处偏远山区，土地广袤人烟稀少。在新中国成立初期，本地区几乎没有城镇而且基础设施条件相当落后，公共设施极度缺乏，城镇化的概念几乎无从谈起。1978年改革开放以来，青藏高原农业区加大城镇化建设力度，加快城镇化建设进程，大力增加城镇化公共基础设施，对当地城镇进行新的规划布局，人口数量开始逐步增长，小城镇及小城市的规模开始变大。青藏高原的城镇化借着国家提出西部大开发战略开始驶入快车道。青藏铁路的投入建设大大提升了城市的总体开放程度。地处"一江两河"（雅鲁藏布江、年楚河和拉萨河）的拉萨和地处河湟谷地的西宁市尤为明显，这两个地区步入城市化的进程十分引人注目。

本地区自然环境十分严苛且十分不利于工农业发展，因此工农业及城镇化基础十分薄弱，经济发展及城镇化水平相较于其他三个区域较低，且发展速度缓慢。即便如此，本地区总体上经济发展和城镇化水平也在不断提升。青海西宁市地理位置位于海拔不高的河湟谷地地区，且该市经过长期发展具有一定的城镇化基础条件，西宁市的经济发展水平和全青藏高原农业区相比处于较高的水平。为了统筹西宁市城乡发展，强化西宁市的城市功能，提出了"一统三基"和"扩市提位"的发展战略①，该战略一定程度上对西宁市的城乡一体化建设有所帮助。甘肃甘南藏族自治州 2015 年农村居民人均收入和城镇居民人均收入分别为 5928 元和 19 656 元；而西藏农村居民人均收入为 8243.7 元，城镇居民人均收入为 25 457 元，西藏农村居民人均收入和城镇居民人均收入分别是甘肃甘南藏族自治州农村居民人均收入和城镇居民人均收入的 1.39 倍和 1.3 倍，青藏高原农业区与其他三个农业区相比，城乡差距较小。（图 5—7 所示）从恩格尔系数看，青藏高原农业区从有差别到没有差别再到二者差距的缩小（图 5—8 所示）。

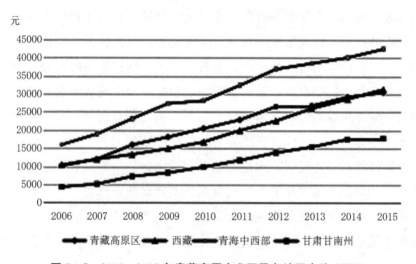

图 5—7　2006—2015 年青藏高原农业区及各地区人均 GDP

①　"扩市提位"即扩大城市规模、完善城市功能、优化城市环境、提高城市品位、增强城市吸引力和辐射力的建设思路，突出中心城区载体功能，营造城市特色。"一统三基"即加快统筹城乡一体化发展，做大做强基础产业，加快基础设施建设，强化基层基础工作。

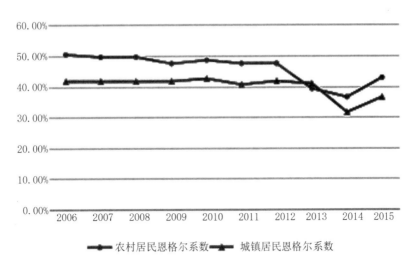

图5-8　2006—2015年青藏高原农业区城乡居民恩格尔系数

第三节　西部农业区城乡经济社会一体化发展水平测评

经过查阅研究大量已有研究成果，本章最终确定农业区城乡经济发展一体化、城乡生产发展一体化和城乡社会发展一体化3个二级指标。参照过往已有研究成果中出现频率比较高的指标并且根据具体研究对象选择出指标，通过和专家的交流咨询或合理的建议和意见最终对指标体系进行调整，选定18个三级指标。针对西部农业区的当地区域特点来映射城乡一体化的特征，对城乡一体化的测评状态加以基本的推断，希望总体上对我国其他区域的城乡一体化发展有一定借鉴意义。由城乡一体化发展指标体系的构建方法和原则，本章所选的城乡一体化指数具体涵盖城乡经济、城乡生产和城乡社会发展一体化三个方面的内容，每个方面的内容由若干相关基础综合指标进行反映。

一、西部地区城乡经济发展一体化指标

表现城乡经济发展一体化水平的指标主要有社会生产总值、当地金融市场结构、市场贸易结构、居民消费水平结构和居民收入水平。

当地居民人均国内生产总值（C_1）。一般可以直观反映一个地区的经济发展水平和当地居民生活水平。计算方法用该地区的生产总值除以该地区人口数，元/人是该指标单位；

城市农村人均收入比（C_2）。农村居民人均收入除以城镇居民人均收入的比值，该指标可以表现城乡发展的协调性和差距大小。

城乡居民人均支出比（C_3）。农村居民人均支出除以城镇居民人均支出，可以反映城乡居民消费水平之间的差异。

城乡消费品零售总额比（C_4）。农村消费品零售总额除以城镇消费品零售总额，这个指标可以反映城镇居民和农村居民的社会商品购买力差异状况。

城乡恩格尔系数比（C_5）。农村居民恩格尔系数除以城镇居民恩格尔系数，这个指标可以反映城乡居民日常生活水平的差异。

城市和农村人均储蓄额（C_6）。城市和农村总储蓄额除以城市和农村总人口。

二、西部地区城乡生产发展一体化指标

就业结构和产业是西部地区城乡社会一体化发展中存在主要差距的部分，农业区是本章所要研究的主要区域，因此根据西部农业区自身发展特点，再加入一些与农业生产种植有关的指标。

农业和第二产业产值比重（C_7）。农业产值除以第二产业产值，反映该地区的城镇化水平高低。

非农产业产值比重（C_8）。第二、三产业总值除以国内生产总值，该指标反映非农产业在总产值中的所占比重，反映不同地区城镇化差异。

非农业就业比重（C_9）。本区域非农业产业就业人数除以本区域全部就业

人数，该指标可以有效反映城乡就业结构之间的差异。

农用机械总动力（C_{10}）。广义上某一区域内全部农用机械的总动力，该指标反映所研究地区的农业现代化程度，单位为万千瓦时。

有效灌溉面积（C_{11}）。本区域一般情况下可以进行常规灌溉作业的耕地面积，且水力来源可靠、基本设施配套完善。该指标反映当地更低的抗旱能力，单位为千公顷。

农作物总播种面积（C_{12}）。当地实际播种或进行移植栽培的农作物总面积，该指标表示某地区总的农业种植业规模，单位为千公顷。

三、西部地区城乡社会发展一体化指标

城乡社会发展一体化主要表现在城镇农村总体发展情况、当地的城镇化发展程度以及当地镇乡村医疗卫生、城镇乡村交通运输情况、城镇乡村居民生活水平等方面。

城镇化率（C_{13}）。区域内城镇人口总数除以区域内全部总人口数，该指标反映一个地区的空间人口结构状态并且衡量当地城镇化发展水平的高低。

城市农村居民财富积累差异倍数（C_{14}）。计算方法：（农村人均收入−支出）/（城镇人均收入−支出），该指标反映城镇居民和农村居民财富积累方面的差异。

城乡居民家庭医疗保健支出比重比（C_{15}）。该指标计算方法：农村居民家庭医疗部分支出除以农村居民家庭总支出/城镇居民家庭医疗部分支出除以城镇居民家庭总支出，该指标反映医疗卫生资源在城镇和乡村之间配置的失衡程度，是衡量城乡之间公共服务工作是否完善的主要指标之一。

农林水利支出占财政支出比（C_{16}）。计算方法为当地区域内农林水利总支出金额除以区域内财政总支出金额。该指标反映为支持本区域内农林水利事业稳定发展的投入程度。

铁路网密度（C_{17}）、公路网密度（C_{18}）。计算方法为本区域内铁路里程数除以本区域总面积、本区域内公路里程数除以本区域总面积。这两项指标都属于交通网密度，反映一个地区基础交通运输设施的发达程度，城乡一体化

发展随着交通网密度的增加而快速发展。该指标的单位为公里/百平方公里。

上述18项指标，数值越大表明城乡一体化程度越高，城乡之间差异则越小，这18项指标均为正项指标。

本章所选取的西部地区农业区城乡经济社会一体化指标，如表5－1所示。

表5－1　我国西部农业区城乡一体化发展水平指标

目标层	准则层	指标层	单位
城乡发展一体化（A）	城乡经济发展一体化（B₁）	人均国内生产总值（C₁）	元
		城市农村人均收入比（C₂）	%
		城市农村人均支出比（C₃）	%
		城市农村商品销售总额比（C₄）	%
		城市农村恩格尔系数比（C₅）	%
		城市农村人均储蓄额（C₆）	元
	城乡生产发展一体化（B₂）	第一、第二产业比重（C₇）	%
		非农业产值比重（C₈）	%
		非农产业就业百分比（C₉）	%
		农村生产用机械总动力（C₁₀）	kw/h
		有效灌溉面积（C₁₁）	hm²
		农作物总播种面积（C₁₂）	hm²
	城乡社会发展一体化（B₃）	城镇化率（C₁₃）	%
		城乡居民财富积累差异倍数（C₁₄）	
		城市农村家庭医疗保健支出占总出比重之比（C₁₅）	%
		农林水利占财政总支出百分比（C₁₆）	%
		当地铁路网的密度（C₁₇）	km/100km²
		当地公路网的密度（C₁₈）	km/100km²

四、西部农业区城乡经济社会一体化发展水平测度

层次分析法、灰色关联分析法、综合指数法、主成分分析法和聚类分析法等方法是用于城乡一体化发展的测度模型。本章选用层次分析法对西部农

业区城乡发展一体化水平进行测度。

自上而下根据层次结构模型逐层建立判断矩阵。相邻上一层元素是每一层各元素的准则，两两比较的方法根据1～9的标度得出。在实际的操作过程中，各判断矩阵的赋值需要经常反复询问研究领域的专家来得出。在构造判断矩阵时，本章参考白永秀教授编著的《中国县域城乡发展一体化水平评价报告2013》，该书明确阐释了基础指标在城乡发展一体化指标权重中的排序[1]。

要得出层次单排序权重向量，需要求解最大特征值对应的特征向量，再进行归一化处理。客观性是判断矩阵结果的一大特征，所以一致性检验分析是必要的，不符合检验结果的，需要修正判断矩阵。看其一致性检验是否达到合格要求要通过计算一致性指标。只有通过，才能对结果做进一步分析，计算公式为：

$$CR = \frac{CI}{RI} \tag{5.1}$$

其中 CR 为检验系数，当 <0.1 时，通过一致性检验，为一致性指标。

计算公式为：$CI = \frac{(\lambda_{max} - n)}{(n-1)}$ (5.2)

其中 λ 为判断矩阵的最大特征根，n 为成对比较因子的个数。

RI 为随机一致性指标，通常来说，矩阵阶数越大，一致性随机偏离的可能性也越大，计算结果如表5—2所示。

表5—2　平均随机一致性指标[2]

n	1	2	3	4	5	6	7	8	9	10	11	12	13	14
RI	0	0	0.52	0.89	1.12	1.24	1.36	1.41	1.46	1.49	1.52	1.54	1.56	1.58

根据李荣钧等编著的《运筹学》，计算层次分析法指标权重有最小二乘法、特征向量法、算术平均法和几何平均法4种方法。算术平均法，权重的

[1] 白永秀、周江燕等：《中国省域城乡发展一体化水平评价报告2013》，中国经济出版社2013年版，第59页。
[2] 注应洛：《系统工程》第二版，机械工业出版社2003年版，第130—140页。

分配情形在判断矩阵中的每列都近似地被反映，因此估计权向量可以采用全部列向量的算术平均值，公式为：

$$\alpha = \frac{1}{n} \sum_{j=1}^{n} \frac{\beta_{ij}}{\sum_{k=1}^{n}}, \ i = 1, 2, \cdots, n$$

步骤：1. 归一化 W 的元素；计算出 $\beta_{ij} / \sum_{k=1}^{n} \beta_{kj}$

2. 将归一化后的各列进行加法处理；

3. 相加后的向量得到总量再除以 n 就可以得到权重。

判断矩阵的构建需要用到 yaahp Vertion7.5（Yet Another AHP）软件，与此同时要通过一致性检验。并且计算各层的指标对于其上一层指标的权重，各指标的权重如表5－3所示。

表 5－3　西部农业区城乡发展一体化各指标权重

目标层	准则层	准则层指标权重	指标层	指标权重
城乡发展一体化（A）	城乡经济发展一体化（B₁）	0.428	人均 GDP	0.155
			城乡居民人均收入比	0.137
			城乡居民人均生活消费支出比	0.058
			城乡消费品零售总额比	0.024
			城乡居民恩格尔系数比	0.038
			城乡居民人均人民币储蓄存款余额	0.017
	城乡生产发展一体化（B₂）	0.428	第一、第二产业比重	0.095
			非农业产值比重	0.097
			非农业就业比重	0.170
			农业生产农用机械总动力	0.037
			农业生产种植有效灌溉面积	0.012
			农业生产农作物总播种面积	0.017
	城乡社会发展一体化（B₃）	0.144	城镇化率	0.014
			城市农村居民财富积累差异倍数	0.007
			城市农村家庭医疗保健支出比重之比	0.018
			农林水利支出占财政支出比重	0.004
			当地铁路网密度	0.050
			当地公路网密度	0.050

将构建评价指标体系作为基础，对西部农业区进行量化分析，将西部农

业区 2006—2015 年 10 年时间的城乡一体化评价指数计算得出,2006 年的数据为基期数据。指数的计算公式为:

$$城乡一体化评价指数 = \lambda_m \sum_{i=1}^{n} \left(\frac{C_{it}}{C_{io}} \right) \alpha_i, \quad m = 1, 2, 3$$

其中 C_{it} 是指标 C_i 第 t 期的值;C_{io} 是指标 C_i 基期 2006 年的值;α_i 是指标 C_i 的权重,λ_m 是西部地区的基准值;n 是指标的个数。西部农业各区城乡一体化评价指数的计算结果如表 5—4 和表 5—5、表 5—6、表 5—7 所示:

表 5—4 西部各农业区城乡经济社会一体化综合评价指数

	2007	2008	2009	2010	2011	2012	2013	2014	2015
黄土高原农业区	39.98	39.02	40.82	43.36	44.03	48.91	54.48	57.79	62.33
西南农业区	40.00	44.96	46.16	49.42	52.20	55.52	58.21	60.33	64.38
甘新农业区	39.75	41.08	42.29	47.83	53.49	50.44	56.15	56.79	58.81
青藏高原农业区	38.96	43.10	44.21	47.47	51.74	53.41	55.01	55.49	59.72

表 5—5 西部各农业区城乡经济发展一体化指数

	2007	2008	2009	2010	2011	2012	2013	2014	2015
黄土高原农业区	19.84	19.47	21.78	23.35	24.64	28.87	36.19	38.43	40.27
西南农业区	18.50	23.07	23.47	26.13	31.29	34.3	34.66	37.10	40.34
甘新农业区	19.18	19.68	21.46	26.96	32.37	28.36	33.52	33.77	35.32
青藏高原农业区	17.94	19.92	21.87	23.65	27.55	28.56	29.16	30.88	33.13

表 5—6 西部各农业区城乡生产发展一体化指数

	2007	2008	2009	2010	2011	2012	2013	2014	2015
黄土高原农业区	17.25	16.35	15.65	16.49	15.82	16.37	14.43	15.25	17.94
西南农业区	18.50	18.69	19.38	19.84	17.40	17.27	19.83	19.49	20.16
甘新农业区	17.31	18.34	17.77	18.13	17.99	18.88	19.27	19.49	19.90
青藏高原农业区	17.74	19.82	18.82	20.20	20.40	21.05	21.35	20.94	22.97

表5—7　西部各农业区城乡社会发展一体化指数

	2007	2008	2009	2010	2011	2012	2013	2014	2015
黄土高原农业区	39.90	3.20	3.39	3.39	3.57	3.67	3.86	4.11	4.12
西南农业区	40.00	3.20	3.31	3.31	3.51	3.95	3.72	3.74	3.80
甘新农业区	39.75	3.06	3.06	3.06	3.13	3.20	3.36	3.53	3.59
青藏高原农业区	38.96	3.36	3.52	3.52	3.79	3.80	4.50	3.67	3.62

五、西部农业区城乡经济社会一体化评价结果分析

经过分析2006年至2015年，本章所划分的西部四大农业区的城乡一体化评价指数，通过计算指数可以得出，西部四大农业区的城乡一体化发展取得了很大进步，但仍然存在进一步提升的可能性，令人遗憾的是整体水平还是不高。此外，区域和区域之间、各个地区内部发展不平衡问题仍然十分突出。由表5—4和表5—5、表5—6、表5—7的数据可得出，这四个西部农业区的各方面城乡一体化评价指数远低于全西部地区的平均值。这是三方面的因素造成的现象：一是西部地区地形复杂，自然环境差，多山地、丘陵和河谷，再加上地处内陆腹地、交通运输业十分落后，城乡之间的交流通道和机制不畅通，科学技术、文化、管理经验等市场经济要素不能及时流动。此外，本地区工业和农业现代化远远没有达到全国平均水平，基础设施不完善，城乡经济发展受到社会和自然因素的双重制约。二是西部农业区长久以来一直进行传统的分散式的农业生产，缺乏现代集约化生产，现代农业企业的产业化经营，而且生产过程中资源浪费严重，生产效率令人不甚满意。西部农业区大部分地带由于过度使用化肥导致土壤肥力下降，不利于农业生产的可持续发展。三是西部农业区的工业发展城市依然是中心、传统的粗放式工业发展依然是主要方式，农村和小城镇并不能分享到城市的技术、资金和管理经验等工业发展资源，造成了工业废物流向农村，工业文明成果留在城市的畸形局面，城市和农村发展不协调、不和谐的趋势仍在继续，且差距仍有拉大的迹象。

在对各个年份的指数进行分析后得出，西部各农业区之间城乡一体化发

展不平衡的现象依然存在。总体来说，西南区城乡一体化发展比较好，黄土高原区发展较为落后，2008 年黄土高原区城乡发展一体化指数为 39.02，第一名的西南区为 44.96，是青藏高原区的 1.15 倍。但黄土高原区发展迅速，城乡发展指数不断增长，2014 年与 2015 年城乡一体化发展指数都名列第二。2007—2015 年，除 2011 年外，西南区城乡发展一体化指数都名列第一名，城乡一体化发展稳定，2015 年城乡发展指数达到 64.38。而青藏高原区与甘新区城乡发展比较平稳，指数排名处于四个农业区的中间名次。西部四大农业区中城乡一体化指数也表现出极不平衡的情况，西部农业区城乡社会发展一体化指数是其中差异较大的指数。西部四个农业区城乡社会发展一体化指数平均达到 3.5 左右，青藏高原农业区 2013 年城乡社会发展一体化指数达到 4.5，为四个农业区中最高。甘新农业区 2010 年仅为 3.06 的社会发展一体化指数为最低水平。青藏高原 2013 年城乡生产发展一体化指标为 21.35 是四个农业区中城乡生产发展一体化指标中最高的数字，黄土高原的 14.43 是最低时的数据，最高与最低二者相差近 1.5 倍。而且各区域内部城乡生产发展也极不协调，例如 2015 年的各个指数，西南农业区城乡经济发展一体化指数达到 40.34，为第一名，该指数是西南农业区城乡生产发展一体化指数的 2 倍之多；而第四名的甘新农业区其中两个指数竟然相差高达 1.77 倍之多。通过西部四个农业区的指数排名可以发现，城乡一体化评价指标在这四个农业区中的空间现象都是：东部比西部发达、南部比北部发达，该现象与我国整体国情和国民经济社会发展的趋势保持统一步调。推进城乡一体化发展需要坚实的城市发展基础、较为发达的城市经济、完善的基础设施配套。整体评价指数的提高在只有达到这些要求时才会提高。

第四节　西部地区农业区城乡经济社会一体化发展模式

中小城市群战略是实现我国西部农业区城乡一体化发展的一个战略核心，促使人地分离，人口由农村向城市迁徙集中。因为这四个农业区城乡发展的不协调特点再加上地区之间经济发展水平存在较大差异，这两个特点决定城乡一体化发展要采取多元化措施，多元化的发展道路。本章研究我国西部四个农业区的城乡一体化发展的自身因素、已有的研究经验和尚待改进的不足之处，得出相对适合本区域的城乡经济社会发展一体化的模式：黄土高原农业区发展模式、西南农业区发展模式、甘新农业区发展模式和青藏高原农业区发展模式。

一、黄土高原农业区模式

生态脆弱是我国的主要农业区——黄土高原农业区的典型特征，只有保持人口和生态环境可持续协调发展才能保证缩小城乡差距、促进城乡经济社会一体化发展。本区域内不受地形影响，城镇分布比较分散、不集中、城镇密度不高。而且经济支柱型产业十分单一、抗风险能力较弱；同时由于黄土高原农业区自身的地理因素存在环境承载力较差，因此大城市带动小城镇、小城镇带动农村的发展模式是比较适合本区域的，本区域的城乡一体化发展需要借助中心城镇的辐射带动作用；新兴产业的发掘，实现产业结构转型升级，进行经济多元化发展；加快推进生态移民，将自然环境给城镇化带来的阻碍作用降到最低，才能达到经济发展和生态环境的和谐，可持续发展才能进行下去，城乡一体化才能更好地实现。

（一）以中心大城市中心点构建适合本区域发展特点的城镇群落

本区域内的省会城市只有陕西西安、甘肃兰州和青海西宁，所以在构建城乡一体化发展过程中要以中心省会城市为战略起点，同时让省会城市发挥区位和经济优势带动周边城市发展。主动加强西安、兰州和西宁这三大省会城市组成的城市圈的牵引带动作用，同时提升榆林延安铜川这些次级中心城市的服务作用[①]。中小城镇仍然是发展的重中之重，本地区的城乡一体化工作仍然需要中小城镇的全力支持，推动城市-城镇-农村三点之间的有机联系。黄土高原农业区内部的陕西省在 2008 年就提出《关中城镇群建设规划》的发展

---

① 周忠学、任志远：《陕北黄土高原城镇体系及城镇化模式》，《山地学报》2007 年第 3 期。

理念，为使中心大城市的辐射作用达到最大，陕西省将省会城市西安作为本区域的绝对发展核心，加强城镇轴线的建设。"一轴一环三走廊①"的格局是现在陕西省关中地区城镇群建设的现状，小城镇的发展建设热火朝天，这些小城镇具有经济集约化和发展生态化的特点，且陕西省在大力建设一些新型城镇，这些城镇具有带动作用强，旅游业、经济贸易发达和交通便捷，是新型城镇的特点。2015年陕西省城镇化率达到53.92%，其中陕西关中地区为54.96%，核心省会城市西安市的城镇化率高达75%。陕西省关中地区城镇化率大幅增加，城镇人口大幅增长，经济发展水平也取得长足进步，总体来看，陕西省关中平原地区城乡一体化发展水平已经处于较高的水平。科技、信息、劳动力、贸易和管理经验等特殊的经济资源在城市和农村间双向流动，城镇集群的建设发展扩大更为快捷、便利，第二产业和第三产业经济规模在进一步扩大，非农产业就业比重和人数也在稳步提高，当地城乡居民生活水平得以改善，城乡差距进一步缩小，当地经济发展得到进一步促进及提升。

（二）积极实现经济多元化、大力发展当地特色产业

我国重要的能源基地就位于黄土高原区的陕北地区，山地、高原、丘陵、昼夜温差使得林果牧业条件优越，深厚的历史积淀和独特的地形地貌大大丰富了这里的旅游资源。黄土高原农业区凭借自然资源禀赋和区位优势，发展具有当地特色的农业工业产业，推动城乡经济较好较快发展。

一是利用当地丰富的化石能源形成工业产业链。本地区蕴含大量煤、石油和天然气等自然资源，储量和产量均冠绝全国。本地区推动能源化工基地园区的建设，建设了一批能源化工基地。比如能源富集地区陕北榆林市府谷县，引进龙头企业进行规模化、集团化、产业化管理建设，促成大型工业园区的建设。在开采自然资源发展的同时，为了避免破坏生态环境造成断崖式发展，以达到工业发展和自然环境协调发展，府谷县引入先进的生产技术，提高资源利用率，资源开发利用效率的最大化目标得以初步实现。大量的民

---

① "一轴一环三走廊"：一轴，即陇海铁路陕西段；一环，即关中公路环线；三走廊，即渭南-韩城、咸阳-铜川、彬县-长武-旬邑三廊道。

间企业也积极响应政府号召，与政府共同展开"百机关帮百村，百企业扶百村"的活动，努力探索新经济农村模式，"府谷现象"是国务院对府谷县的发展模式给予的荣誉称号。2009年至今，陕西省府谷县已经连续八年入围全国百强县。与此同时，黄土高原农业区的能源开采产业并不仅仅只有煤、石油和天然气这些非可再生能源，可再生的太阳能产业也是近年来新兴能源产业，太阳能产业园区在甘肃的陇东、宁夏的盐池和陕北的靖边地区已经产生一定的经济效益。同时风能资源在陕北的白于山地区十分丰富，大范围的风电开发潜力在该区域内不容小觑。优化本地区的能源产业经济结构需要通过利用和发展新型清洁能源，同时，实现该地区工业的可持续发展对该地区总体经济来讲具有重要而深远的意义，工业产业的进一步发展，可以促进工业反哺农业进而使农民生活水平不断提高。

二是以生态化、产业化和现代化发展农业。丰富的黄土是富饶的能源矿产资源外另一项资源，有效农用耕地、建设用地不足的问题通过"造地""造田"的战略得以解决，这两项战略改造出的土地资源不仅初步解决了上述难题，同时有效阻止水土流失的发生。延川县、宝塔区、子长县，靖边县、定边县等地区大量的农用耕地由山坡、丘陵沟壑、黄土沙漠地带等地区改造而成。同时采用新型灌溉技术推广现代农业①。生态农业也是发展的新趋势，甘肃定西利用现代生物农业技术，建立种植、养殖和沼气池为一体的现代农业大棚，用动物粪便做沼气的原料，用沼液替代化肥浇灌农作物高效又环保，同时能降低生产成本，该地区的节水型农业生产也取得一定发展，可以大幅使农作物增产且有效降低成本②。现代生态农业的发展方向是高效循环和生态化方式，同时这种方法可以使农民实现增收，改善本地区广大农民的生活水平。

黄土高原区作为主要的农业区，林果是一大特色产业，主要的经济作物有苹果、桃子、核桃、葡萄，还有花椒。其中陕西省在近十年的时间里苹果种植业发展迅猛，全省的苹果种植面积达到93.35万公顷，是黄土高原农业

---

① 张宝通：《实施陕北造地战略推进工业化城市化发展》，《陕西日报》2012年4月24日。
② 齐添：《黄土高原上的高效农业》，《中国经济导报》2011年12月31日。

区苹果种植面积最大的省份，而且品质优良。其中陕西延安的洛川县，苹果已经成为带动当地经济发展的支柱型产业，洛川苹果享誉全球，每年有大量苹果出口到全球多个国家。洛川县为了扶持当地苹果产业发展，设立了全国唯一的苹果局，开办苹果营销中心和苹果生产技术开发办，此外积极建设苹果市场，拓展苹果产业链①。洛川县国家级洛川苹果批发市场于2011年建设，该市场的建设为广大农民群众增加了收入来源渠道，不仅带动当地农业生产的发展，同时促进了当地工农产品加工业、工农业贸易、旅游观光业和服务业，对当地农村尽快实现城镇化大有裨益。

三是文化旅游和生态旅游。旅游资源丰富多样是本区域的旅游产业发展的优势之一，黄土高原农业区由于特殊的地理区位因素，历史上形成许多得天独厚的自然景观，比较有名的有渭南市的华山、宝鸡市的太白山国家森林公园、西宁的青海湖、固原的须弥山石窟、甘肃的麦积山石窟景区。本区域旅游资源丰富，不仅有自然景观还有许多人文历史景观。例如延安的黄帝陵、陕甘宁革命老区开发的红色旅游、延安市的南泥湾和宝塔山以及枣园旧址等。虽然黄土高原农业区旅游产业近些年发展势头正盛，但是依然存在改进的空间，进步的余地，因此需要加大投入力度使之更好更快地发展。在开展旅游业开发的同时，应考虑周边旅游衍生品的研发和投入，同时借着旅游业的发展，加快推进服务业的发展，旅游业和服务业相辅相成二者应该达到互利共生相互促进的关系，最后通过转移乡村剩余劳动力，使剩余劳动力人口参与城市化进程中。

（三）实施生态移民搬迁，改善生态环境

为保护当地脆弱的生态环境，生态移民是一个不错的选择。本地区自然环境恶劣，经过历史上的战乱，再加上乱砍滥伐的现象一直存在等原因，导致本地区生态环境十分脆弱，自然承载力较差。在一些自然环境遭受严重破坏的地区，当地农民群众只能"靠天吃饭"，长期以来农民的生活水准得不到改善，导致越来越贫困的局面出现。宁夏经过一年的排查工作，2011年在固

---

① 陈发宝、张毅：《陕北：可持续发展的蜕变》，《经济日报》2012年5月10日。

原推行一项重大民生工程——"西海固生态移民工程"①。社会公共基础设施在移民区的投入建立完善也有助于移民工作的顺利进行，此外，当地政府部门还对移民进行再就业培训和岗前技能培训，帮助移民更好的适应新的生活和工作。新的移民在进入城镇后生活得到改善，城乡一体化工作取得初步成效。宁夏回族自治区经过移民搬迁，同时结合城乡一体化和扶贫工程，并且兼顾保护当地生态环境进行社会经济发展，最终达到经济社会生态环境协调发展的新局面。

二、西南农业区模式

该地区的生态环境同样脆弱，处于多山、多丘陵地带，环境承载能力较为薄弱。因此根据本地区特点，西南区的模式是农村人口向城镇转移；农村在城镇的带动下发展，将原始的农业耕种发展为现代产业；发展农业产业旅游观光，带动农业周边产业协同发展，最终实现城乡一体化发展。

（一）农村人口向城镇转移加快了城镇化进程

本地区的地理环境一定程度上阻碍了城镇化工作，该区城镇化率由 2008 年的不足 30％到 2015 年的 44.34％。本地区的城镇多集中于平原盆地或交通运输线路沿线。通过建设中心城市来形成城市辐射圈带动周边农村发展，同时使农村和小城镇搭上城市发展的快车。眉山乐山成都三市旅游资源丰富，数量可观的小城镇和农村在旅游产业的带动下欣欣向荣。与此同时完善网络、交通运输、电信等旅游配套基础设施，最终建立旅游产业链带动经济发展。

（二）改变传统农业经营模式，发展现代农业

本地区土地贫瘠，且农用耕地分散加之大量农村人口长期外出务工导致本地区农业生产率一直在低位运行。所以实现现代农业经营是必要的、急切

---

① 朱丽燕：《生态移民与宁夏西海固地区的扶贫攻坚》，《农业现代化研究》2011 年第 7 期。

的。因此西南农业区通过改变土地经营方式，集中闲置土地的方式提高了农业生产率。本地区内部各地都在建议农村加快农村闲置土地流转，使当地的土地转变为现代化经营模式。2003 年四川省成都市"统筹城乡经济社会发展，推进城乡一体化"① 战略，推动农业规模化产业化经营，提高农民收入。截至 2016 年年底，四川全省家庭承包耕地流转总面积达 1970.3 万亩，比上年增长 21.6%，耕地流转率达 33.8%，比上年提高 6.1 个百分点。成都在土地规模化经营方面取得长足进步并且获得一定发展经验。并且成都市的城市化水平也得到大幅提升，城市化率从 2004 年到 2014 年近十年内增长近一倍，从 39.6% 到 70.3%，表明土地规模化经营和城镇化相辅相成。

本地区不仅稳定促进农业产业化经营，同时建立特色农业产业，以达到延长产业链的目标。本地区合理利用特殊的地理环境发展立体农业，旱田水田在不同海拔地区合理分布，再加上山顶的林地。同时本地作为外出务工人口主要输出地之一，大量外出务工人员使得农村人口流动加快，城镇化水平也在稳步提升。

（三）培育发展民族特色产业

本地区是一个多民族聚居区，不同民族之间文化碰撞现象存在。因此保护多民族文化在城乡一体化中的位置也显得尤为重要，既不能使多民族文化的复杂性阻碍城乡一体化的发展，同时要把多民族地区的特色融入城乡一体化发展中来。本地区城乡一体化建设可以依托民族文化特色，建立一批民族文化旅游小镇吸引游客，推动当地旅游业发展，带动城乡一体化经济发展。旅游业开发的同时，保护当地民族文化、习俗。云南 2015 年全省累计接待海外入境游客 1075.32 万人次，同比增长 7.75%，接待外国游客增长 7.36%，达到 570.10 万人，接待国内游客增长 15.05%，达到 3.23 亿人次，全省旅游业总收入达 3281.8 亿元，较上年增长 23.10%。云南省特色农业工业旅游小城镇已经成为当地一张靓丽的名片。旅游业正成为云南省新的经济增长点，对当地经济带动作用明显，促进了农村现代化发展，加快了城市化进程。

---

① 李光跃、王敏等：《统筹城乡发展的"成都模式"初探》，《系统科学学报》2010 年第 1 期。

（四）利用当地丰富的水资源，开发水力发电项目

长江、珠江、澜沧江和怒江等流域使得本地区水资源充足。本地区有巨大的水电开发前景，开发量占到我国总的水电开发量的 60% 左右。可是目前本地区开发比例仍然很低，因此需要加快水电设施建设，增加水电资源开发比例。这样可以促进西部农业区的能源建设，为西部农业区的城乡一体化和经济发展输送能源血液。

三、甘新农业区模式

甘肃新疆农业区地理面积巨大，农业和旅游资源丰富，并且自然资源比如煤、石油和天然气十分充足，该地区的经济带主要沿着绿洲分布。新疆维吾尔自治区与外国接壤，因此发展兵团经济和当地经济结合的方式，在发展经济的同时保证国防安全的需要。甘新农业区主要发展模式为现代农业精加工和园区工业为主的城镇一体化发展模式。

（一）依靠本地区的绿洲地区进行农耕作业和放牧作业，同时发展农产品精加工产业链

该地区身处内陆腹地，全年降水稀少，气候干燥，昼夜温差大，光照强，这些条件十分有利于瓜果农业的发展，这些地区的瓜果甜度高、品质好，享誉海内外。同时甘新农业区牧草长势良好，草质优良，是我国重要的牧区。因此本地的畜牧业是一大优势，新疆的羊肉、甘肃的牛肉闻名全国。农产品资源的丰富为农业精加工发展奠定了坚实的基础，甘新农业区实行新型现代化农业生产方式，形成一系列农业精加工产业链，建成部分产业覆盖全区。"十二五"期间新疆计划要将新疆从农产品大生产基地转变为农业产品精加工强区，为早日实现这一目标，新疆各部门于 2011 年出台了《自治区促进农产品加工业发展有关财税政策实施办法》和《关于对自治区农产品加工业税收优惠政策有关问题的补充通知》等文件，新疆维吾尔自治区政府拨出专项资

金 4800 万余元。新疆全区 2015 年农产品加工总产值达到 1727.3 亿元，同比增长 9%。城乡一体化进程在农产品精加工的带动下实现快速发展，相对应的城乡一体化的发展也会促进农业的发展。

（二）特有的旅游资源促进城乡一体化进程

西域是该地区在古代的别称，本地区民族较多，民族文化融合交流较为密切，属于民族和文化融合程度较高的地区。本地区大量"异域风情"的历史人文景观带来得天独厚的旅游业条件。甘、宁、新三省份合作建立特色旅游区域，吸引全国游客来本区域进行观光旅游。同时发展当地农业旅游业，可以吸引大量劳动力来本区域就业安家，进一步推进城镇化发展。

（三）让新疆生产建设兵团参与当地的城乡一体化建设

本地区地理位置特殊，新疆和内蒙古地理面积广阔，多个民族和汉族混居，且新、蒙两地是我国西北重地，与外国接壤。甘新农业区宗教势力、民族极端势力和恐怖主义潜伏危机。新疆生产建设兵团成员为了守护我国国境线，与解放军一道长期驻守在长达 2020 公里的边防线上[①]。经过长期的发展，兵团驻区和当地融合发展成小城镇的规模，并且和当地居民融合在一起，因此当地城镇化水平受兵团经济好坏的影响日益密切。南疆地区 31 个驻守兵团于 2005 年加快推进城镇化建设工作，当地兵团通过完善基础设施建设，改善当地官兵和人民群众的生活水平，经过一定的生产建设，当地兵团地区基本实现教育、医疗、住房和生活娱乐无障碍的目标。整个兵团驻地的产业建设也取得一定成就。该驻区城镇化率 2000 年时为 28.5%，2007 年为 31.5%，2015 年达到了史无前例的 62.4%。新疆地区的城镇化率由 33.83% 提高到 47.2%，这与当地兵团地区的城镇化率贡献是密切相关的。由统计数据显示，没有兵团之前，新疆城镇化率增长速度比有兵团时低 0.3 个百分点。

---

① 王泽：《新疆生产建设兵团城镇化动力要素研究》，《现代商贸工业》2014 年第 1 期。

四、青藏高原农业区模式

"世界屋脊"是青藏高原的别称，由这个名称可以看出该地区地理环境十分险峻。全地区比较落后，现代化文明基础薄弱，农业仍然是主要的支柱型产业，当地几乎没有现代化工业，而且因为要保护三江源地区，很大程度上当地并没有进行过多的现代化开发。本地区主要居住民族为藏族，藏族数千年来为该地区创造了独特的藏文化和青藏高原文化。宗教和民族文化是青藏高原长期以来发展的支柱，该地区城镇化建设可以说是建立在长久以来的当地宗教和文化的基础上。此外，加快当地农牧产品的发展尤其是牧业是适合当地的不二选择，此举把大量的牧民固定下来使之转移到城镇。

（一）利用民族宗教文化作为轴承，推进城乡融合

宗教民族聚居、寺院和城镇这些与当地的居民生活融为一体。民族宗教文化集聚了当地大量的信教群众，并吸引周边农村或其他地区信教群众进入城镇，城乡联系开始变得密切①。通常来讲在当地宗教信仰中心也充当行政管理中心的角色，通过建设基础生活设施，使当地居民的生活水平得到较大幅度的提升，基础生活设施的完善一定程度上促使农村人口进城镇生活。信息、资金、技术、管理经验等经济资源在城乡之间流动加快，进一步推动城镇化发展进程。宗教和民族文化影响着该地区发展的方方面面。该地区这种独特的文化模式成就了西藏拉萨和青海大通。藏语里边"拉萨"的意思是神佛存在的地方，西藏是一个充满神秘色彩的地方，布达拉宫是该地的象征，拥有哲蚌寺、甘丹寺、色拉寺、大小昭寺等数十个宗教寺庙。

（二）加大农畜产品和高寒农业区农业产业生产发展力度

该地区平均海拔极高，常年气温偏低，本地区的高寒植物冷杉、青稞和

---

① 青海省经济研究院课题组：《青藏高原城市化发展模式研究》，《经济研究参考》2013 年第 25 期。

云杉。高寒牲畜牦牛、藏山羊、藏绵羊是适合本地区气候和环境的农牧产品。本地区的基础支柱型产业是农牧业,相比于其他三个农业区,本地区更适合畜牧业的发展。原本常年放牧的传统畜牧业并不适合本地区,因此青藏高原农业区采用间断式季节性放牧,不仅增加了当地畜牧产业生产量,同时也使高原牧场的生态环境得到改善。青藏高原农业区是我国的三江源自然保护区,因此保护好当地生态环境具有重要战略意义,不能只看见眼前的经济利益而大搞开发和工业化建设,应该在保护好当地生态环境的前提下适度开发。最好的方式还是结合当地实际发展畜牧业、农业、旅游观光业和适度的农产品加工业。在发展过程中需要改变传统的粗放式经营,提高整体作业效率,促使本区域经济得到提升和发展。西藏自治区积极发展当地特色农作物,如青稞、油菜、绒山羊和牦牛等为核心的七大支柱性产业,利用现代化农业技术提高农产品的产量,降低农民成本,坚持将农业产业化。西藏科技普及率达到 86%,农牧业增效 26% 以上,当地牧民和农民增加收入 16.67% 以上,促进了农牧业的发展。

(三)实行牧民安居工程,改变生产生活方式

随着现代化进程和各项惠民工程的开展,青藏高原的农牧民已经实现定居,不再像祖辈那样过着游牧的生活,超过 100 万的游牧民住进了城镇新居。青海地区 2009 年实施大规模游牧民定居工程,目前已解决了 27 万游牧民的住房问题,居住环境和生活条件得到极大改善[①],医疗教育条件也得到一定改善。游牧民的定居融合到城乡一体化建设中来,建设一批新住宅区域、新城镇,同时完善了当地基础生活设施的配套工程。并在新的定居区域建设了部分新型工业园区,同时积极发展第三产业。本地区牧民在当地政府的鼓励下积极自主创业。农牧民正在由居住者向城乡一体化的参与者转变,传统的粗放式农牧业人生产生活方式正在向现代高效集约化生产生活方式转变,城乡发展差距逐渐缩小。

---

① 王军、何伟等:《青藏高原逾百万藏族牧民告别"逐水草而居"游牧生活》2012 年 7 月 6 日,见 http://news.xinhuanet.com/local/2012—07—06/c_112376724.htm。

五、各地经验模式总结

黄土高原、甘新、西南、青藏高原四个农业区均是根据自身地理位置因素和实际条件，当地政府政策，本区域内各产业的优势、劣势和城乡一体化发展中需要的产业来确定自身的发展目标。四个农业区的发展模式整体一致，不过也有各自的特色。总体来讲，我国西部地区与东部沿海地区相比，处于十分落后的境地。经济总量、社会文化、制度建设、人员素质等方面均处于发展中的劣势，而西部农业区更处于落后、不发达的状态。西部农业区城乡一体化的建设，关系到西部地区整体的发展水平，进一步关系全国的现代化和城镇化建设工作。西部农业区的发展就相当于"木桶原理"那块最短的木板，全国的城乡一体化建设工程与西部四大农业区的发展势头有极强关联度。

黄土高原农业区城乡一体化发展主要依靠旱地农业的带动。本地区坐拥大片黄土层，是种植业、养殖业发展的主要基地。小麦、林果、玉米、土豆等农作物都可以作为经济作物为农民带来收入，同时陕北、内蒙古地区的优质牛羊肉也为当地农民带来可观的收入。但是农民仅仅靠农业作物带来的收入还不足以实现富裕的目标，因此在黄土高原农业区城乡一体化建设中，农民参与现代农业和工业产业链中，成为产业链的一部分，搭上经济发展的列车，带动农民个人、家庭、全村的富裕，才能为本地区实现城乡一体化的目标做出贡献。甘新农业区处在地形更加复杂、环境更加恶劣、气候更加干旱的大西北，农业发展环境并不十分友好，但是当地仍然抓住了仅有的机会大力发展绿洲农业，并且新疆在如此干旱的环境下能够让新疆瓜果发展迅猛、享誉海内外，这是十分不易的。农业和旅游业的发展为本地区的城乡一体化注入动力，在发展过程中，由于甘新农业区环境脆弱，当地始终把环境保护放在与发展同样重要的位置。这是十分正确的决策，"绿水青山就是金山银山"。西南农业区处于我国大西南，该地区全年气候湿润温暖，适合居住，大量的水资源为农业发展提供了有利条件，但是本地区的地形地貌对于农业发展不利。当地利用有限的环境，开发出"立体农业"等适宜本地农业发展的生产方式进行农业发展。同时，西南农业区的旅游业发展势头良好，云南有大批自然风光景色城市，四川的成都市更是享誉全球的旅游、美食、美景的城市。旅游业的发展在一定程度上创造了新的经济增长点和就业机会，让更多的农村剩余劳动力加入城市的发展，为城乡一体化的建设出一份力。同时，辐射带动了周边农村乡镇的城镇化建设。青藏高原农业区则占地面积极广，地处高寒地区，本地区地理位置特殊，为了保护三江源自然保护区不受损害，现代化发展受到一定限制，但是当地仍然利用已有的条件和环境进行城乡一体化建设，发展本地特色农业、旅游业。青海和西藏的旅游业在某种程度上是成功的，每年有大批游客进藏感受"最美的蓝天白云"、去青海看"梦幻般的青海湖"、藏医藏药被越来越多的人所熟知。毫无疑问，旅游业的发展为城乡一体化发展注入活力，辐射带动周边城镇和农村。随着全国城乡一体化的推进，各地区之间交流更频繁、便捷，以后会有更多的人来本地区感受当地的"最美蓝天白云"。

各地模式存在着众多内在联系。全面地看，除青藏高原农业区之外的三个地区的模式均是应对生态环境承载力较差的特点，这四个地区因为地理环境的制约城镇化，导致城镇化发展水平一直不高，大城市的辐射作用在这四个区域的发展中，以镇带村、以城带镇，发展城镇聚集区；这些地区积极发展当地工农业特色产业，不仅仅是简单传统的种植业，还形成了现代化深加工产业链，建立村镇农业互助合作点，将现代化贸易与传统农业有机结合，产业链的深化增加了农产品附加值，农民实现增收；由于当地脆弱的生态环境，在城乡一体化建设中，环境保护始终优先考虑。在保护环境的同时，兼顾城乡一体化建设。保护环境为城乡一体化发展提供有力的环境支持，城乡一体化发展为保护环境提供经济基础，二者互相发展，互相借鉴。平衡好二者之间的关系是西部四大农业区都必须重视的问题，坚决不走"先污染，后治理"的老路，也不走"只环保，不发展"的邪路，最好的局面仍然是城乡一体化发展和环境保护工作共同开展、齐头并进。在城乡一体化发展中，兼顾城乡平衡是这些地区共同主题，兼顾工业和农业，坚持两条腿走路，坚持全面发展。

西部四大农业区都有大量农村人口依然生活在贫困线上，贫困人口的存在制约着西部农业区城乡一体化的发展，因此，脱贫攻坚是解决本地区城乡发展一体化一大症结的方法。只有农村人口脱贫才能为城乡一体化发展扫清障碍、才能使城乡一体化建设步入快车道、才能真正实现城乡统筹协调发展。同时，西部四大农业区彼此之间相互联系、相互促进，共同成为一个经济发展整体有助于西部地区城乡一体化建设，也有助于抗挫折能力的提升，同时有助于提高发展过程"容错率"，使该地区城乡一体化发展水平得到提升。

当然，四种模式也存在着众多区别，黄土高原、西南、甘新和青藏高原四个农业区所处地理环境不同，民族文化不同，生产方式也有很大差异，因此这四个农业区所采取的模式各有不同，各有千秋。

其中，黄土高原地区的工业发展最具特色。化石能源开采是本地区工业的支柱型产业，但是资源有限且本地区生态环境脆弱。因此新能源和可再生能源的开发是黄土高原农业区发展的新方向，开发新的工业经济增长点转变单一经济模式是本地区的特色。而另外三个农业区大多利用自身优势发展特色工业园区，用提高科技含量的产业园区模式发展本地区工业。

因为西部地区整体欠发达，所以农业是这四个地区的首要发展目标，不同农业区的模式有鲜明的特色。人工"造田造地"的方法是黄土高原地区提出的缓解当地水土流失严重问题的措施；而西南地区充分结合当地的地理环境特点，运用"立体农业"，提高当地农业生产效率；甘新地区则处在沙漠化地区，本地区在发展农业，提高生产效率时主要依靠绿洲农业；而气候寒冷的青藏高原地区，发展当地农业产业主要依靠高寒农业。

在保护当地生态环境的基础上，黄土高原地区展开移民搬迁工作，用环保的方式推动三个产业协同发展，最终推动城乡一体化进程；西南区则主要结合传统民族文化发展现代特色文化小镇，带动旅游业的发展，主要让旅游业带动当地城乡一体化发展；在适应和保护当地生态环境的基础上，甘新区主要采取绿洲农业和兵团城乡一体化模式，同时结合旅游业推动当地城乡一体化发展；青藏高原农业区则主要在保护传统文化的同时，积极结合现代文明，建立新城镇，发展新的农业生产模式，改变牧民传统的放牧生产方式，建立新城镇，使农牧民迁移到城镇中去，推动当地城镇化发展。

对这四个地区研究之后，我们发现不仅西部这四个农业区城乡一体化发展存在一些相似的问题，中部和东部甚至全国范围内的城镇化发展都存在类似的问题。本章提出的四个模式尽管是根据当地实际提出的适用于当地的发展模式，不过其中一些地区提出的发展模式对于全国其他省市自治区的发展也有一定借鉴意义。

第一，城乡一体化进程必然使大量农业地区迅速向非农业地区转化。第二、第三产业占比逐渐上升，传统的农业所占比重在下降。工业化浪潮使得大批农业人口向非农业人口转化并且涌入城市，加入现代化建设中来。同样的，传统的农村生产生活方式也在城市化浪潮的冲击下发生巨变。但是城镇化不可能一蹴而就，需要一定的时间，政府在推进城镇化过程中具有重要主导作用，运用有关政策、措施平衡城镇化发展中的一些问题与矛盾。

第二，特色农业和现代化发展在城乡一体化发展中尤为重要。我国仍然是一个发展中国家，农业仍然具有举足轻重的地位。西部四大农业区农业生产条件各具特点，在各地区推行现有的农业发展借助本地区的气候、阳光和降水等自然条件生产特色有机农产品，发展农业精加工产业链，提高农产品生产效率，实现农民增收。

第三，黄土高原、西南、甘新和青藏高原农业区中西南区的城镇化发展水平最高，因为 2007 年国务院将成渝经济圈列为全国城乡统筹综合配套改革试验田，出台一系列政策方针，本地区经过一段时间的改革发展取得初步成效。不过就一系列城镇化指标，比如人均生产总值、城镇化率、非农产业占总产业比重等来看，西部四个农业区与东部相比依然差距不小。

第四，多方面原因造成西部农业区城镇化发展水平不高，地理环境恶劣是最主要因素。本地区长久以来传统的粗放式农业工业发展方式进一步造成生态环境破坏，加剧了发展难度；西部地区长久以来相比中东部地区，城乡一体化水平较弱；新中国成立之初实施的户籍政策人为形成城乡二元结构，迫使城乡分离。

第五，城乡一体化应该是各个方面的一体化，而不应该仅仅关注某些产业的发展。城乡一体化是利国利民的大计，应该在教育、医疗、住房、养老以及公共交通等各方面进行新的制度政策研究，制定相关措施准则，缩小我国落后地区的城乡差别，早日全面建成小康社会，共享改革成果。

第六章 西部地区生态脆弱区统筹城乡经济社会一体化模式与经验

由于各地的自然条件、先天禀赋不同，所以各地所选择的发展模式也有所不同。在欠发达地区或者生态条件较为脆弱的地区，城与乡的关系和演变路径也与其他区域不同。本章将生态脆弱区的城乡一体化建设作为研究对象。生态脆弱区这类特殊地区在我国所占比例相当大，生态脆弱区域的城乡一体化模式研究意义重大。本章节明晰了生态脆弱区的概念，总结了这类地区的共性和特定区域独有的特点，设计了一系列可供该类区域的城乡经济发展参照的规律和模式，还通过对陕西南部山区（商洛、安康、汉中三市）城乡一体化发展过程中的回顾，总结出此类生态脆弱区的经验与成功模式，从而将这些经验模式推广到更多的地方。

第一，从生态学和地理学两个角度明晰了生态脆弱区的定义，结合生态经济学理论分析了生态脆弱区的特点和制定判定一个地区是否属于生态脆弱区的标准；第二，总结了有关生态脆弱区城乡发展的一些成熟发展模式和经验，在研究其他地区模式中得出成熟模式中的核心共性，在学习其他地区的探索经验基础上建立生态脆弱地区的发展思路，进一步研究生态脆弱区这类特殊地区的基础；第三，建立陕西南部山区城乡经济社会一体化程度的评价指标体系，不同层级指标权重是以陕南山区发展的实际情况为基础设定的，并考虑陕南城乡发展过程中的历史人文情况，找出陕南城乡发展过程中所需要改变之处，并提出具有针对性的政策建议，以期望陕南城乡一体化建设在未来能够有所突破。

本章的主要工作是明确生态脆弱区城乡一体化发展研究的可行方向，回顾陕南三座城市城乡一体化的发展进程与现状。通过总结全国其他生态脆弱区的发展经验，来归纳生态脆弱区可行的发展经验，并从扶贫政策保障体系、法制环境保障体系、产业政策保障体系、财政政策和货币政策四方面提出生态脆弱区建设城乡经济社会一体化的建议。

第一节 生态脆弱区的含义、文献与分类

一、生态脆弱区的含义

生态脆弱区引起人类高度关注的是在第二次工业革命后期，由于工业的快速发展，随之产生了大量的大气污染、水体污染、固体废弃物污染等，严重的环境污染肆虐世界各地，臭名昭著的八大公害事件[①]更是导致大量人群因环境污染发病甚至死亡。国际生物学计划（IBP）、人与生物圈计划（MAB）以及国际地圈-生物圈计划（IGBP）在 20 世纪 60 年代之后才陆续把生态环境脆弱区作为重要研究对象。随后西方学术圈展开了对生态脆弱区持续性发展、土壤修复、水资源合理运用、垃圾有效处理方面的研究。但研究的方法和角度多是从自然生态科学、环境气候学说等角度进行，研究的思路过于单一，所以取得的研究成果也较为有限。

环境科学的相关文献一般将生态脆弱区分为资源型生态脆弱区和非资源型生态脆弱区。资源型生态脆弱区一般是指那些本身拥有较多资源，但是由于无序不合理的过度开发，造成资源环境恶化的地区。此类地区的形成都与人类的行为有密不可分的联系。而非资源生态脆弱区是指那些本身自然资源条件较差，环境较为恶劣的区域，这类区域一般先天生态环境就较为脆弱。

生态脆弱区尚没有统一的定义，在不同的学科中有不同的定义。本章在

---

① ①比利时马斯河谷烟雾事件（1930 年 12 月）；②美国多诺拉镇烟雾事件（1948 年 10 月）；③伦敦烟雾事件（1952 年 12 月）；④美国洛杉矶光化学烟雾事件（二战以后的每年 5—10 月）；⑤日本水俣病事件（1952—1972 年间断发生）；⑥日本富山骨痛病事件（1931—1972 年间断发生）；⑦日本四日市气喘病事件（1961—1970 年间断发生）；⑧日本米糠油事件（1968 年 3—8 月）。

已有研究的基础上，将生态脆弱区的概念进行重新界定。从生态学的相关理论来看，生态脆弱区一般是指两种不同类型生态系统的交界过渡区域。这个定义侧重区域生态系统本身的表现形式，具体表现为极端气候天气较多、环境承载力较弱、土地抗波动性差等特点，是对生态环境形成和表象的客观描述。如 Gaber（1980）与 Liverman（1986）从生态学角度出发就是这样定义生态脆弱区的；生态脆弱区在地理学中的定义是对生态学定义的进一步拓展，在定义生态脆弱区的"脆弱程度"时还会参考该区域土地人口承载力、极端天气出现次数、日均降雨量及土壤保持水土能力指标；李虹认为生态脆弱区是在人类经济活动与生态环境的结合过程中，由于生态系统抵御外部干扰能力低以及生态系统内在恢复能力差，从而造成环境恶化、水资源短缺、水土流失和土地生产力下降的区域。[①]

　　本章在生态学、地理学基础上，吸收了生态经济学、环境经济学的相关理论，从人与自然和谐发展的视角对生态脆弱区定义：具有明显生态系统变化特征的，由不同特定生态因子综合作用以致不适宜现代人类居住的一类区域。此定义下生态脆弱区有三大主要特点：

　　第一，已不适宜人类生存和居住。在一些特殊的生态环境下，人类在该区域长时间的生产生活将会改变原有的自然资源状况、土壤状况，最终使该区域变为生态脆弱地区。如果人们不改变原有的生产生活方式或是继续加大该区域的人口数，则会使情况更加恶化，最终出现众多循环往复的自然恶化事件。如滥垦滥伐、过度放牧，造成"公共资源的悲剧"，荒漠化、泥石流等灾害频发。

　　第二，自然环境恶劣。生态系统稳定性差、抗干扰能力低下、农业产出率低、自然灾害频发等，生态脆弱区明显的生态系统变化是生态系统地域的过渡或者交错。生态脆弱区是不同生态系统的交界区域，不同的生态系统共同存在、彼此干扰，最终使土地资源被迫面对各种自然条件，最终使得生态脆弱区具有气候不稳定、土壤抗干扰能力低下、农业产出水平受外在天气影

---

　　① 李虹：《中国生态脆弱区的生态贫困与生态资本研究》，博士学位论文，西南财经大学政治经济学，2011年。

响较多、自然灾害频发等一系列恶劣自然环境。

第三，对气候变化较为敏感。随着温室气体排放等状况的加剧，反常自然现象或者极端自然条件已经越来越多的出现。而自然生态脆弱区由于抗波动能力较弱，整体上容易受到气候变化的影响。如降雨量的反常增大致使一些山区出现大面积泥石流状况，区域污染严重造成酸雨现象等。

我们根据以上归纳生态脆弱区的三大特点，总结了一套较为主观的生态脆弱区的划分标准。符合本章生态脆弱区的内涵需要同时具备以下三个条件：首先，生态退化程度、土地承载力已经达到一定程度；其次，从地理区位上看，位于自然生态系统的交界处，有着较为明显的环境层级变化；最后，生态脆弱区内部自然环境较为恶劣，区域内居民生活水平相对较低，经济发展阻力较大。

二、生态脆弱区的文献

20 世纪 80 年代，国内开始出现生态环境脆弱区的基础判定研究，但学术界对生态脆弱区的研究主要局限于生态脆弱区的概念、区域划分、形成原因、环境影响因子的甄别。2000 年之后我国才开始对生态脆弱区进行广泛的深入研究：石生泰（2001）对西部地区生态脆弱区的建设状况进行了全面的分析，并提出了其中值得学习的经验，以及在发展中需要注意的问题。[①] 陶希东、赵鸿婕（2002）通过设计模型以及相关评价指标对河西走廊环境进行了计量分析。[②] 兰岚对我国西部地区的生态脆弱区发展状况进行了综合测量和分析。[③] 费世民（2004）对四川西部生态脆弱区的植被生长问题进行了细致的分析。[④] 戴礼洪等人（2008）对我国贵州喀斯特地貌地区的生态脆弱区状况进行了衡

① 石生泰：《西部生态环境》，甘肃人民出版社 2001 年版，第 104—141 页。

② 陶希东、赵鸿婕：《河西走廊生态脆弱性评价及其恢复与重建》，《干旱区研究》2002 年第 4 期。

③ 兰岚：《中国西部生态脆弱区的空间格局及其现状研究》，硕士学位论文，四川大学环境科学，2005 年。

④ 费世民：《川西南山地生态脆弱区森林植被恢复机理研究》，博士学位论文，中国林业科学院生态学，2004 年。

量与分析，并对喀斯特地貌有可能发展的农业模式进行了探讨。[①] 王双明（2010）在对我国煤炭资源聚集区生态环境状况进行研究分析之后，提出了此类区域生态修复的一套方案。[②] 石培吉（2006）等在研究之后提出宁夏回族自治区中部的生态脆弱区应坚持"生态城镇化"发展模式[③]；刘晓琼、刘彦随（2009）对陕北的生态状况与城乡一体化建设进行了分析，并以榆林为例进行了案例剖析[④]；李虹（2011）在对我国多地的生态脆弱区进行分析之后归纳出我国生态脆弱区形成的主要原因；[⑤] 除此部分研究涉及生态脆弱区生态技术、资源开发、可持续发展等问题外，学术界还对我国其他地方，如宁夏、浙江等地出现的城乡一体化建设成功案例进行了总结与分析。

三、生态脆弱区的分类

我国至少有超过一半的土地不适合居住与生存，丘陵地带和荒漠地区占了其中大部分的比例，各种各样的生态脆弱区遍布21省（市、区）。环保部联合中国科学院于2008年共同编制完成的《全国生态功能区划》一书，书中一共确定了50个重要生态服务功能区域。2015年11月30日《全国生态功能区划》（修编版）发布，确定63个重要生态功能区，覆盖国土陆地面积49.4%。同时指出我国中等程度以上生态脆弱区域占全国陆地面积一半以上，具体又分为极度脆弱、重度脆弱和中度脆弱，分别占比9.7%、19.8%和25.5%。2015年刘军会等识别出全国生态脆弱区范围，认为生态极敏感区主要分布在我国西北干旱/半干旱地区、西南湿润地区、东南湿润地区以及黄土

① 戴礼洪、闫立金等：《贵州喀斯特生态脆弱区植被退化对土壤质量的影响及生态环境评价》，《安徽农业科学》2008年第9期。
② 王双明、范立民、马雄德：《生态脆弱区煤炭开发与生态水位保护》，2010年全国采矿科学技术高峰论坛论文，2010年8月。
③ 石培吉、李鸣骥：《宁夏中部生态脆弱区生态城镇化发展模式研究》，《干旱区资源与环境》2006年第3期。
④ 刘晓琼、刘彦随：《基于AHP的生态脆弱区可持续发展评价研究——以陕西省榆林市为例》，《干旱区资源与环境》2009年第5期。
⑤ 李虹：《中国生态脆弱区的生态贫困与生态资本研究》，博士学位论文，西南财经大学政治经济学，2011年。

高原丘陵沟壑区，而高度敏感区则主要集中在新疆阿尔泰山与天山、阴山南麓、横断山脉和东南丘陵山地等区域。[①]

毕于运（2008）在著作《我国中部生态脆弱地带生态建设与农业可持续发展研究》中以贺兰山-日月山-川西高原东侧-横断山一线和大兴安岭-太行山-巫山-雪峰山一线将全国生态脆弱区划分为东部、中部和西部。但是在三大生态脆弱区的范围内均存在多类不同的亚区，各自表现出不同的特征，这一划分方式过于笼统。环保部 2008 年印发的《全国生态脆弱区保护规划纲要》将生态系统的类型确定为东北林草交错脆弱区、北方农牧交错生态脆弱区等 8 大种类。

但我国生态脆弱区类型多、范围广，并没有统一的划分方式，所以相对应的生态脆弱区的类型也有很多。如根据生态脆弱区的人口承载力范围将其划分为轻度生态脆弱区、中度生态脆弱区、强度生态脆弱区、极强度生态脆弱区和极端脆弱区；根据人为因素下生态脆弱区所受到的自然因素不同，我们将生态脆弱区分为水蚀脆弱区和风蚀脆弱区；根据生态脆弱区的地质和地貌特征，我国生态脆弱区可以划分为高原、丘陵、平原、干旱地区、城市和矿区生态脆弱区六大类；根据生态脆弱区气候地理位置和空间地理位置，赵跃龙、刘燕华依据生态特征和土壤表现不同又将其划分为北方半干旱-半湿润区、西北干旱区、华北平原区、南方丘陵区、西南石灰岩山地区、西南山地和青藏高原区 7 大类，具体又可以细分为 63 个不同类型。[②]

学术界对于生态脆弱区并没有准确的界定，本章所指的生态脆弱区主要是指那些自然环境较为恶劣，条件多变，由不同特定生态因子综合作用组成，不适宜人类居住生存的地区。这类地区一般位于深山之中、降水稀少、极端天气较多区域。这类地区由于客观因素的限制，经济发展水平较为落后、人民生活条件相对较差、生产生活限制因素较多。在对陕南山区的自然地貌、自然条件、地质基础进行全方位考察后，我们可以将陕南山区定性为风蚀型丘陵-矿山生态脆弱区，属于西南山地生态脆弱区。本章节的研究适合于那些

---

① 刘军会、邹长新等：《中国生态环境脆弱区范围界定》，《生物多样性》2015 年第 6 期。

② 赵跃龙、刘燕华：《中国脆弱生态环境类型划分及其范围确定》，《云南地理环境研究》1994 年第 2 期。

与本概念相符合，且受自然条件限制较为明显的地区。

四、生态脆弱区的成因

兰岚认为西部生态脆弱区主要由自然因素和人为因素造成，自然因素主要包括地质脆弱因素、地貌脆弱因素、水文脆弱因素、气候脆弱因素、植被脆弱因素和土壤脆弱因素；人为因素分为过度垦殖、过度放牧、不合理灌溉、矿山开发及基本建设、工农业污染以及人口过度膨胀。[①] 自然环境恶劣是造成生态脆弱的直接原因。但仅靠不利的自然条件在一般情况下还不足以使生态脆弱的特征显现出来，只是表现为潜在的隐性脆弱性。人类活动是生态脆弱区形成的主要原因，人类合理的调节和建设活动会改良生态环境，削弱潜在的生态脆弱性。但是不合理的开发破坏和超负荷的索取利用资源等人类的不利影响超过生态系统的承载能力和自我恢复能力之后，就会使潜在的生态脆弱性显现出来，表现为显性的生态脆弱性，生态脆弱区也就在自然因素和人为因素的共同作用下形成了。

本章主要研究陕西南部山区，简称陕南，陕南土地肥沃，气候温和，河流纵横，是主要的产粮区。从空间地理方位处于我国南北气候分界的秦岭、秦巴山区交汇地带，属于亚热带向温带的过渡区，秦巴山区泛指秦岭和巴山山区，间隔众多山谷和小盆地，包括汉中盆地、西乡盆地、安康盆地、汉阴盆地、商丹盆地和洛南盆地。秦巴山区一直以来便是长江中上游一道重要的生态建设屏障，其各种自然资源非常丰富。金、银、铜、铁、硫、汞、锑、铅锌等矿的储藏量也颇具优势。但也是"八山一水二分田"的地方，地质条件较差，泥石流、滑坡频发，群众生存条件恶劣，贫困群体数量多、规模大，是我国西部典型的生态脆弱区。

---

① 兰岚：《中国西部生态脆弱区的空间格局及其现状研究》，硕士学位论文，四川大学环境科学，2005 年。

第二节 陕南生态脆弱区城乡经济社会一体化测度

陕南是陕西南部三市的简称，包括汉中市、安康市、商洛市，位于秦巴交界地带，土地面积为 7.1 万平方公里，人口为 857 万。秦巴山区是北部黄土高原区和南部西南山区的交界地带，是划分亚热带和温带、亚热带季风气候与温带季风气候、南北方湿润与半湿润地区的分界线。该区域具有丰富的自然资源和文化资源，但是在历史上，人类在此区域无序的开发与利用，致使该区域现阶段水土流失严重，自然灾害频发，严重影响了当地的自然生态演化和居民生活状况。而陕南地区更是位于秦巴集中连片特困地区腹地，生态脆弱属性明显，自然灾害多、贫困程度深。

为了从根本上解决陕南灾害与贫困问题，解除陕南三市经济发展的自然环境障碍，陕西省政府于 2011 年 5 月启动陕南地区移民搬迁工程，规划到2020 年共计搬迁 67.76 万户，237.87 万人。截至 2015 年成功搬迁 32.41 万户共计 111.89 万群众，在减贫民生建设的各方面都取得了良好成效，在解决"三农"问题、城乡一体化建设、促进农村变革等方面也产生了深远影响，为新时期陕西省打赢脱贫攻坚战积累了经验、奠定了基础。"十二五"时期，陕南三市累计完成避灾避险搬迁 6.28 万户，22.32 万人和洪灾避险搬迁 7.49 万户，24.49 万人，因灾伤亡率同比"十一五"末下降 80% 和 70%。搬迁群众彻底告别了自然灾害的威胁，生命财产得到了有效保障，跳出了陕南山区以往"受灾-重建-继续受灾"的恶性循环；搬迁群众生产生活水平得到显著提高，搬迁群众的收入由 2010 年搬迁前的人均 4151 元上升到 2015 年的 8689元；地区经济发展活力明显增强。陕南移民搬迁项目除了对当地注入直接投资还拉动了特色旅游、餐饮住宿、基建建材、文化娱乐等产业的发展。山区深处的群众通过易地扶贫搬迁，享受到了便捷的交通、高质量的医疗与教育、丰富的文娱生活、与城镇同等的公共服务，生活质量得到明显提高。此外，移民搬迁还改善了搬出地的生态环境，2011 年以来陕南地区空出 3.51 万亩宅基地，其中大部分土地都被用于植树造林以及复垦。每年治理水土流失面积接近 2500 平方公里，减少了由水土流失导致的滑坡、泥石流等地质灾害。年均植树造林 126.7 万亩，森林覆盖率达到了 57.8%，较"十一五"时期提高了 4.5%，保护了陕南的生态主体功能和生物多样性。

　　陕南移民搬迁近 5 年的成功实践，体现了中国特色社会主义的制度优势，体现了党和政府关怀弱势群体、扶助贫困群众、推动共同富裕的决心。陕南移民搬迁形成的农民向职业农民和产业工人的身份转化、传统农业向现代农业转化、传统农村向新型社区转化的经验，已经成为各地解决类似问题的模范案例。另外，当地移民搬迁形成的一系列变化，引发出未来一系列的重要变革，促进陕南地区传统农耕文明向现代文明的转变。本章指标体系的构建主要采用 AHP 层次分析法，以生态脆弱区为指标体系评价对象选取符合生态脆弱区城乡一体化建设和发展内涵的指标，建立生态建设和生态产业两大指标准则。同时做到指标间相互联系，内在逻辑统一。

一、生态脆弱区城乡经济社会一体化指标体系的建立

　　为了衡量生态脆弱区的发展水平与状态，构建一个城乡经济社会一体化评价指标体系成为本章的重要任务。在对国内外相关研究文献进行归纳总结之后，我们主要采用文献法和 AHP 层次分析法两种方法分析。

　　城乡一体化指标体系是用来评价生态脆弱区的城乡一体化发展的状况。在选择相关指标的过程中既要考虑这些指标的全面性，让这些指标可以全面客观地反映生态脆弱区城乡一体化发展状况。同时也要考虑这些指标的可获得性，由于我们后面将会对陕南三市进行测度，其中一些指标数据并不完善，或者口径变动较大，最终从这两方考虑并结合其他文献中的指标评价体系，我们制定了生态脆弱区一体化评价体系。其中指标层包括生态建设和产业发展两大方面，子准则层分为 5 个方面，指标层包含 12 个细分指标。具体指标如表 6-1 所示。

表 6—1 生态脆弱区城乡一体化评价指标体系

目标层	准则层	次准则层	指标层
生态脆弱区城乡经济社会一体化水平（A）	生态建设指标（B₁）	城乡居民生活水平（C₁）	城乡居民人均可支配收入比（D₁）
			迁建固定资产（D₂）
		山区生态建设水平（C₂）	受自然灾害影响人口（D₃）
			荒地造林量（D₄）
			水土保持治理完成量（D₅）
	产业发展指标（B₂）	城乡基础设施建设（C₃）	交通基础设施投资（D₆）
			城市道路面积/人口（D₇）
		生态产业发展水平（C₄）	工业固体废物利用量（D₈）
			有效灌溉面积（D₉）
			废水治理设施处理能力（D₁₀）
		农村工业化发展程度（C₅）	农用机械总动力（D₁₁）
			第一产业总值/GDP（D₁₂）

在选出 12 项指标来衡量生态脆弱区城乡一体化发展水平后，我们为每一项指标赋以合理的权重。本章选择了 AHP（层次分析法）来进行各指标权重的衡量，然后通过 2007—2015 年的时间序列数据分析陕南三座城市城乡一体化发展水平的变化。原始数据来自 2007—2015 年的《陕西省统计年鉴》《汉中统计年鉴》《商洛统计年鉴》以及《安康统计年鉴》。下面简单介绍通过层次分析法为 12 个指标进行赋权的过程：

①建立层次结构模型。层次分析法首先需要确定目标层、准测层、次准则层、指标层。四个层次相对应的指标已经在上面列举。

②构造准则层指标的判断矩阵。通过专家评分法对指标层中相关指标重要性进行评分，最终得出生态建设指标与产业发展指标两方面指数的权重之比为 6.5:3.5。

③一致性检验。由于指标之间两两对比数量较多，因此需要进行一致性检验。本章通过 MATLAB 软件构建判断矩阵计算一致性指标。通过一致性检验方可进行下一步计算分析。公式为：

$$CR = \frac{CI}{RI} \tag{6.1}$$

其中 CR 为检验系数，当其小于 0.1 时，通过一致性检验。

计算公式为：

$$CI = \frac{(\lambda_{max} - n)}{(n-1)} \tag{6.2}$$

其中 λ 为判断矩阵的最大特征根，n 为比较因子的个数。RI 为随机一致性指标，阶数越高，发生偏离的可能性就越大。一致性检验结果见表 6-2。

表 6-2　不同阶数的判断矩阵随机一致性

阶数	1	2	3	4	5	6	7	8	9	10	11	12
RI	0	0	0.49	0.79	1.09	1.19	1.27	1.47	1.51	1.53	1.58	1.61

通过表 6-2，可以得出通过一致性检验，本指标体系最终计算的各层次指标权重如表 6-3 所示。

表 6-3　各指标体系计算结果

目标层	准则层指标权重	次准则层指标权重	指标层权重
生态脆弱区城乡经济社会一体化水平	生态建设指标（0.65）	城乡居民生活水平（0.1779）	城乡居民人均可支配（0.5617）
			迁建固定资产（0.4383）
		山区生态建设水平（0.8221）	受自然灾害影响人口（0.0804）
			荒地造林量（0.3811）
			水土保持治理完成量（0.5385）
	产业发展指标（0.35）	城乡基础设施建设（0.2749）	交通基础设施投资（0.5317）
			城市道路面积/人口（0.4683）
		生态产业发展水平（0.4434）	工业固体废物利用量（0.34）
			有效灌溉面积（0.2796）
			废水治理设施处理能力（0.3804）
		农村工业化发展程度（0.2817）	农用机械总动力（0.5304）
			第一产业总值/GDP（0.4696）

注：所有逆指标数据已经进行正向化处理。

二、生态脆弱区城乡经济社会一体化水平测度比较

为了对生态脆弱区进行量化分析，以构建的评价指标体系为基础，计算出汉中、安康、商洛陕南三市 2007—2015 年的城乡一体化水平评价指数，其中参照指标权重，以 2006 年各市数据为基期。指数的计算公式为：

$$城乡一体化评价指数 = \lambda_m \sum_{i=1}^{n} \left(\frac{C_{it}}{C_{i0}}\right) \alpha_i, \ m = 1, 2, 3$$

其中 C_{it} 是指标 C_i 第 t 期的值；C_{i0} 是指标 C_i 基期 2006 年的值；α_i 是指标 C_i 的权重，λ_m 是西部地区的基准值；n 是指标的个数。

根据以上所设计的指标与模型，我们对汉中、安康、商洛三市的城乡一体化水平进行了测度，最终得到汉中、安康、商洛三市的城乡经济社会一体化水平及准则层得分数据如表 6—4 所示。

表 6—4　陕南三市城乡经济社会一体化水平测度比较

指标得分	地区	2007	2008	2009	2010	2011	2012	2013	2014	2015
城乡经济社会一体化总得分	汉中	0.888	1.354	1.546	1.450	1.578	1.907	1.970	2.101	2.409
	商洛	0.851	1.016	1.614	1.510	1.577	1.510	1.804	1.765	2.317
	安康	1.032	1.364	1.548	1.518	1.797	1.858	2.118	1.603	2.110
城乡生态建设得分	汉中	0.786	1.391	1.634	1.443	1.686	1.711	1.930	2.058	2.572
	商洛	0.728	0.866	1.804	1.587	1.445	1.143	1.526	1.411	2.266
	安康	0.882	1.366	1.731	1.621	1.999	1.987	2.364	1.487	2.165
城乡生态产业得分	汉中	1.096	1.287	1.382	1.463	1.379	2.269	2.045	2.182	2.107
	商洛	1.076	1.290	1.260	1.364	1.822	2.191	2.319	2.423	2.413
	安康	1.312	1.360	1.207	1.327	1.423	1.618	1.662	1.818	2.008

为了更为清晰地展示陕南三市近 9 年来城乡一体化水平的变化情况，以及了解产业发展和生态建设对城乡一体化最终得分的贡献程度，我们将陕南三市城乡经济社会一体化的发展状况通过折线图的形式进行表现。（图 6—1、图 6—2、图 6—3）：

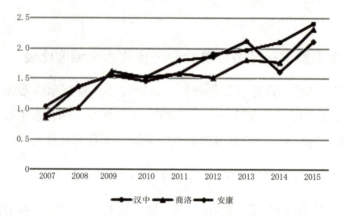

图 6—1　2007—2015 年陕南三市城乡经济社会一体化水平发展

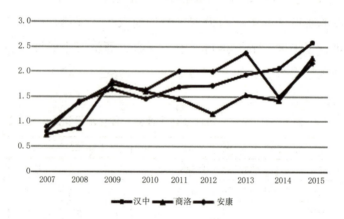

图 6—2　2007—2015 年陕南三市城乡生态建设得分

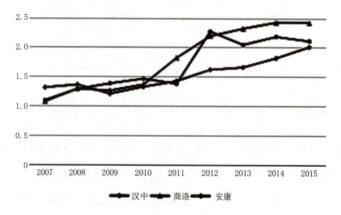

图 6—3　2007—2015 年陕南三市城乡生态产业得分

从以上的图表中我们可以得出：第一，陕南三市的城乡一体化的发展水平近些年呈现稳定上升趋势，其中汉中市城乡一体化发展速度保持稳定高速增长态势，从表6－4可以看出，截至2015年汉中市城乡经济社会一体化得分为三市中最高的，商洛排在第二，安康排在末位；第二，生态建设指标是生态脆弱区城乡经济社会一体化发展构成的主要因素，其权重达到0.65，远超城乡生态产业发展水平的权重。汉中市在2014年和2015年生态建设水平居三市之前，而安康市在2013年之前生态建设水平一直排名靠前，2014年安康生态建设水平虽有所下降，这主要是因为2014年安康受灾人口大量增加，影响了该指标的得分。商洛市在生态建设评分方面除了2009年和2015年均排名最后，这影响了商洛市在城乡一体化方面的总评分，但从2013年起商洛市该指标得分增速较快。第三，在城乡生态产业发展水平方面，虽然商洛在2007年排名为最后，但从2011年起商洛市一直居于前列，截至2015年商洛市城乡生态产业水平发展得分居三市之首，汉中次之，安康最后。安康虽然在生产产业发展水平得分上最靠后，但从2009年起安康的发展最为稳定，波动较小。汉中在城乡生态产业发展水平上则波动较大。

第三节 陕南生态脆弱区城乡经济社会一体化模式及经验

生态脆弱区模式是通过易地移民搬迁工程使居住在山区的农民进入基础设施更完善的城镇、园区、社区（中心村）等地区，收入增加，生活状况改善，同时对于损坏的生态资源进行全面的保护和重建、合理规划城乡产业结构和城乡人口分布；促进地区农产品生产经营活动快速形成规模，加速区域的商贸流通，促使劳动力在不同部门之间流动；在城乡间建立完善的基础设施保障和城乡协调发展的保障机制，对城乡经济社会一体化起到了极大的推动作用。

一、易地移民搬迁模式

陕南易地移民搬迁包括地质灾害移民搬迁、洪涝灾害移民搬迁、扶贫移民搬迁、生态移民搬迁和工程移民搬迁五种类型。易地移民搬迁工程使居住在山区的农民进入基础设施更完善的城镇、园区、社区（中心村）等地区，远离了突发性泥石流、山洪等地质灾害，生命财产安全得到了保障，收入也将会增加，生活状况得到改善；易地移民搬迁通过转移人口，对于那些由于不当人类活动导致损坏的生态资源可以进行恢复和重建，还可以伴随人口转移重新规划城乡产业结构，使其更趋合理化。

易地移民搬迁对城乡一体化发展的推动意义重大。陕南三市的易地移民搬迁工程秉承以人为本的原则，在实现政府长期目标的同时把移民农户自身利益作为政策的落脚点。移民的安置问题是易地移民搬迁工程中非常重要的一个环节，一般有两种安置方式。一种是依托迁入地拥有的产业进行集中安置；另一种是在政府的集中规划下，根据迁入地城镇发展层次、土地保有状况等实际情况进行插花式分散安置。陕南的做法是以集中安置为主，分散安置作为补充。政府主导筹措资金建立新型社区集中安置移民，在集中安置区周边建立农业园区、工业园区、生态旅游园区，在消化移民后存在的大量剩余劳动力的同时也能降低园区企业的用工成本，以园区企业的发展带动陕南山区的小城镇建设的脚步。

陕南三市从 2011 年 5 月开始实施易地移民搬迁工程，预计十年内将完成省政府计划的 240 万移民的搬迁工程。其中 2011—2015 年移民搬迁安置如表 6—5 所示。

表6—5　陕南地区易地移民搬迁安置情况表（2011—2015年）

单位：户、人

地区名称			汉中	安康	商洛	合计
户数			116 302	122 676	85 119	324 097
人数			387 437	414 208	317 272	1 118 917
搬迁类型	地灾	户数	13 260	32 315	17 245	62 820
		人数	47 929	110 228	65 020	223 177
	洪灾	户数	46 386	15 070	13 456	74 912
		人数	151 254	44 449	49 216	244 919
	扶贫	户数	42 892	56 512	45 443	144 847
		人数	142 278	196 118	168 044	506 440
	生态	户数	11 219	17 954	8298	37 471
		人数	38 977	60 281	32 303	131 561
	工程	户数	2545	825	677	4047
		人数	6999	3132	2689	12 820
安置方式	集中安置	户数	100 556	105 726	75 044	281 326
		人数	333 427	358 260	280 489	972 176
	分散安置	户数	15 746	16 950	10 075	42 771
		人数	54010	55 948	36 783	146 741
安置模式	城镇安置	户数	70 512	69 381	62 430	202 323
		人数	232 298	232 980	230 632	695 910
	农村安置	户数	45 790	53 295	22 689	121 774
		人数	155 139	181 228	86 640	423 007
	备注 靠园区安置	户数	17 111	18 492	28 454	64 057
		人数	57 873	64 883	105 935	228 691
	跨市县安置	户数	337	1577	8	1922
		人数	1069	5705	24	6798
	楼房化安置	户数	57 645	70 574	55 090	183 309
		人数	195 192	243 278	204 037	642 507

说明：楼房化安置是指四层及其以上的单元式楼房，以单家独户修建楼房不在此列。

表6-6　陕南地区移民搬迁集中安置点建设情况表（2011—2015年）

单位：户、人、亩、万元

名称			汉中	安康	商洛	合计
集中安置点建设情况	总体情况	点数	764	928	560	2252
		户数	100 556	105 726	75 044	281 326
		人数	333 427	358 260	280 489	972 176
	其中	小型 点数	532	596	390	1518
		小型 户数	29 413	28 369	18 958	76 740
		小型 人数	102 082	92 443	70 646	265 171
		中型 点数	196	269	140	605
		中型 户数	40 453	47 935	27 997	116 385
		中型 人数	131 144	158 647	104 425	394 216
		大型 点数	36	63	30	129
		大型 户数	30 690	29 422	28 089	88 201
		大型 人数	100 201	107 170	105 418	312 789
投资情况	投资总额		205 4386.40	2 313 928.85	1 581 723.9	5 950 039.17
	其中	住房建设投资 集中住房建设投资	1 555 449.45	1 591 906.87	1 157 492.5	4 304 848.88
		住房建设投资 分散住房建设投资	251 074	269 082	164 768.48	684 924.48
		基础设施建设投资	139845.43	250 520.87	156 226.52	546 592.82
		公共服务设施建设投资	86 301.42	178 341.39	64262.85	328905.66
		产业建设投资	21 716.10	24 077.72	38 973.5	84 767.32
用地情况	用地小计		20 419.67	24 960.50	15 713.06	61 093.23
	其中	国有建设用地亩数	1922.7	5671.50	1518.06	9111.72
		集体建设用地亩数	18 497.50	19 289	14195	51 981.51

注：大配套基础设施建设投资包括道路交通、给水、排水、电力、电讯、广电、护坡（挡墙）等工程投入。大配套公共服务设施建设投资包括社区管理用房、医疗卫生设施、教育设施、文体设施、污水处理、垃圾处理等工程投入。

表 6－7 陕南地区移民搬迁安置住房建设情况表（2011—2015 年）

单位：套、户、万平方米

名称	总户数	总面积	安置方式				安置模式				备注	
			集中安置		分散安置		城镇安置		农村安置		楼房化安置	
			户数	面积	户数	面积	户数	面积	户数	面积	户数	面积
汉中	116 302	1220.45	100 556	1036.16	15 746	184.29	70 512	715.23	45 790	505.22	57 645	554.05
安康	22 676	1326.63	105 726	1128.61	16 950	198.02	69 381	752.01	53 295	574.62	70574	722.79
商洛	85 119	908.56	75 044	791.94	10 075	116.62	62 430	658.33	22 689	250.23	55 090	591.21
合计	324 097	3455.64	281 326	2956.71	42 771	498.93	202 323	2125.57	121774	3330.07	183 309	1868.05

注：楼房化安置是指四层及其上的单元式楼房安置，以单家独户修建楼房只统计面积，不做楼房化安置统计。

从表 6－5、表 6－6、表 6－7 数据上可以看出，经过 5 年的努力陕南易地移民搬迁工程已经取得了一定成就，但搬迁只是发展的第一步，如何帮助搬迁居民致富并持续发展才是问题的关键。在这方面我们集中分析安康市紫阳县"公司＋农户＋基地"模式与池河镇绿色生态产业发展模式、汉中市宁强县金融扶贫促进产业发展模式、商洛市山阳县特色优势产业发展模式等，这些案例说明，通过易地搬迁，各地发挥资源禀赋优势，大力发展特色优势产业，辅之金融扶贫，实现易地搬迁的"搬得出、稳得住、能致富"的目标，加快了城乡经济社会一体化的进程，实现城乡融合发展。

（一）安康市紫阳县"公司＋农户＋基地"模式

紫阳县位于陕西省南部，地处汉江上游，大巴山北麓，隶属陕西省安康市。紫阳县种植魔芋历史悠久，以前主要是零星分散种植，规模小，产业做不大。近年来，紫阳县把富硒魔芋产业作为农业"双增"的支柱产业来重点培育，把魔芋生产作为易地移民扶贫骨干项目大力鼓励发展，成立了紫阳富硒食品有限公司，负责魔芋产前、产中、产后服务；按照"公司＋农户＋基地"的发展模式，规范化、科学化，突破技术难关；制定了魔芋产业的发展长远规划，并纳入农业种植结构调整和绿色产业基地建设目标考核。同时县农业局抽调技术骨干 15 名及聘用农民专业技术员 20 名，对全县 15 个重点镇，105 个村的魔芋种植进行包抓技术指导。专业技术员的补助工资，分基础工资和任务、效益、月出勤和抓点示范等项考核为依据发给基础工资及绩效工资。做到领导及个人任务明确，责任落实，形成齐抓共管的新局面。

以政府牵头，实施"公司＋农户＋基地"的群体发展模式。政府每年安排 150 万元作为专项扶持资金保障魔芋产业发展，主要用于魔芋高产示范基地建设，扶持培养种植大户，争取列入国家、省、市重点支持发展项目的规划。紫阳县特别重视规范化种植技术培训和推广，将其视为魔芋产业发展的生命线，视为农民增收致富和市场畅销的保障。与此同时，也注意强化科技支撑，实施"科技入户"工程。以科技为支撑，以市场需求为导向，积极开展与大专院校及科研院所的合作，编制实用教材，为老百姓提供种、管、收技术套餐。

紫阳县农户通过房产权、林权、土地所有权等形式入股，参与企业利润分配，同时还在工业园区周边建设移民安置点，为农民再就业创造便利条件，让其有长久稳定的收入来源，以实现"搬得出、稳得住、能致富"的这一移民搬迁的基本目标。

（二）安康市石泉县池河镇绿色生态产业发展模式

陕南地区由于处于山地之中，很多地区拥有独特的自然资源，安康市石泉县池河镇就是其中典型的代表。池河镇地理自然条件优越，区位优势明显。东、西、北为浅山丘陵，南面环山，境内海拔最高约 1880 米，最低 345 米；主要山脉为凤凰山，地跨石（泉）、汉（阴）两县；中部池河沿岸是石泉最宽阔的川道地带。该镇气候温和，雨量充沛，地肥水美，物阜民丰，是石泉县美丽富饶的东大门。改革开放以来，池河镇以经济建设为中心，全力打造陕南明星镇，各方面都得到了迅猛发展，被列为省级蚕桑基地，1999 年被陕西省体改委列为小城镇综合改革试点镇，2000 年被列为省级乡镇企业园区，2002 年又被安康市政府授予教育强镇，被中、省、市、县授予各类荣誉称号和表彰奖励 48 项（次）。

从池河的自然资源、地理环境和气候条件实际出发，以结构调整为主线，以改革开放和科技进步为动力，确立一抓蚕桑，二抓以黄姜为重点的中药材种植，三抓畜牧养殖和蔬菜为主的三大绿色生态产业建设。池河镇兴桑养蚕有悠久的历史，全镇现有桑园 1.7 万亩，其中密植桑园 8000 亩，多倍体品种桑已达 1000 亩，年养蚕 1.6 万张，户均养蚕 3 张；以黄姜为重点的中药材种植，经过几年的试种推广，现已成为农村第二大产业，黄姜种植达到 7300 亩，年产鲜姜可达 9000 吨；畜牧养殖业，结合国家退耕还林（还草）工程，已逐步走出农户散养，自给自足的传统观念，大力发展圈养牛、羊，现已建成养殖基地 4 个，发展养殖大户 149 户。2012 年农业总产值达到 1.96 亿元，农民人均收入为 8843 元。农民人均纯收入 1543 元。因此，池河镇通过绿色特色生态产业的发展，提高了群众的收入，缩小了城乡的差距，促进城乡一体化的形成。

（三）汉中市宁强县金融扶贫促进产业发展模式

宁强县，隶属于陕西省汉中市，位于陕西省西南隅，北依秦岭，南枕巴山。贫困面总体较大，截至 2015 年，全县仍有 107 个贫困村，6.85 万贫困人口，实现全面脱贫和贫困县摘帽目标任务十分艰巨。通过易地移民搬迁工程，特别是运用金融扶贫手段，实现脱贫攻坚，助推城乡一体化进程。主要经验为：

一是明确资金使用范围。按照"一点一策、一户一法"的总要求，遵循政府主导、群众自愿、社会参与、统筹使用、持续发展和公平公正公开的原则，通过支持符合国家产业政策和陕南循环经济发展规划的农产品规模化种养殖、农产品深加工、山林经济、生态旅游开发、现代制药、加工工业、机器制造、物流产业以及扶持搬迁群众就业创业贷款贴息、当地经济合作组织和各类龙头企业入股参与、适龄移民户职业技术教育资助、新建园区基础设施建设等项目，重点支持年度集中安置的移民户，优先扶持跨区域集中安置户、集中安置户中无稳定就业的移民户和贫困家庭。

二是规范资金使用方式。①已建成投产的企业，与搬迁群众签订了两年以上用工协议，按吸纳搬迁群众就业人数（最低不少于 5 人）申请贷款贴息。贷款额度根据实际吸纳就业人数确定，贷款期限不超过两年，贴息补助每人不超过 5000 元。②正在筹建（含改扩建）的企业，有吸纳搬迁群众就业计划，并与企业所在地政府签订四年以上用工协议，可按吸纳搬迁群众就业人数（最低不少于 5 人）申请贷款贴息。贷款额度根据与政府签订用工协议人数确定，贷款期限不超过两年，贴息补助每人不超过 5000 元。对逾期不能建成投产或不能履行用工协议的不予贴息。③搬迁户自主创业的，持工商部门颁发的营业执照，或以县区相关行业主管部门认定的具备一定规模的种养殖业、三产服务业为依据，可申请贷款贴息。贷款额度不超过 15 万元，贷款期限不超过两年，贴息补助不超过 5000 元。④对不具备自主创业能力只有劳力的搬迁户，按户均 5000 元标准作为该户参股入股资本金，统一到当地经济合作组织及龙头企业参股入股，按收益分红，并通过劳动获得报酬。⑤按人均 500 元标准作为移民搬迁适龄户劳动职业培训费，以培训花名册、培训资料和支出相关票据为准，与县劳服局结算。

三是加强资金账户管理。严格按照《汉中市陕南移民搬迁专项资金管理办法》相关要求，实行专户存储、专账核算、专款专用、封闭运行。县人民政府是监管主体，产业扶持项目具体由各行业主管部门负责组织实施，对三年内已经享受过财政支持的单位原则上不再安排。同时县财政局、移民办成立联合检查组，开展不定期的督促检查，使用期届满，行业主管单位负责将拨付给各企业或经济组织的贴息贷款和入股参股的产业扶持资金收回，主动接受审计、监察、财政部门的审计和监督检查。

宁强县通过资金融资、放大效益后，按照"移民搬迁致富贷"申请办理程序，现已扶持搬迁户发展产业 136 户，帮助企业融资 2 家，新添移民就业岗位 1510 个，有力地缓解了群众资金压力，让群众低首付早日入住新居，帮助了企业和专业合作社发展，促进了群众就业增收。到 2017 年年底，宁强县脱贫攻坚成效显著。实施国开行贫困村基础设施项目 277 个，建成贫困村道路 22 条 65 公里、饮水安全工程 25 处，新建和改造农村供电线路 412 公里，实施农村环境整治项目 17 个，完成农村用电抄表到户改造 1.6 万户，打好脱贫攻坚战，使其基础更加坚实。投入产业扶持资金 1.01 亿元，建成扶贫产业示范园 136 个，辐射带动贫困户 4121 户，1.2 万人，户均增收 3000 元以上。全年 4 个贫困村、7406 名贫困人口脱贫退出，在陕西省各次检查考核中均位列第一方阵，城乡差距在不断地缩小，一体化进程也在加快。

（四）商洛市山阳县特色优势产业发展模式

山阳县位于陕西省商洛市，属陕西东南部，地处秦岭南麓、商洛市南部。县域面积 3535 平方公里，居商洛第一，陕西第六。境内森林面积 373 万亩，森林覆盖率 62.9%。截至 2015 年，全县共有 129 个贫困村，3.12 万户贫困户，9.61 万人口。通过近年来特色优势产业的发展，实现了搬迁群众搬得出、能就业、快增收，助力脱贫攻坚，实现城乡一体。其主要经验为：

一是特色工业产业园促进搬迁群众脱贫。山阳县依靠自身矿产、中草药及旅游等资源优势，通过积极招商引资充分发挥支柱产业的优势，走出了一条以优势产业带动易地移民搬迁群众就业的道路。2011—2015 年，山阳县移民搬迁坚持"靠城、靠镇、靠园区"的原则，累计安置移民 16 602 户 64 640 人。在移民搬迁和产业园区结合上，实现新建产业园区毗邻移民社区、新建移民社区毗邻产业园区"双毗邻"，做强工业园区、做特农业园区、做优旅游景区。全县已解决搬迁群众就业 21 398 人，占搬迁群众人数的 33%。其中就地就近进入工业园区、农业园区、旅游景区就业 16 048 人，占搬迁就业群众人数的 75%。

山阳县牢固树立工业领航、率先发展理念，形成了由必康生物医药产业园、五洲钒产业园、鹃岭黄金产业园、漫川金川生物产业园、县域工业集中区组成的"五园一区"。在移民搬迁实施过程中，将安置点选址规划与产业园区建设规划相结合，在产业园区周边规划移民搬迁安置点聚集人气，为企业提供产业工人；在移民集中安置点周边规划建设产业园区，为大量富余劳动力提供就业岗位，产业园区建设与移民搬迁联动发展，政府、企业、移民实现共赢。为支持产业园区的建设，山阳县每年落实产业发展和项目前期资金各 500 万元，引导企业积极运作，全面推进园区建设工作。山阳县充分利用自身优势，加大力度招商引资，在主导产业的基础上建立多个产业园区，并将精准扶贫与产业园区紧密结合，建立了政、银、农、科、企五位一体产业扶贫新平台。

二是特色农业带动搬迁群众增收。由漫川生态农业观光园区、法官千亩荷花观赏园区、漫川生态有机茶园区、优源陕南生态黑猪养殖园区、意发生态牛羊养殖园区、板岩-中村食用菌产业带组成的"五园一带"。依托农业产业园区,推广"企业＋基地＋农户"产业化发展模式,鼓励种养户搞深加工,提升产品品位、提高产品效益、拉长产业链条。在产业规模快速扩张的基础上更加注重产品质量,提高企业品牌建设。建设农村农产品质量安全追溯体系 11 个,完成"三品一标"一体化认定 4 个,培育市级知名农产品品牌 2 个。农产品网上交易额 1.1 亿元,7 家农特产品龙头企业与南京市六合区供销社合作,首批 20 余种特色农产品已在六合区试销,签订了 5000 万元蛋品合同订单。

山阳县充分发挥农村集体经济的优势,通过"三变"进一步提高农民收入。全县农村土地确权登记颁证工作全面完成,2 个农村产权制度改革试点村稳步推进。鼓励引导农户把可变资源资产进行折股量化参与"三变",初步形成了城市带动、资源资产、乡村旅游等 10 种村集体经济发展模式,25 个"三变"改革示范村初具成效,18 个村成立了村集体经济组织,45 个村集体经济实现零突破。

三是旅游产业促进搬迁群众就业脱贫。在工业与农业发展的基础上,山阳县利用自身旅游资源丰富的优势,大力发展旅游产业,进一步增加群众收入。山阳县地处秦岭南麓,境内流岭、鹃岭、郧岭山系横贯南北,金钱河、银花河在层峦叠嶂间奔腾前行,旅游资源十分丰富。近年来,全县先后建成 1 个国家级 4A 级景区,2 个国家级 3A 级景区。为进一步提升特色文化旅游资源与特色产品品牌知名度,提高市场占有率,带动全县脱贫摘帽步伐。山阳县多次与长安航空公司对接洽谈,历经半年时间,最终敲定"山阳特产上蓝天"精准扶贫项目,将山阳县旅游景区、民俗文化、歌曲影视、农副产品等地方特色资源在长安航空公司航班上广泛推广,打造航空文化工程,树立航空品牌和社会形象。

为进一步促进搬迁群众就业,山阳县着力搭建"三大服务平台",为移民群众就业提供有力保障。①搭建移民服务平台。山阳县把全县搬迁安置小区的物业管理纳入丰阳物业管理有限公司进行专业化管理。以"脱贫攻坚"为契机,对搬迁户安置情况摸底登记,建立移民户就业信息库,按照"一区一策、一户一法"的帮扶策略,对"两灾户""两困户"群众进行帮扶指导。②

搭建政策扶持平台。先后印发了《关于加快新兴工业化进程促进工业转型升级的决定》《关于加快推进高效生态现代农业发展的决定》，通过一系列的政策扶持，加快推进园区建设。③搭建技能培训平台。以县职教中心为龙头，联合商洛新潮学院，以镇村成人技校为主阵地，对搬迁群众集中开展种养殖技术、商贸经营、产品营销以及厨艺等实用技能培训。

二、水土保持模式

陕南三市的水土保持工程包括水土流失治理、坡耕地改造和农田建设等，重点工作在改造坡耕地和治理水土流失。

陕南山区的水土流失治理主要集中针对长江流域的治理。自 1989 年长江流域水土保持治理工程开建以来，陕南重点对汉江流域的水土流失展开治理，设置一系列的水土保持措施。建成了诸如安康市汉滨区黄石滩水库、汉中市洋县卡房水库等一批蓄水调水和节水工程，覆盖汉江流域多个县区。在实施长治工程 20 年来，陕南的水土流失治理取得了阶段性进展。

坡耕地改造项目主要集中于秦巴山区的中、低山坡地及低山丘陵，在这些地区修筑梯田、改造坡耕地，并配套以相适应的水利设施，进行基本农田建设，对地区内原有农林牧等用地也布置以相适应的农业耕作措施、植树种草措施，构建综合的防治措施体系。此外，在地区内开发经济林、培育各类水果基地可以发挥区域农产品资源优势，有望形成规模化产业，不仅能直接增进农民的收入，还有助于建立一定规模的如平利县有机茶生态园、紫阳县富硒茶园、城固县的柑橘园等农业园区，促进县域经济协调发展。

水土保持模式不仅改善了原有自然生态系统功能，是发展循环经济的保障，还推动城乡资源合理的整合规划，形成节能低耗的产业结构，为可持续发展奠定基础。在此基础上发展起来的生态产业有助于推动经济增长方式转型，加快劳动部门的 转移，促进城乡经济社会一体化进程。

三、资源开发带动模式

资源带动模式的应用要求成功定位一个主导产业，通过主导产业的发展横向激发相关产业的竞争活力，纵向辐射带动上下游产业发展，形成一个完整的、有活力的、相互影响的、相互共生的产业链条发展地区经济。

资源开发带动模式是循环经济模式在陕南山区城乡经济社会一体化发展过程中的一个重要应用，这一模式对陕南地区丰富的土地矿产资源、森林生态资源以及人文历史资源进行合理的开发和规划利用，在市场上构建一定规模的可循环产业群，低消耗、低污染、高产出的发展城乡经济。

第一，陕南土地矿产资源丰富。陕南地区以盆地和丘陵地形为主，秦巴山脉在此交连，长江黄河两大流域在此汇集，常年受丹江、汉江、嘉陵江水系的滋养，区域内水土资源丰富。此外陕南地区地质构造复杂多样，保有丰富且大量的矿产资源。地质矿产勘探资源统计数据显示，陕南已发现有用矿产105种，其中探明储量的有80多种，一半以上的矿产在全国占有优势地位，具有绝对优势，即保有储量排全国各省前五的矿产资源也高达35种之多。其中灰岩、钼、汞、石棉、隐晶质石墨、石英岩、大理石、金、重晶石等矿产储量大、品质优，竞争优势明显。

第二，陕南森林生态资源丰富。陕南秦巴山区具有广袤的亚热带常绿阔叶林及落叶阔叶林，还建设有超过1200万亩的核桃、板栗、茶叶等特色经济林，地区森林覆盖率超过60%，蓄积总量接近3亿立方米，拥有占全省一半以上的森林资源。森林的高覆盖涵养了大量的水资源，保持了地区生物多样性，陕南山区拥有已知各种生物6000多种，很多种群的数量颇大。

第三，陕南人文历史资源丰富。陕南地处黄河流域和长江流域的交界地带，两大流域文明在这里交融，并且在历史发展中也吸收了巴蜀文化和荆楚文化，长期以来形成了独有的人文习俗和历史文化。得天独厚的地理气候条件，加上人文历史资源，形成了陕南山区旅游资源优势。境内安康的南宫山、香溪洞，商洛的金丝峡、柞水溶洞、牛背梁森林公园等景区远近闻名，即便是在旅游资源丰富的陕西省也凭借其独特的风格自成一派，每年吸引大量游客参观游玩。

通过陕南的各种资源的开发利用，形成特色矿产品加工、特色杂果、旅游业，提高了农民的收入，改变了传统的产业结构，地方财政收入大幅度增加，反向增加对农村的各种投入，基础设施更加完善、医疗保障水平提高、教育更加公平，城乡一体化良好开局已形成。

四、农业产业化模式

农业产业化模式是生态脆弱区生态产业模式的具体实施。陕南地区的农业产业化是以小城镇建设为基础进行区域性的市场规划，现代化生产、专业化管理、市场化销售，在农业产业化过程中通过农产品拉动上下游相关产业共同发展，进而形成农产品多元化产业格局。

陕南的各市县落实农业产业化五年以来，建成诸多现代农业示范园和特色农业产业带，涉及各类蔬菜、水果、水稻、油菜、茶叶、烤烟、中草药、蚕桑和畜牧产品等农产品生产领域，大幅提高了农民的收入水平。陕南的农业产业化生产以村、镇、县为基本经营单位，通过县城和集镇的农贸市场连接，建成一条集产、供、销一体的农产品生产链条。具体到各县的实施结合当地的实际情况又有不同的模式细分，比较典型的有洋县"农业集中区＋龙头企业＋合作组织＋技能培训"模式、宁强县"农户＋合作社＋企业"模式、白河县的"企业＋生产基地＋农户"模式、南郑区"主导产业＋专业合作社"模式以及丹凤县的"市场-龙头-基地-农户"逐层带动的模式。

农业产业化模式促进地区农产品生产经营活动规模化，加速了区域的商贸流通，促使劳动力在不同部门之间流动，加速了城乡一体化格局的形成。与此同时，新型的农业产业化的生产方式对传统农业的生产方式的替代，是对产业结构的优化升级。

五、城乡联动模式

基于浙江南部山区"异地开发"模式打造的飞地经济和"浙商回归"模

式带动乡镇发展的成功经验，陕南山区通过城乡之间资源要素合理配置流动发展城乡联动模式，形成以工业发展促进农业发展、以城市发展带动乡镇发展的格局。城乡联动模式是农业产业化发展的必然结果，模式要求在城乡间建立统一可共享的基础设施保障、完善的社会事业与市场体系以及城乡协调发展的保障机制，城乡联动机制的实施可从城乡规划、市场要素、社会制度、基础设施、公共服务五个层面具体展开。

城乡规划联动是在统筹城乡规划，合理布局城市和乡镇的软硬件基础设施的基础上，建立先进产业园区，引进资本、人才和技术并形成集聚效应，加强城市和乡镇、农业和工业之间的交流和联系，借助市场机制发挥城乡间、工业和农业中的人力资本和土地等生产要素的优势，实现城乡、工农的共同发展。社会制度的联动是要认清城市和乡村、工业和农业现阶段的社会发展地位并明确未来的发展方向，在制度的改革变迁中发挥政府在完善法律体系、整改户籍制度及改革土地制度等方面的主动作用；基础设施的联动是通过完善城乡交通设施和农业水利设施，实现城乡基础设施的共享，新建基础设施的同时更高效率的利用已有的基础设施；公共服务的联动主要是通过公共财政体系和农村社会保障制度的协同作用，促进城乡公共服务趋同化。

城乡联动模式是利用农村专业化组织将城市和乡镇连接起来，促进生产要素在市场上自由流动合理配置，在中心城市的带动下在周边村镇建立产业集中区，带动周边村镇发展，缩小城乡发展差距。

六、陕南生态脆弱区城乡经济社会一体化的经验

十多年来，陕南生态脆弱区借助易地移民搬迁工程、资源开发模式、生态建设模式、城乡联动和农业产业化模式发展区域城乡一体化，取得了显著的成效。

（一）加大对基础设施及特色产业领域的投资

陕南山区地形复杂，加之科技教育发展落后，观念陈旧，人力资本不足，与关中、陕北地区相比人民生活水平较低。通过加强交通、绿色农业、特色

工业、生物医药和生态旅游等领域的投资改善了陕南人民生活水平，推进陕南山区的城乡一体化进程。

第一，交通信息网络投资。俗话说，要想富，先修路。交通信息网络的不发达是限制山区城乡经济社会发展的主要障碍。所以陕南的发展要突破就必须注重交通信息网络的建设和完善。近年来西汉高速、西康高速、西商高速的顺利通车将陕南划入西安两小时经济圈内，陕南地区与省会城市的联通得到了进一步发展，与此同时也提高了陕南地区与省内其他市县以及邻近省市的通行能力，这拓宽了陕南地区的贸易市场，对陕南经济的长期发展产生积极推进作用。

第二，绿色有机农业投资。囊括粮油稻谷、水果蔬菜、饲料加工、家畜屠宰、渔业养殖等多领域生产的绿色有机农业是推动陕南经济发展主要引擎，投资需要覆盖农业生产技术推广与改进、农业产业园区建立壮大和现代农业经营管理方式应用和普及上。但是很多生产都是小规模经营广泛存在，未形成规模效应，所以要进一步提高当地政府和群众对绿色农业的重视程度，加大第一产业的投资需要。

第三，特色工业投资。陕南凭借丰富的矿产资源、水资源和森林生态能源发展起具有陕南特色的工业模式。但是多年来不规范的采矿形式未能使陕南工业形成规模效应，还造成了资源的严重浪费，因此未来地区工业投资应对资源合理规划利用、科学管理以形成资源的规模效应，积极开展新材料研发制造、清洁能源、丝绸制造和食品加工业等低耗能、低污染的产业。

第四，生物医药投资。陕南植物资源也比较丰富，中药材的储有量也颇为可观。生物医药产业是以中药材的发掘、培育、研究、生产、销售为主体。生物医药的投资就是需要资金支持中药材生产基地的建设、药品监测标准的设定、检测技术的改进、产品销售市场的建设和品牌打造等方面推动陕南生物医药产业的规模化和现代化发展。

第五，生态旅游投资。陕南山区具有良好的自然环境和丰富的历史人文资源，具备发展旅游得天独厚的基础。但是交通不便、配套服务不到位是陕南旅游行业长期未能快速发展的拦路虎，所以应该注重投资于建设交通网络和生态旅游配套产业的发展。

（二）倡导绿色生产方式，构建生态产业链

陕南传统产业存在资源加工层次低、链条短，是一个典型资源输出区域，同时资源开采中污染大，回收率低，因此地方积极构建生态产业链，实现高效生产。

第一，打造生态产业园区，实现科学化生产。生态产业园区是相关产业的不同企业在当地社会、经济、自然条件等优势的吸引下形成聚集，共享公共基础设施、资源互换、技术互补。在园区内，不同企业相互适应形成多元化的自然-经济-人文系统。陕南自然和文化资源得天独厚，而打造生态产业园区有助于科学配置和充分利用这些资源，提高产业化组织能力。循环发展战略、县域竞争、企业自身压力推动是陕南生态产业园区发展的三大动力来源，可以保证其自发的并且持久维持运营。生态产业园区的具体可以分为生态农牧业园区、生态工业园区、生态旅游产业园区和高新技术产业园区。

第二，构建生态产业链系统，实现高效生产。生态园区生产方式的发展要求构建一个完整的生态产业链系统，提高生态产园区的生产效率。生态产业园区资源利用效率和复杂程度正相关，越复杂的生态产业链系统与有助于生态产业园区资源的高效利用，反之较为简单的生态产业链系统不利于资源利用。一般的产业链系统构建有三个原则：①交易成本最小化。低交易成本可以加强企业之间分工的专业程度，保证生态产业链系统稳定；②资源利用最大化。高效率的资源利用意味着更明显的产业关联效应，对应的生态产业链系统也就越稳定；③企业经营规模化。规模化会降低企业的成本，更多资金可以投向技术研发和能力改进，增强企业竞争力，也会使生态产业链系统更稳定。

（三）重视利益分配，协调城乡同步发展

陕南山区发展城乡经济社会一体化时以生态建设模式和生态产业模式为指导，打造生态农业园区、生态工业园区，形成了一个稳定的多元生态产业链系统。但多方利益关系的协调与否也是制约产业园区能否运营成功的关键要素，以健全的利益分配机制是保障模式长期运营的重要需求。利益相关方主要包括当地政府、

园区内的企业和农户、科学技术指导机构及相关的管理部门。

第一，各利益相关方需要对各自应承担的职责和享有的权利进行确定，该尽义务时尽义务，该诉权利的时候诉权利，在这个过程中政府主要起监督和督促作用。尤其政府也应该明确职能并积极作为，完善社会法律体系、建设公共基础设施、供给公共产品和服务，为企业的生产经营活动创造良好的环境，保障园区内企业和各农户合理合法获得应得的增值收益。

第二，应该重视城乡权利的再分配。城乡经济社会一体化是城乡经济政治文化多要素的融合，需要协调各方利益。因此还要依据利益关系主体平等、利益构成透明、利益分配合理三个利益分配的原则。重新分配城乡权利义务，考虑农民的城市化成本，提高农民在土地增值收益中的分配比例。

第三，在利益分配中重视激励性、竞争性，要以人为本。利益分配机制要能调动企业和农户在生产中的积极性，要以人为本，创造一个公正平等自由的市场环境，通过激烈的市场竞争保证生产经营活动的活性。

七、陕南生态脆弱区城乡经济社会一体化的政策保障

自身贫困的客观原因限制了山区的城乡经济社会的发展，这类地区仅凭自身能力改变贫困现状很有难度，所以政府保障制度体系就显得不可或缺。本章从扶贫、法律、财政和产业政策多个方向给出健全完善的保障制度体系。

（一）扶贫政策保障体系

贫困是阻碍山区城乡经济社会一体化发展的重要因素，所以解决贫困问题是统筹城乡经济社会发展的首要任务。大范围的扶贫必须借助国家扶贫政策的力量，仅靠山区自己难以实现。改革开放以后，我国扶贫政策有 1985 年、1993 年和 2000 年的救济式、开发式、攻坚式和新世纪精准扶贫政策四大阶段，即我国从"输血式"扶贫向"造血式"扶贫政策逐渐演化。现阶段实行的扶贫政策是以村镇为基本单位，通过在当地发展产业企业和培训劳动力，拓宽农村居民的就业渠道、增加农民的收入水平。但是把资金用于发展产业和开展培训会占用了扶贫资金分配份额，并且用于扶持产业发展的资金

具有一定的风险，在短期来看确实是对解决"生活贫困"的核心扶贫宗旨相背离。因此在此基础上还需要两个方面的努力：其一是规范贫困区县评判标准和识别机制，提高评审程序的透明度，精准识别贫困县；其二是改善贴息扶贫贷款机制，加强申请方和审批方的信息交流，保证扶贫的质量得到保障。

（二）法制环境保障体系

法制环境保障体系旨在建立健全的法律法规以及社会管理制度，解决由于法制缺失造成发展城乡经济过程中资源配置不合理的现象，整治山区经济发展中污染环境和浪费资源的现象。法制环境保障体系主要包括为南水北调政策、生态移民政策、土地政策、户籍政策、教育体制、医疗卫生社会保障等制度的改革提供法律支撑。

南水北调工程是通过人为手段将水资源在全国范围内重新配置，可以提高水资源的利用率。南水北调还有助于易地搬迁移民的安置，带动南北区域的协调发展；生态移民政策是考虑原有生态区域已经不适于人类居住或者该地区环境承载度已经达到当前人类活动影响的极限，在相关法规政策的指导下，人为地进行易地搬迁；土地制度的改革过程中重视土地产权所有和流转问题，在相关法律的保护下可以实行自由土地流转、整合小块土地资源，更高效地发挥土地的作用，推动其他产业的加速发展；户籍制度的改革应联系陕南三市各区县的居民户籍变动的实际情况，建立相关的保障性法律体系；教育改革应主要在法律的规定下进行山区教学资源整合、调整教师年课时量和教师的构成结构。在以上政策实施过程中，法律主要负责制定规则，可以激励改革积极性，为发展城乡一体化提供基础保障。

（三）产业政策保障体系

产业政策保障体系是调整产业结构、推进产业升级的重要手段。产业政策的制定主要依据以下几个原则：第一，绿色产业导向。历史实践证明，只有遵循自然生态的演化规律，制定的产业政策才能取得长久成功，能否符合绿色产业导向就成了新产业政策优劣的一个重要的标准；第二，扶持资源依托型主导产业。生态脆弱区城乡经济社会的发展进步离不开当地的资源优势和政府相关的资源依托型产业的扶持，避免对资源的滥采滥用的同时注重引进先进的技术和管理经验；第三，促进一、二、三产业的融合。加快各类经济开发区、产业园区、集中区的规划建设，建立一批具有竞争力的高新技术开发区、工业园区、农业园区和生态旅游园区，发展企业间的生产交流，加快能量和信息的循环，促使生产要素向产业园区聚集，合理高效地配置和利用已有资源。

（四）财政政策保障体系

要以人为本、实事求是地以科学严谨的手段制定财政政策，减少制度的随意性。在调整税收政策时要注意，提高税收优惠可以提高全民生产积极性；在公共财政支出方面，确保健全教育经费审批机制与扶贫补助、社会保障制度，提升医疗卫生服务质量的同时，还要注重完善公共服务产品的种类和数量等。在面向陕南贫困地区发展城乡经济时，要鼓励各银行降低融资门槛，扩大信贷规模，以优惠的财政政策投入，致力于实现陕南山区基础设施的突破性建设。在提供有偏性财政金融政策优惠的同时，严格监督和控制财政预算中专项资金的使用情况，提高资金的使用效率。

（五）货币政策保障体系

陕南山区统筹城乡经济社会一体化在货币政策层面的主要问题是需要提供一个良好的金融环境来解决基础农业、生态旅游、特色工业的发展资金缺乏实际。结合现阶段实施的金融货币政策中存在的不足提出：第一，建立具有地方特色的信贷业务并促进融资方式创新、多样化发展。所建信贷业务不仅拓展融资渠道，解决中小企业贷款难的窘境，还能督促企业建立内风险防范措施；第二，鼓励重点行业、支柱产业以及发展前景良好的企业，通过自筹资金、信贷融资等方法吸纳各界资金扩大规模，融资上市；第三，建立用于公共服务的专项基金。为科学研发部门、教育部门、文化部门和卫生事业部门建立定向基金，加大用于发展科教文卫事业的投入。

第四节 其他生态脆弱区城乡经济社会一体化模式与经验

本章以国内已有的部分生态脆弱区城乡一体化的成熟经验为出发点，总结特殊地区城乡经济社会一体化发展模式中的共同点，找到适用于该类地区城乡经济社会一体化发展的普遍规律，指导其他生态脆弱地区城乡一体化发展。我国的生态脆弱区面积大，类型多。本节引入 5 个生态脆弱区城乡经济社会发展成熟模式的历史实践，对其他生态脆弱区以供借鉴。

一、太行山区岗底模式

河北省内丘县侯家庄乡位于太行山深处，30 多年前是著名的贫困村。岗底村自然环境恶劣，人多地少，全村共有 200 亩农田和 7800 亩荒山，这种情况直接制约着农业规模化发展以及效率的提高。尽管山区有着众多特色的农副产品，但未能形成品牌与产业链条。此地区绝大部分劳动力属于体力型和依靠传统经验耕耘的劳动者，人均年收入 50—80 元，总体而言可以将岗底村当时的情况概括为"山秃、人穷、观念旧"。

在当地政府帮扶下，当时的岗底村支部书记杨双牛经过反复的思考和研究，探索出了一条适合岗底村发展的道路：统一规划建设、统一组织服务、统一质量标准、统一检查验收的治山方法。太行山地区土层薄、容易水土流失的特点要求借助搭建隔坡沟状梯田的方法进行山场整治，从"土壤聚集"到"径流聚集"，不仅保持了水土，还改善了自然生态系统，为后期荒山植被的培育奠定了基础。荒山治理、水土流失保护成功之后，岗底村根据自身的自然环境条件，着手无公害绿色果品产业的发展，进行农业现代化建设。在果品产业的发展过程中，岗底村成立河北福岗食品有限责任公司，注册商标"福岗"，注重打造农产品品牌。公司实行采购、生产、销售一体化的经营模式，从生产、收购、分级到上市的每一个环节都层层把关，为把"福岗"这个品牌打响，公司还制订了《福岗集团企业标准——无公害优质苹果生产综合管理》和《福岗集团企业标准——无公害鲜苹果》等文件进行具体约束。
2013 年辐射带动实现全乡 1.63 万亩苹果种植、管理、销售规模化，加上核
桃、板栗等创建 10 万亩苹果基地，做强做大苹果产业，创造河北省、中国乃
至世界的苹果产业园，建立了"公司＋标准＋基地＋农户""协会＋农户"的
生产经营模式，2013 年人均纯收入达 5000 多元。

在岗底村扶贫开发的过程中，科技起到了巨大的推动作用，综观发展的
每一个脚印都离不开科技的支持，科技支持始终贯穿于岗底村治理荒山、改
良土地、培训农业、发展特色果业、果业品牌建设的一步。将岗底村科技扶
贫的路线进行总结我们会发现，科技专家是源头，农民技术员是传播技术的
主线，"公司＋基地＋农户"的组织形式是科技扶贫的长效保障机制，而政府
则是科技扶贫的主要推动力。

太行山区的"岗底模式"依托科技，以强化生态系统的治理和恢复为手
段，培育了具有强大潜在竞争力的有机苹果产业龙头企业，带动地区经济发
展。既兼顾了生态系统的保护又保证了扶贫开发，实现了山区富民强民之路。
这一模式值得那些具有类似生态环境基础的地区借鉴。

二、浙江松阳模式

松阳县地处浙西南山区，地形以中低山、丘陵为主，四面环山，唯有中
部存在部分平原地区，其中平坦地带被称为"松古平原"，是一个传统的以农
业为基础的地区。其原本的传统作物主要有水稻、小麦、油菜、茶叶等。由
于生产分散，种植方式不科学，其当地农业的生产效率一直较低，曾被列为
浙江省省级贫困县之一。松阳县"十五"时期坚持"绿水青山就是金山银山"
战略思想，深入实施"生态立县、工业强县"战略，坚持建设"田园乡村"
的发展理念，县区经济发展水平迅速提高，工业实力也得到了增强，逐步从
追求数量过渡到追求质量，着重发展"品牌经济"。

松阳县在"十五"期间结合地区内的实际情况发展循环经济，逐步形成
了生态与产业双赢的模式。依托当地地域、产业、技术、政策 4 大优势发展
起来的林菌循环经济，遵循物质能量循环利用原理，通过市场机制高效配置

林菌资源，形成"笋竹林＋食用菌""竹林、香榧＋家禽"的互补共生的模式，提高产业效益的同时也保护了生态环境，实现了社会协调发展的实践统一，实现了山区发展的可持续。

在工业建设方面围绕松阳县打造"浙江特色制造业基地"目标，规模以上工业总产值由 2010 年的 89.36 亿元增至 2015 年的 165.31 亿元，年均增长 13.1％，工业增加值占生产总值比重由 34.6％增至 39.1％。其中产业平台建设取得新突破，成立松阳-余姚山海协作产业园，并围绕产业园建设相关辅助的基础设施。在完成量增加的同时，松阳产业已经开始注重向环保绿色方向进行改进。

除此之外松阳县大力发展生态旅游产业，松阳县"十五"时期坚持"项目主导，规划先行"的原则加大对重点景区的建设，并对配套的相关设施给予支持。近些年，松阳旅游业发展势头强劲，尤其是旅游养生经济发展态势喜人，2015 年松阳县全年接待游客 247.48 万人次，实现旅游收入 11.43 亿元，分别增长 31.2％、40.9％，增幅均居全市第一。近些年松阳开展《田园乡村建设与评价规范》编制工作，截至 2015 年已经完成第一批省级历史文化村落保护利用以及 30 个中国传统村落保护发展规划编制工作，大东坝镇六村等入选中国优秀传统村落档案，杨家堂村还荣获了"中国最美村镇"榜样奖。随着优秀田园乡村的建设，松阳生态旅游发展将更进一步。

2015 年松阳全县实现生产总值 85.86 亿元，增长 7.0％，农村居民人均可支配收入 13 267 元，增长 10.2％，增长幅度超过城镇居民 8％的收入增长幅度。2016 年全县就业人员 12.9 万，其中城镇就业人员 6.02 万。全年新增城镇就业人员 0.26 万。我们认为松阳"田园乡村"的理念，以及结合地区特征发展相关特色产业的政策思路值得借鉴推广。

三、贵州毕节模式

毕节市位于贵州省西北部，具有典型的喀斯特地形地貌特征，其喀斯特地貌占全国一半以上，该地貌极大地影响了正常的生产生活。1987 年，全市人均纯收入仅 184 元，人均工农业总产值仅为 288.9 元，人均粮食不到 200

公斤。全市人口自然增长率为 21.29‰，贫困人口占其总人口的 21.29%，农村贫困人口占其总人口的 53.68%，并且全市文盲、半文盲比例高达 48%。自然生态环境恶劣，经济极度贫困、生育观念落后、人民群众文化水平极低，是对建立试验区之前的毕节市最好的概括。长期以来毕节市逐渐形成了拥有"人口增长-生态恶化-经济停滞"三大难题的恶性循环怪圈。建立试验区之前毕节市是贵州省最贫困的地区之一。

面对毕节市这种恶性循环的怪圈，1988 年贵州省委提出了建立毕节市"开发扶贫、生态建设试验区"的思路。经过半年时间的专家讨论调研，同年 6 月 9 日，国务院国办通〔1988〕38 号文件正式批复同意建立试验区。毕节试验区在发展过程中并没有盲目地照抄照搬沿海开放地区的做法和模式，而是根据自身的实际情况将所需要解决的问题定位为改变贫困面貌，继续解决温饱问题。毕节试验区没有将追求经济增长放在工作的首要位置，相比经济的增长试验区更加重视"开发扶贫，生态建设"。贵州省委于 1989 年结合毕节试验区的实际情况又将"人口控制"加入了试验区发展的主题之中。自建立试验区以来，毕节市始终坚持"开发扶贫、生态建设、人口控制"三大主题。不难发现，毕节试验区的三大主题体现了科学发展观的基本思想，从而毕节市也被称为科学发展观的试验田。

在试验区发展过程中，毕节试验区围绕三大主题制定了一系列符合当地实际情况的具体政策。在人口控制问题上，毕节试验区始终坚持以人为本的工作方针，首先，毕节试验区统筹解决人口问题的思路，创新了人口计生工作体制，通过各种形式宣传新的生育观念。其次，试验区格外重视提高人口素质，加大对人的投资。毕节试验区一方面大力开展基础教育与职业技术培训，另一方面大力发展医疗卫生事业。最后，试验区将劳务输出工作作为一项工作重点任务，通过劳务输出将人口压力转化为经济发展的动力。

在开展扶贫工作方面，毕节试验区开展了有计划、有组织、大规模的扶贫开发。首先，经过各民主党派和专家组的调研、讨论、研究，决定实现以工业为基础，带动其他产业共同发展的道路。通过产业结构调整升级，提高生产力，从而实现工业化和现代化。其次，毕节试验区结合当地丰富的旅游资源，打造以生态旅游业为龙头的现代服务业。再次，毕节试验区积极调整农村产业结构，实行科技兴农，帮助农民改变原有生产模式，在保护生态的基础上完成脱贫致富。最后，通过开展专业技术培训，把农民培训为产业工人和服务人员，鼓励农民多种方式就业，扩展收入渠道，让更多的农民成为新生城市的居民主体。

在生态建设方面，毕节试验区确立了以经济效益保生态效益，以生态效益促经济效益的指导思想。毕节试验区建立以来，实施了一批经济建设与生态建设相结合的计划，具体包括世界粮食署中国"3356"工程、长江上游和珠江上游生态建设工程和水土流失防治工程、退耕还林和荒山开发工程、天然林保护工程等。这些工程在增加收入、减少支出的同时，保护了农村生态环境，积极建设农村资源节约型、环境友好型社会。

经过近30年的发展，毕节试验区在经济、扶贫、生态环境、人口等方面取得了卓越的成绩。从经济增长方面来看，全区生产总值由1988年的23.40亿元增加到2015年的1440.17亿元，同比增长率为12.9%。财政总收入由3.02亿元增长到2015年的296.8亿元，年均增长率为11.78%。固定资产投资由1988年的3.26亿元增加到2015年的1344.9亿元。人均GDP从全省第九位上升到第三位，同时产业结构不断优化，产业结构比由1988年的53:22:25调整为2015年的19.8:39.8:40.4，产业结构日趋合理。扶贫工作也取得了巨大的成果。农民人均纯收入从1988年226元增加到2015年的6223元，城镇居民人均可支配收入从1988年的692元增长到2015年的23 121元，贫困人口累计减少了522万，人民生活质量和水平大幅提升。生态建设方面，毕节市森林覆盖率由1988年的8.53%上升到了2015年的48%，自毕节试验区成立以来，建成森林公园10个，自然保护区11处，初步构建了长江、珠江上游重要的生态屏障。人口控制方面，人口自然增长率从1988年的21.29‰降到2015年的6.09‰，另外，九年义务教育在全市得到普及，全市小学适龄儿童入学率达到99.29%，初中阶段毛入学率达到97.54%，"两基"攻坚战已覆盖全区，"两免一补"政策得到了有效落实。可以看出，经过近30年的发展，毕节市的经济实力显著增强，人民生活从普遍贫穷向基本解决温饱改善，生态环境也明显改善，人口增长得到控制，发展活力逐渐增强。

在总结毕节试验区的发展经验时，以往众多的文献大都围绕"开发扶贫、生态建设、人口控制"三大主题展开。但明显对毕节试验区经验的总结不能局限于照抄照搬其发展思路和模式，而应该站在更高的层面，总结其发展思想，这样毕节试验区的经验才能更多更好地被其他地方吸收借鉴。毕节试验区的发展经验主要可以概括为以下几点：①从扶贫救济转为扶贫开发，由输血转向造血。②寓开发扶贫于生态建设之中，通过生态建设的一系列措施，改善了传统的人地关系，增强后续发展的动力。③控制人口数量与提升人口素质并重，毕节一方面落实计划生育政策改变越生越穷的局面，另一方面加大基础教育与加强专业化技术培训，人口结构不断得到优化。④自力更生与争取外援结合，不断增强发展后劲。以上 4 点我们认为在资源贫瘠地区的发展过程中有很强的可借鉴性。

四、宁夏石羊模式

石羊村是当地一个回族聚居村，位于宁夏固原市原州区东北方向的头营镇。石羊村当地居民长期以养殖业为生，其中发展较好的是养牛产业，2011年户均养牛 9.3 头，但由于养殖业多为散养，饲养过于分散，存活率较低，市场出售秩序混乱，效率较低，品种改良水平也较低，所以整体村民无法通过养殖完成致富。

为了改变传统低效率的生产状况，退伍军人马万武经过可行性调查研究，提出"统一收购、统一饲养、统一销售"原则，注重品牌建设，成立了肉牛养殖专业合作社。以这种"合作社＋养殖农户"的养殖模式改变以往养殖的过于分散和牛肉市场的杂乱无序的问题，形成规模化养殖，实现市场化经营。这一模式不仅造福合作社的养殖户生产经营，也有助于整个石羊村养殖业产业化水平的发展和提高。为了更好的发展产业，打造出优质的品牌，合作社在成立初期就申请了"万武"牛肉商标，经过多年的诚信经营，"万武"牛肉已经赢得消费者的认可，逐渐在市场上显现出品牌效应。

石羊模式成功的关键在于政府资金支持下充分利用了当地的资源优势，发展当地具有比较优势的产业。对于一些资源落后但具有养殖业基础的地区，石羊的养殖经营模式值得推广和借鉴。

五、浙江山区模式

近年来，浙江山区发展取得长足进步，逐渐形成了多种成功的发展模式，包括"精品农业"模式、"工业强县"模式、"商贸带动"模式、"小县大城"模式、"陆海联动"模式、"异地开发"模式、"生态旅游"模式和"浙商回归"模式等。

"精品农业"模式核心思想是实现以生产优质生态农副产品代替传统粗放农业生产。实践操作可以分为三种情况：一是在经济发展水平较高的山区发展"工厂化精品农业"，通过吸引企业资本注入，以提升农业的资本技术密集水平，通过先进的机械化生产和完善的农业设施保障，提高农产品的质量和生产效率，创造更高的经济效益；二是在欠发达山区依托当地的生态环境发展"生态型精品农业"，有效发挥资源优势，将其转化为实实在在的经济效益；三是中心城市周边山区依托交通便利、优美环境和现代农业基础发展"观光休闲型精品农业"，加大农业基础设施的投入，发展观光农业、采摘农业等。"精品农业"的发展以生态环境的提升作为基础；加快农田林地流转，以组织规模化提升农业规模化经营程度；吸引可观工商资本注入和技术投入，用于"精品农业"模式创新；以政策扶持助推精品农业，注重发展农业的规模和质量是这一模式的关键所在。

"工业强县"模式的前提是保证发展项目不对生态环境造成破坏，在此基础上可以选取在经济实力较强、有工业基础的山区县发挥特色产业集群优势改造传统工业模式，发展高技术含量、资源消耗低、清洁高效的产业，带动区域城镇化和农业现代化。这一模式的关键在于：通过开发低丘缓坡提高土地利用效率；科学选择山区工业主导产业，确保在不污染的前提下发展工业，全面落实节能减排目标。

"商贸带动模式"是依托当地的区位和交通优势，建设发展各类专业市场，通过市场带动产业发展，再利用产业发展倒逼市场进步，协调发展工业化和城镇化。这些专业市场主要有类似义乌小商品市场的一类集散型专业市场、诸如绍兴轻纺城的产地型专业市场和以庆元香菇市场为代表的销售专业市场。模式的关键是以市场化为推动力，合理选择定位市场类型，优化空间布局，创新商业模式；把握本地特色和发展基础，市场在定位时，重视与周边地区突出的差异；将市场与物流有机结合，实现货畅其流。

"小县大城"模式是利用县城中心增长极带动周边发展，把人口、产业、资金、建设用地等引向县城，形成集聚效应，突出中心县城增长极作用，推动城乡要素一体化配置。这一模式主要适用于人口密度较低，县城总人口不断外流的欠发达山区小县。该模式的重点：把产业、事业和人口聚集到县城，产业和事业的发展为人口的集聚提供就业支持，提升工业化程度和城镇服务功能；同时开展做大县城与新农村建设，推进城乡一体化发展，创新土地要素等流转机制，增强发展活力。

"陆海联动"模式的要义是利用沿海发达地区的经济影响带动优势，引导沿海发达地区的资金、人才、产业等要素向山区转移，引导沿海地区基础设施、工商业和人力资本向山区拓展，发展起来的山区又可以反哺沿海地区发展，沿海和陆地的山区联动起来实现共同发展。这个模式实施的核心在于统筹协调各级政府，保证山区与沿海的"产业对接""基础设施对接"和"劳动力对接"，形成"人要出山，钱要进山"的要素资源双向流动的格局。

"异地开发"模式是发挥省市县各级政府联动协同作用，扶持山区发展，吸引市场上流动资金和各种民间资本，异地创办工业开发区，打造"飞地经济"。包括国内跨省、省内跨县、县内跨乡镇三种类型的开发模式。要注意协调多方利益关系，确保多方互利、共赢。

"生态旅游"模式是借助当地自然景观和人文资源优势发展生态旅游，对自然环境和人文资源的综合利用的同时，不忽略对其进行保护，保持生态优势的可持续。浙北地区发展湖山休闲度假和乡村生态休闲旅游；浙东地区发展山海并举的生态休闲游；浙中地区发展武义温泉休闲养生度假产业；浙西地区发展养生养老休闲度假旅游。模式的关键：推进基础设施建设，鼓励和吸引民间资本投资，提升设施支撑水平；用科学的方法确定地区内可容纳度假者的最大规模和开发建设的环境最大可承受规模，以生态优先为原则在环境可承受范围内发展生态旅游，实现可持续发展。

"浙商回归"模式是在特色农业、商贸流通、服务业等多领域，以地缘、亲缘、血缘等关系为纽带建立完善的浙商创业关系网，辅以有吸引力的激励机制和服务机制，召回大量当地外出创业的商人为本土做出更多的经济社会建设。在实施过程中与在外浙商的联络、指导与服务时要特别注重发挥"乡情、亲情、友情"的联结作用，要让在外浙商对回归贡献家乡发展这一行为有自豪感和责任感。

以上8种模式中，生态建设在产业发展过程中均起到基础支持作用，同时生态建设也是地区社会发展的任务。地区产业发展要格外注重监督和限制影响生态建设的行为，保证生态产业可持续发展。

本章是主要围绕生态脆弱区的特殊环境条件下的城乡经济社会一体化发展问题展开，最后具体到陕南山区生态脆弱区城乡发展的实际可行性策略分析，用已有成功统筹经验和研究成果指导陕南山区发展经济，促进城乡经济社会一体化的步调。

第一，建立了研究所述生态脆弱区的理论基础，在已有概念的基础上结合本章的实际需求重新给出生态脆弱区的定义，分析了这类特殊地区的内涵和特点，界定了明确的生态脆弱区的判定标准，并在全国范围内对其进行分类识别。在此基础上引入河北岗底、贵州毕节等5个生态脆弱区城乡经济社会发展成熟模式的历史实践经验，并结合陕南山区生态脆弱区的实际情况，寻求一个适于陕南地区城乡一体化的发展模式，并通过提炼升华以期能抓住生态脆弱地区城乡发展的共同特性，并找到解决问题的理论方向。通过以上研究，我们认为一般的生态脆弱区发展城乡经济社会一体化都应该重视生态建设模式和生态产业模式。在进行生态脆弱区生态补偿和重建，保证蓝天青山绿水白云的基础上，要学会利用好当地的优势资源，在自然生态系统物质、能量资源循环转化的原理指导下对生态产业进行深度规划，形成以生态产业园区的生产形式为主要发力点的园区经济引动格局，促进城市和乡镇经济同时发展，推动城乡经济社会一体化的进程。

第二，城乡经济社会一体化是解决这类性质特殊地区贫困问题的长效机制。农村地区缺乏创收产业、城市地区发展动力不足以及城乡经济分割都是造成地区贫困的重要原因。因此在解决贫困问题时应该注意发展适合农村地区发展的产业、寻找能够带动城市经济发展活力的产业集群和产业模式，并在城乡发展之间架起一座桥梁，形成城乡一同发展的格局，促进城乡经济社会的融合，缩小城乡的收入差距。

第三，生态脆弱区的城乡一体化发展应该利用好生态建设模式和生态产业模式，并且注意因地制宜。生态脆弱区的根本特点决定了这类特殊地区有共同的性质，区域内的经济社会发展的演化规律必然有互相借鉴的价值。本章通过对生态脆弱区已有的成熟城乡统筹经验分析总结，也联系考虑其他生态脆弱地区的实际情况，认为生态脆弱区的城乡一体化模式要同时把握好生态建设和生态产业建设。但是不同类型的生态脆弱区有不同的特点，同一类型的生态脆弱区在不同地域也表现出明显差异，其他生态脆弱区的六大模式也证明了其不同的模式与经验，所以在发展过程中制定与之相适应的产业政策和规划布局时也应该差别化对待，因时因地灵活变化。

第四，生态建设和生态产业建设并举的双核模式在陕南山区生态脆弱区的应用具有可行性。在对陕南地区自然环境、人文历史等禀赋进行深入了解，对其发展经验、现状、存在的问题以及契机合理分析之后，我们认为生态建设和生态产业建设并举的双核模式在陕南山区生态脆弱区的城乡经济社会一体化发展模式中能够可行的应用。首先利用易地移民搬迁和水土保持等生态补偿进行生态系统的恢复建设，确保拥有一个能够长期支持人们生存和发展的生态环境是一切发展的起点。在此基础上，通过资源开发模式有效利用陕南山区丰富的土地矿产、森林生态和人文历史资源发展生态农业、工业和旅游业引动地区经济发展；借助农业产业化解决三农问题，带动农村地区进步，发展现代化农业，帮助农民实现增收；小城镇带动打造产业集中区发展园区经济的城乡联动模式也可以带动生产要素和劳动资源在城乡间、产业间、部门间自由流动，重新整合配置城乡资源实现高效利用，后续通过一系列法律和政策的跟进保障利益在城乡间公平合理分配，可以有效地打破城乡二元分割，缩小城乡发展差距。并且进一步构建计量指标体系，对陕南城乡一体化发展现状所做的实证研究也支持了这一结论，陕南山区生态脆弱区及其他生态脆弱区的城乡经济社会一体化发展应该以生态系统的建设和恢复作为根本，在生态系统的演化规律指导下发展生态产业，完成产业的打造升级，推动城乡经济社会一体化发展。

第七章 结论与政策支持体系

第一节 结论

推进城乡一体化发展，加快形成城乡一体化发展新战略格局，是增加全体人民福祉，2020年全面建成小康社会必须实现的一个艰巨的系统工程，而这一目标的实现需要具备一定的基础条件和创造一定的外部条件。特别是西部地区在长期发展过程中形成的粗放型增长方式未能得到根本性的转变，结构性矛盾依然存在，在经济社会发展中表现为不协调、不平衡和不可持续等特点。这种发展模式资源消耗压力大、环境承载负荷重，难以实现保护耕地、控制污染，生态系统的恢复建设工作十分艰巨，依然表现为不断恶化的趋势；促进城乡经济社会一体化发展的基础保障尚未成熟，土地管理制度、户籍制度、收入分配制度和社会保障制度仍然不完善，与城乡一体化发展相关联的扶贫政策、产业政策、财政税收政策、货币金融政策等软性基础设施存在诸多弊端，此外还存在人口老龄化、城乡劳动力流动不畅通、城镇化水平与产业结构的调整步调以及转型升级的要求相脱离、社会道德水平差异明显等问题，城乡经济社会一体化发展仍需要一个漫长的过程，各地没有一个统一发展模式，依据本地的区位优势、资源优势、人力资源优势大力发展相关产业、小城镇建设、移民搬迁、乡村旅游等缩小城乡之间差距，实现农民增收、农业转型，逐渐实现城乡一体化。本书主要结论如下：

（1）通过对2015年相关数据的整理分析从消费、固定资产投资、产业结构、教育文化、社会保障五方面衡量了西部各省（市、区）城乡之间的发展差距，西部地区城乡发展还存在着较大的差距。借用 AHP 方法构建城乡一体化评价指标体系，对西部地区各省份城乡一体化水平进行了量化分析，我们发现重庆在城乡一体化建设中得分最高，陕西、四川、贵州排名相对靠前，甘肃、青海、宁夏排名相对靠后。整体来看城乡一体化建设与各地所处区域有着较大的关系。

（2）将城乡一体化的类型分为都市区城乡一体化、农业区城乡一体化、资源富集区城乡一体化、生态脆弱区城乡一体化。并分别选用以大西安都市区作为都市区城乡一体化为研究对象，结合西安市相关数据构建相关指标体系来衡量大西安都市区城乡一体化的进程，总结出开发区带动模式、文化产业推动模式、现代农业驱动模式、城市社区改造模式。资源富集区以陕西榆林为研究对象，建立指标体系，衡量其城乡一体化的进程，总结出榆林模式、新疆模式、内蒙古鄂尔多斯模式、云南兰坪模式、甘肃白银模式。农业区将西部分为黄土高原、西南喀斯特、青藏高原边缘、甘肃青海、青藏高原，提出的黄土高原模式、西南模式、甘新模式和青藏高原模式。生态脆弱区以陕西南部三市（汉中、安康、商洛）为研究对象，总结出易地移民搬迁模式（安康紫阳"公司＋农民＋基地"模式、池河镇产业发展模式等）、水土保持模式、资源开发模式、农业产业化模式、城乡联动模式。还总结了贵州的毕节模式、宁夏的石羊模式等。

（3）总结出四类区城乡一体化的经验。沿着"理论框架-状态评价-经验总结-机制构建-政策支持"的思路，从制度、激励、组织和能力四个方面探索西部不同类型地区城乡经济一体化的经验总结及实现路径。

第二节　西部地区城乡经济社会一体化的政策支持

城乡一体化发展具有长期性、艰巨性和复杂性。"三农问题"是我国全面建成小康社会、实现中华民族伟大复兴"中国梦"的短板，只有补齐短板，毫不放松地将解决"三农"问题作为城乡经济社会一体化的首要任务，坚持不懈地做好服务"三农"的各项工作，才能更好地推进城乡经济社会一体化建设，快步迈向全面小康社会。因此城乡经济社会一体化需要以"顶层设计、整体推进、统筹规划、稳步实施"为指导原则，协调好土地户籍、财政税收、教育文化、医疗卫生、社会保障和生态保护等各个方面的关系，建立"城乡联动、双向一体化"的推进机制和发展模式，确立正确的制度，并适时地创新提供城乡经济社会一体化的平台，设计有效的社会激励结构，确定城乡一体化的动力机制和方向，提高组织化程度，提高农民的收入和谈判能力，提升能力再造城乡一体化主体。而这一切需要一系列政策的支持，这样使西部地区与中东部的城乡一体化水平差距缩小，如期全面建成小康社会，消除绝对贫困。

一、财税政策

财税政策是财政支持城乡一体化发展的重要工具。充分利用各种财政手段，着力推进城乡规划、产业布局、公共服务、制度供给和基础设施建设一体化发展，促进城乡经济互动交流，缩小城乡差距，切实改变城乡二元结构，构建城乡经济社会一体化发展格局。按照"以市场为基础、政府为主导，社会组织积极参与"的原则，形成全面系统的推进城乡经济社会一体化发展的财政政策体系。

（一）利用各种财政政策推进农业产业化

在财政收支规模扩大的基础上，要不断增加扶持农业产业支出的比例，利用税收优惠、贴息贷款、补贴和保险等各种措施引导社会资金流向农业以及涉农产业发展，促进提升农业产业化发展水平。同时加大对都市农业的支持力度，对城市地区发展的都市农业、观光农业、采摘农业、亲子农业等予以支持政策。

（二）在财政支出中突出农业的扶持地位

一是加强对农业基础设施的投入，资金重点投向节水灌溉设施、小流域治理、土地整治、土地复垦等方面，提高农业综合生产能力和综合效益。二是加速农业产业结构的调整。财政政策着重扶持良种培育和优质饲料研发，通过建立优质农产品基地、扶持龙头企业带动农业产业化发展，打造从种子研发、种子、种植、加工、销售的完整产业链，不断提高农产品的附加值。

（三）完善农业补贴和涉农税收优惠政策

按照 WTO 国内支持规则，政府对农业的财政补贴政策可分为黄箱、绿箱和蓝箱政策，绿箱政策因为不会扭曲或者只是轻微影响价格和贸易，所以没有反补贴限制。因此再进一步加大涉农补贴力度上还有很多空间，不断健全我国涉农补贴政策体系，促进农业可持续发展。

二、人力资本政策

人力资本是推进城乡经济社会一体化发展缩小城乡差距的重要切入点。国家财政的教育投入大部分被城市获取，农村教育随着适龄儿童数量减少、教师素质较低、教学设施陈旧等，致使农村教育投入严重不足，城乡教育投入差异巨大，最终导致城乡人力资本的巨大差异。因此，应加大对农村教育的投入，实现城乡教育投入均等化，促进城乡教育一体化发展。

（一）明确划分各级政府农村教育投入的主体责任

一是将现阶段"以县为主"管理基础教育转变为"以省为主"的管理体制，使中央财政和省级财政成为基础教育的投入主体。二是逐步提高教育在财政投入中占 GDP 的比重，2012 年我国已达到 4% 的标准。随着 GDP 的不断上升，此也应不断提高，确保义务教育经费投入的合理增长。三是政策引导财政支出的教育经费向西部地区、农村地区倾斜，加速西部农村地区的教育事业发展。

（二）提高西部农村教师的薪资水平

一是加大财政投资，逐步调升教师的薪资水平，特别是改善偏远贫困地区农村教师的待遇。二是完善绩效工资制度，也要相应地大幅度提高高中、职业教育学校等非义务教育机构的教师工资。三是出台相关政策，吸引更多的优秀毕业生（西部计划）去基层任职任教，振兴农村基础教育。此外还通过开展教师教育科研培训，名校在农村地区设分校，形成城乡之间学校结对帮扶、教师互相交流学习的机制，大力发展基层教育，提高农村地区的人力资本水平。

（三）整合农村教育资源

改变农村教学点分布零散、学生数量少的现状，加快教育规模化、集约化发展。一是以县-镇-社区（中心村）为中心，县办高中、镇办初中、社区（中心村）办小学模式，积极发展农村寄宿制学校，增加校医、心理辅导老师、校园保卫等后勤人员编制，改善教师的居住环境和休闲娱乐条件，创造良好教学环境。二是鼓励各社会组织到农村办学，引导全社会重视农村教育、实现教育投入的多元化，并对其进行政府奖励、补助、税收优惠的财政支持。三是发展农村现代远程教育。借助网络传输平台开展网络课堂，在城乡间共享教育资源，解决农村教学硬件不足的缺点，提高教育教学质量，实现城乡教育的一体化教学，进而提高农村教育教学的水平。通过上述政策的实施，农村的人力资本水平不断提高，农业技术的应用，农业生产的管理、加工、销售等人才的培养，农村重现山好、水好、生态好的美景，吸引城市人的旅游观光等，促进人才的交流、观念的转变，促进城乡共同发展与繁荣。

三、基础设施建设政策

良好的基础设施是城乡经济社会一体化得以快速发展的前提保障。我国农村基础设施投入机制不健全，基础设施投入匮乏，并且投入的基础设施与农村社会的实际发展需求不匹配。西部地区农村基础设施的落后严重妨碍了该地区经济社会发展，进而也限制了城乡一体化进程。因此，切实加强和改善西部地区农村基础设施建设对于农村地区经济发展和城乡一体化建设都有非凡的意义。

（一）健全西部农村基础设施的投入机制

按照农村不同基础设施的不同层次和受益对象，对基础设施进行分类建设，明确地方各级政府在农村基础设施建设中的职责和义务。全国性的、跨区域的国道和大型水利工程等基础设施由中央政府负责建设；省级及其以下层次的基础设施则是在中央政府提供一定补贴的基础上重点由地方各级政府负责投资建设；此外各级地方政府还可以通过采取 BT、BOT、PPP 等多种形式民间社会资本投向农村基础设施建设。

（二）明确西部农村基础设施的建设重点

一是道路交通建设。"要想富，先修路"，道路交通建设是发展地区经济的第一步，同时道路交通也是最根本的基础设施。西部农村道路交通建设要确保实现农村与城市之间的联通、农村交通网与跨区域骨干交通网的联通，最终形成促进城乡交流的城乡一体化公共交通网络。二是生产生活用水及污水处理设施建设。生产、生活中水是不可或缺的要素，需要建设完善农村地区自来水供水网络。污水处理设施是基础设施的重要组成，加强农村垃圾和污水处理设施建设也是基础设施建设的重点。三是建设电网、信息通信网等基础设施。积极推进供电网、电信网、互联网"三网合一"工程，为农村社会化服务体系提供支撑。四是加强对生态环境保护的投入。通过实行和完善有偿使用自然资源机制、探索征收环境污染税等措施，改善城乡生态环境，建设资源节约型和环境友好型社会，确保发展长期可持续。

四、社会保障政策

社会保障一体化是城乡一体化的重要保障。以养老保险、社会救济和最低生活保障为重点，推进城乡一体化的完善社会保障体系。

（一）加大对农村贫困户的最低生活保障制度建设

一是按照"广覆盖、保基本、多层次、可持续"的基本原则对贫困户精准识别和核实，将最低生活保障资金列入预算，并充分考虑物价水平等因素对农村最低生活保障的补助标准进行灵活浮动。二是紧密衔接西部农村精准扶贫与最低生活保障制度、医疗救助、劳动力转移就业等各项政策，确保各项政策协同发力以提高财政投入扶贫资金的使用效率。

（二）农村新型养老保险制度建设

一是加快将农村新型养老保险中的自愿参保变为强制保险，对贫困户进行全额补助，实现农村新型养老保险的全覆盖。二是建立个人缴费、集体补助和政府补贴三结合原则，做实个人账户，保持充分弹性，以利于农民转移就业、灵活就业的实际需要。

（三）促进城乡社会保障制度的对接

一是建立失地农民、失业农民、进城务工农民在城乡一致的社会保障制度。二是调整财政支出结构，逐步偏向加大农村社保支出比例，特别是贫困地区的转移支付力度，基本实现城乡之间社会保障支出的相对均衡。

五、就业政策

城乡一体的就业对实现城乡一体化发展具有关键性的促进作用。随着农业生产技术效率的不断提高和城乡一体化发展进程的推进，将有大批农民向非农领域转移，农村剩余劳动力与城市失业人员相叠加，那么解决农村剩余劳动力转移任务非常艰巨。

（一）在城乡间建立统一的就业制度

一是通过政府主导、民办公助、开发公益性就业岗位等措施，打破城乡劳动力市场分割的局面，在城乡之间建立统一的就业制度和功能完善、信息畅通的就业服务网络平台，及时发布就业信息。二是清理各种歧视农民工的规定，打破城乡就业壁垒，实现城乡就业同工同酬、权益平等。

（二）加大对农民工的技术和就业培训

一是各级财政安排专项经费用于农村剩余劳动力的转型技能培训，通过提供补贴鼓励职业技术院校、市场中介机构和非政府组织开展对农民工的技术和就业培训。二是加强对就业农民工的工作技能培训。采取税收优惠、专项补助等措施鼓励企业和用人单位对已就业农民工进行职业技能培训。三是建立专项基金扶持农村剩余劳动力就业培训，长期可持续对未来就业人口进行就业培训，帮助其掌握一定有利于就业的技能。

六、公共服务均等化政策

推进城乡基本公共服务均等化，是广大农民平等参与我国现代化进程、共享改革发展成果，公共服务均等化是城乡经济社会一体化的一个更高目标。

（1）建立制度保障各级财政对科、教、文、卫等基本公共支出项目的资金支持，偏重对贫困地区的转移支付和专项投入的力度。

（2）通过市场机制调节社会事业发展，将其划分为公益性质和产业性质区别对待。针对产业性社会事业政府给以一定的政策优惠放任其在市场自由发展，至于教育、文化、体育等公益性的社会事业偏向采用政府购买的政策。

（3）鼓励中心城区、近郊区和农村基层社会事业进行"一对一"结对帮扶，各类学校形成共建机制，推进"名校办分校"，以使城市优质教育资源向农村扩展。以技术、人才、管理和资产为纽带，实现城乡医疗机构的纵向合作。

七、金融创新政策

金融创新是城乡一体化的重要载体。特别是推行农村普惠金融，完善农村民生金融，推进城乡一体化发展步伐。

（一）完善城乡金融组织体系

在农村设立土地交易所、林权交易所等金融要素市场，建立涉农银行（中国邮政储蓄银行、中国农业银行等），农村信用合作社，村镇银行，小额贷款公司等新型农村金融机构组成的惠农扶农金融组织体系，形成覆盖城乡各层次需求的城乡一体的便捷资本市场体系和金融服务网络，降低市场的交易成本，提高交易效率。

（二）不断优化城乡民生金融服务

以推动农村产权（土地、房屋等）抵押融资为重点，发挥土地资本作用，通过租赁、转包、入股等形式，实现土地的规模化、集约化经营，提升农村金融服务水平。特别是对返乡创业农民工、城乡创业妇女，发展现代农业、特色手工艺品等人重点支持，通过小额担保贷款支持其创业就业。

（三）发展城乡金融服务的基础设施功能

在综合利用银行支付清算系统和企业、个人用户征信系统的基础上不断发展利众益民的金融服务功能，对高资信水平的企业和个人给予免抵押免担保贷款。普及推行 POS 机助农取款服务、引导各银行优化网上支付、移动支付业务，方便农村企业居民资金汇划的同时也降低汇划成本。

八、产业结构调整政策

产业结构调整也是西部地区城乡一体化的转型方向。改变过去城乡二元分割，城市发展工业、农村发展农业的传统型社会，必须在现代科技推动下，实现一、二、三产业的有机融合，改变农业内部结构，增加农民收入，农村面貌改善。

（1）结合农业产业化、规模化生产经营与结构调整，在市场机制调节的基础上政府因势利导，偏向农村加大对二、三产业的支持力度，促进三大产业的融合。

（2）通过协同运用税收优惠、专项补助、政府采购等政策手段引导企业、个人和社会团体到农村投资办厂，有助于实现城乡产业发展均衡布局，节约交易成本，推动农村剩余劳动力充分就业，促进和谐社会建设。

（3）采取抵押、担保、贴息贷款和专项基金补贴等措施，发展各种农业组织形式，如农民专业合作社、公司＋基地＋农户、公司等形式实现专业化、特色化生产，实现财政支持农村合作组织、农村合作组织撬动市场、带动市场的四两拨千斤的杠杆作用，调整农业产品结构，取得显著的经济效益。

城乡经济社会一体化建设是一项系统工程，需要兼顾各个方面的发展。上面给出的各项政策建议虽然涉及财税政策、人力资本政策、基础设施建设、社会保障等政策，但不是支持城乡一体化发展的全部。还应该进行相关的农村土地管理制度、户籍制度改革和农村金融体系建设等，塑造科学合理的健全政策制度体系，支持西部地区城乡经济社会一体化发展。

城乡经济社会一体化的实现是一个复杂的系统性工程，且处于不断的动态演化过程，应体现"创新、协调、绿色、开放、共享"五大发展理念，涉及政治建设、经济建设、文化建设、社会建设、生态文明建设方面，本书设计的指标体系并不全面，只是度量主要指标的进程；经验的总结主要以西部部分地区为代表，应不断挖掘更多地方城乡一体化的模式与经验，为其全国其他地区提供经验与借鉴。

附　　录

基于类型分析视角西安城乡统筹的差异化路径研究[*]

一、研究背景及意义

党的十八大以来，习近平总书记十分重视扶贫工作，提出了以精准扶贫为核心的扶贫开发的重要战略思想。"没有农村的小康，特别是没有贫困地区的小康，就没有全面建成小康社会。全面建成小康社会，最艰巨的任务在农村，特别是贫困地区。" 2013—2015 年我国减贫人口分别为 1600 万、1200万、1442 万，贫困地区的公共服务水平更加均等，贫困人口的医疗、教育、卫生、社会保障等公共服务水平明显提高。而西安市是一个多类型区域，既有发达的城市，也有相对落后的农村；既有发达的城市现代化工业，也有落后的传统农业；既有地形地貌-关中平原的核心，也有国家南北地理分界线-秦岭，即开发利用区与限制开发区重叠；既有城市居民的高收入，也有郊区与偏远农村的低收入。总之城乡也是一个典型的二元结构，需通过城乡统筹来缩小城乡之间的差距。基于此，本研究的意义主要表现在：

第一，西安地区城乡经济统筹发展是全面建成小康社会的迫切需要。西

＊ 西安市社会科学规划基金项目：《基于类型分析视角西安城乡统筹的差异化路径研究》(17J139)，执笔人郭俊华、边少颖、陈琳。并获 2019 年西安市第十次哲学社会科学优秀成果奖（调研报告）三等奖。

安经济社会发展水平相对较低低、城乡居民收入差距大、市场化程度低，城乡基础设施差距大等城乡刚性二元结构尤为突出（特别是城市远郊县区）。因此，解决西安地区城乡之间二元经济社会矛盾成了当前西安地区 2020 年全面建成小康社会的迫切任务。

第二，城乡经济社会统筹发展是破解西安地区"三农"问题的重要抓手。"三农"问题是我国当前及未来全部工作的重中之重，我国的"三农"问题集中于欠发达的西部地区，而西安周边的周至县、蓝田县、长安区、鄠邑区、临潼区处于秦岭北麓地带，自然条件限制，还有一定量的贫困人口，缺乏相关增收产业的支撑且收入很不稳定，"三农"问题依然严峻，需要采取超长策略，实现城乡统筹，缩小差别。

第三，西安地区城乡经济社会一体化是实现现代化的必经之路。西安地区城乡经济社会发展中出现的许多问题，很大程度上受到城乡刚性二元结构矛盾的制约。通过深化改革，促进西安城乡一体化是消除城乡分割和壁垒所造成的阻碍经济协调健康持续发展的重要手段，也是西安率先在陕西实现现代化的必经之路。

二、研究对象与研究方法

（1）研究对象

本研究对象为西安地区，西安地区包含区县有新城、碑林、莲湖、雁塔、未央、灞桥、阎良、临潼、长安、高陵、鄠邑 11 个区，蓝田、周至两个县。主要分析总结西安地区城乡经济社会一体化的经验极为相似地区提供经验借鉴。

（2）研究方法

第一，类型分析法。依据类型分析方法，从各类型城乡的国家主体功能区划分、区位环境、资源禀赋、生态环境等，将西安地区分为都市区、资源富集区、农业区、生态脆弱区四种类型，针对不同类型总结乡经济社会一体化的新模式与经验。

第二，调查研究方法。将一般调研与重点调研相结合，摸清西安各类型城乡产业结构、资源优势、生态环境、基础设施等现状，解决西安各类型区域城乡经济社会一体化发展的基本问题和特殊问题。

第三，比较分析方法：运用比较的方法，分析西安城乡统筹发展在经济发展阶段、政策背景、产业结构等方面的差异和相同之处，从而使所构建西安城乡经济社会一体化经验具有更强的针对性和操作性。

三、西安地区都市区在统筹城乡过程中的发展路径

(一) 西安地区都市区的划分

本研究将西安市都市区划分为碑林、莲湖、新城、雁塔和未央五区。

西安都市区截至 2015 年全区人口 345.36 万，国内生产总值 3788.58 亿元，其中碑林、莲湖、新城、未央和雁塔的 GDP 值分别位列西安市第三、第四、第六、第二、第一。西安都市区的人口占全市总人口的 39.71%，GDP 占全市的 65.21%。西安都市区截至 2015 年农业产值仅为 1.48 亿元，经济增长贡献主要来自第二、第三产业，其中第三产业的贡献率达 63.63%。

(二) 西安都市区城乡统筹发展经验与模式总结

西安都市区包括传统的西安市城三区经过多年的规划发展，基本上形成了告别第一产业，依靠第二、第三产业为主的发展格局。碑林、莲湖、新城三区占据西安城墙内外中心位置，经过数十年开发建设，几乎看不到农业农村农民的痕迹，城镇化率基本达到 100%。这三区大多坐落在明城墙内，开发受到一定限制，因此因地制宜的开发是最适合的。

1. 西安核心都市区城乡统筹发展经验

第一，因地制宜开发建设，带动农村与城市统筹发展。碑林区经过多年开发建设，已经实现全部城镇化。作为西安市中心城区，形成了具有区域发展特色和优势的经济结构模式。2016 全年社会消费品零售总额 610.53 亿元，

占西安市的 16.36%。第三产业所占 GDP 比例是西安市各行政区中最高的，为 80.21%。

第二，紧跟西部大开发战略，发展街区经济带动城乡统筹发展。近年来，莲湖区紧紧抓住西部大开发的历史机遇，在"三、五、七"经济发展战略指导下，大力发展街区经济、总部经济、楼宇经济三大经济形态，做大做强现代工业、高新技术产业、商贸服务业、建筑和房地产业、文化产业 5 大优势产业。莲湖区也已完成城镇化建设，城镇化率达 100%。

第三，吸引投资带动当地农村经济建设，促进城乡统筹发展。城镇化建设需要大量资金。在政府主导的同时依靠企业和市场，可以使各种要素合理流动，加快建设节奏，使农民和企业均获得益处。"十二五"期间，新城区通过招商引资成功落地重大项目 48 个，总投资 606 亿元，累计引进内资 135.4 亿元，实际利用外资 3.3 亿美元。

第四，坚持一个"大统筹"，实现"五个一体化"。雁塔区制定了加快建立城乡统筹规划新格局；加大城乡路网改造力度；加强农村饮水排水设施建设；加快农村教育事业发展；大力发展农村卫生事业；加强城乡精神文明建设；加快建立城乡一体化的劳动就业体系；逐步建立城乡一体化的社会保障制度。

第五，抓住城市新中心定位，加快推进"去农村化"进程。未央区在西安市新行政中心的地位确定初，城改先行，转变跟进，坚持走新型城镇化道路的理念便深入人心。未央启动了"百城改造计划"。城改成为未央推动城乡统筹发展的最大亮点。

2. 高陵区域内都市区城乡统筹发展经验

第一，利用"三化"带动"三农"发展，推动城乡协同发展。利用工业化的技术和优势，提高农民收入。截至 2015 年，高陵区 72.39% 的产值为工业产值。在财政方面，工业贡献率达到 80%。高陵区由贫穷的农业县变为现在的工业强区，使工业反哺农业有了相应的物质和技术基础。

第二，改革农村产权制度，推进农村资源资本化促进城乡统筹发展。在改革现有的农村产权时，高陵区做到还权赋能，即不仅把农村的集体土地和房屋所有权进行流转，还要使集体建设用地及承包地的经营和使用权进行流转，提高农村资源管理的效率。实现归属清晰、权责明确，还要实现严格的保护和顺畅的流转。通过"三变"＋特色产业、"三变"＋乡村旅游、"三变"＋特色小镇、"三变"＋金融、"三变"＋城市资源和"三变"＋生态经济等6种"三变"模式先行先试，推进"资源变资产、资金变股金、农民变股民"，发展壮大全区农村集体经济，持续促进农民增收致富。

第三，建设农村新型社区，推进农民就地城市化，促进当地城乡统筹发展。为了促进当地城乡统筹发展，建设新型农村社区。高陵区探索出三种建设模式，即"小村并大村、城中村结合、城边村并入"，建成新型社区6个，万余名农村群众享受上了环境优美的社区生活。并探索出了"失地农民就地就近进城、城边村农民置换进城、有条件农民多元进城"三种模式，有序稳妥推进农业转移人口市民化。

第四，建立现代金融制度，推进"三农"融资多元化促进城乡统筹发展。为了使金融服务体系更完善，以更好地服务城乡统筹建设，高陵区建立阳光村镇银行、三阳信用担保公司，两个小额贷款公司（一个是汇通、一个是惠和），形成了农村现代金融体系构架，即"政府投资-社会融资-银行筹资"。

第五，着眼板块布局促进城乡统筹发展。高陵区目前形成了园区-城区-农村三大板块的区域布局，这三大板块除了对工业化和产业化，以及城镇化提供了必要的空间支撑外，还使其相辅相成，联系更加密切。根据高陵区距西安非常近的特点，有西安的巨大需求，利用科技进行经济发展，不断对支柱产业进行培育，使绿色农产品基地更能符合城镇的需求。

第六，多元推进促进城乡统筹发展。高陵区在工作中主要针对城乡统筹发展进行总体规划，主要规划方向就是经济社会的发展，此外，具有的基本内容就是对产业的布局、生态环境和城乡的建设，以及社会事业发展和城镇体系进行相应的规划。根据统筹兼顾和功能合理，以及城乡统筹的要求进行论证、编制和完善，并通过有效机制，加强了城乡规划之间的有机衔接。

3. 西咸新区城乡统筹发展经验

第一，制定开发区战略，带动西咸新区城乡统筹发展。从2003年到2008

年，西安与咸阳完成了公交的连接、电信网络的合并、地铁设计线路通至咸阳。2017 年 1 月 22 日在西安市第十二届委员会工作报告中提出西咸新区将划归西安托管，这标志着西咸新区的建设与发展将会进入新的阶段。西咸新区的建设将推动西安市的城乡统筹发展。

第二，新城产业建设、主体功能划分定位建设助力城乡统筹发展。根据规划 5 个新城都有着不同的定位与发展方向。泾河新城位于泾阳县境内，功能定位为西北消费产业基地，战略性新兴产业和高端装备制造业，城乡统筹田园示范区。秦汉新城位于咸阳市市区东北部，定位于打造西咸历史文化名片，功能定位是秦汉历史文化创新区，大西安休闲商务区、大西安城乡统筹示范区。沣东新城大部区域位于未央区内，功能定位是区域统筹科技资源示范基地，大西安建设国际化大都市引领区，具有东方人文特色的生态化国际新城。空港新城位于西安市区西北部，咸阳市区东北部，依托西安咸阳国际机场，计划打造丝绸之路经济带，对外开放的国际门户、现代航空高端制造科研聚集区、临空现代服务业引领区、国际内陆型空港城市示范区。沣西新城定位为未来西安国际化大都市综合服务副中心和战略性新兴产业基地。五大新城各具特色，从自身实际出发进行规划发展，促进了西安咸阳城乡统筹进程的加快，也为西安城乡统筹建设做出了优秀的榜样。

第三，建设田园城市、绿色新城，促进城乡绿色统筹发展。西咸新区在建设五大新城的过程中，树立田园城市发展理念，结合各地实际情况合并村镇，发展特色小镇经济，打造特色旅游文化名镇。

西安都市区在城乡统筹发展过程中及早地确立了自身发展的优势产业，结合自身特点开发配套产业。处于市中心的区位优势使得西安市都市区最早完成城乡统筹发展、全部实现城镇化。作为中心城区要进一步提升与现代化国际大都市相匹配的面向世界的综合服务功能，以现代生产性服务业为主体，形成包括商贸、文化、旅游、教育科研等传统优势产业和生物医药等新兴战略产业构成的产业体系。最终将西安地区都市区发展成富有创新创意、以现代服务产业和商贸业见长、历史文化特色鲜明的国际化大都市核心区。

（一）西安地区资源富集区的划分

西安地区资源种类丰富，最为突出的是历史文化旅游资源，旅游业 GDP 占到全市 GDP 的 18%。西安市资源富集区主要是指旅游文化资源富集区，分别是雁塔、灞桥、临潼三个区。

（二）西安资源富集区城乡统筹发展模式与经验总结

雁塔、灞桥、临潼三个区同属于旅游资源相当丰富、历史感十分厚重的地区。但又各具特色，各有不同。雁塔区作为西安市最大的核心区，产业结构合理，经济发达，人文素质较高。每年吸引大量国内外游客在此观光。灞桥作为"后起之秀"，西安市着重打造"生态灞桥、绿色灞桥"。2011 年西安世园会成功举办后，生态灞桥的理念深入人心。临潼区由于拥有世界八大奇迹之一的秦兵马俑和唐华清宫而闻名世界，每年吸引众多国内外游客来驻足、观光，甚至多国元首来此。

1. 旅游文化产业推动模式

"三城两产"发展思路提升发展质量。曲江新区以"三城两产"（"三城"即老城改造、新城建设、城乡统筹，"两产"即文化旅游产业、现代服务业）为发展思路，改革创新，统筹兼顾，着力提升市场经营能力和社会治理能力，着力提升经济社会发展质量，始终走在全国文化建设和城乡统筹发展的最前排，在西安国际化大都市和"丝绸之路经济带"新起点建设中领航前行、奋发有为，做出新的更大贡献。

2. 临潼度假区绿色统筹模式

临潼区境内遗迹丰富，历史遗产众多，县级以上文物保护单位 51 处，其中省级 5 处，是陕西省旅游示范县。临潼利用绿色城乡统筹战略助力当地城乡统筹发展。绿色城乡统筹是指依托绿色资源，发展绿色产业，带动绿色就业，建设绿色空间，把资源开发、环境保护、生态建设、经济发展与民生改善纳入城乡一体化发展的大格局中统筹推进,走城乡一体、永续发展的道路,融绿色理念于城乡统筹的发展模式。

临潼国家旅游休闲度假区规划兼顾绿色产业开发与城乡统筹推进,结合当地优势文化旅游资源,以"兴文、强旅、筑绿、富民"为总体思路,以"富民惠民安民"为根本宗旨,以"绿色主导、就业先导、创业引导"为指导方向,整合绿色资源、实行绿色安置、发展绿色产业、推进绿色就业,从"白天看俑,夜晚回城"到"发挥资源优势",从"居住条件的改善"到"生活方式的转变",从"单一旅游"到"多元链条",从"输血型保障"到"造血型发展",走出传统旅游产业发展困境、破解传统城乡统筹困局,真正实现农民市民化、城乡一体化、全面城市化。

第一,整合绿色资源。临潼距市中心30公里,是古都西安的东大门,也是古都西安建设国际化大都市的重要组成部分,素有"文物甲天下"的美誉,聚集了以秦始皇帝陵博物院为代表的一大批旷世罕见的国家级文物,形成了规模型旅游资源,其数量之大、种类之多、品位之高、组合之好都属全国前列。临潼国家度假区所在区域,拥有兵马俑、华清池2个国家5A级景区和骊山、秦陵2个国家4A级景点,资源的密集性和市场效应全国少见。

但相比较其他旅游发展成熟的地区,临潼的旅游资源尚未开发完全,大量历史文化、遗迹遗址、温泉山水等优势资源未得到有效开发利用,旅游产品单一、产业规模较小、交通条件不成熟,每年接待的大批国内外游客都没有在临潼的有效停留时间超过一整天,"白天看俑,夜晚回城"是临潼旅游的现实写照。

基于此,曲江新区与临潼区联合深度开发区域内旅游资源,建设临潼国家旅游休闲度假区。以建设国际一流旅游目的地为目标,遵循"文化先导,旅游主导,生态先行"的开发原则,借鉴国际先进开发模式,以临潼得天独厚的自然、历史、人文资源为依托,构建山、林、水、城一体化的大文化旅游新区,形成强大的文化旅游产业项目矩阵,行、游、购、食、娱、住等要素产业聚集,同时兼顾推动区域经济发展与保障民生发展,把文化旅游资源优势变成城乡统筹发展的有力推手。

第二,实行绿色安置社区化。建设"骊山新家园""芷阳新苑""胡王安置区"等3个安置区。其中骊山新家园占地约1250亩，总建筑面积145万平方米，可安置新居民约3.5万人，是目前西安市规划面积最大、综合配套设施最全的新型安置社区。临潼国家度假区筹集大量资金，率先对征地拆迁"农转居"新居民全额缴纳社保，未来还将进一步全面实现3万新居民的居住社区化和社保全覆盖，通过这种方式使他们融入城市保障体系中。

第三，发展高品质绿色产业。临潼国家度假区规划了芷阳湖、紫霞湖、凤凰池3个大型生态谷，将山谷湿地、森林景观、水库湖泊、旅游设施、桥梁涵洞和生态资源等融为一体，构筑占地达2.1万亩的绿色产业基地。这些高品质的绿色产业借助现代旅游景区的经营管理，注重规模化、品牌化、特色化发展，构筑全新文化旅游、酒店服务、休闲商务体系。

第四，推进失地农民绿色就业。依托临潼区的规划，以凤凰池、芷阳湖、紫霞湖3个生态谷为龙头和依托，以大型"水泉林园"生态配套工程为支撑，发展生态涵养、水泉园林、森林公园、湿地公园和园艺花卉产业等绿色产业，下设绿色（产业）就业发展有限公司、置业物业有限公司、旅游商贸发展有限公司、民生小额贷款办公室、绿化园林公司等6个平台。绿色（产业）就业发展有限公司和绿化园林公司联合培训的一批批具有园艺技能的学员均已结业上岗。

临潼模式是基于临潼国家度假区独特的自然禀赋、产业特点、社会经济发展趋势以及民生现状而确立的城乡统筹发展理念、路径选择和实施体系。临潼绿色统筹开辟了一条绿色、人文、可持续的发展路径，在旅游资源富集地区实现城乡统筹发展，对推动城乡社会经济融合具有重要借鉴意义。

3. 蓝田汤峪温泉小镇模式

汤峪镇位于蓝田西峰山下的汤峪河出口处，自古以来，汤峪就是皇家沐浴避暑之地。地处汤峪温泉的塘子村是陕西省休闲农家明星村，陕西省乡村旅游示范村。汤峪温泉荣获陕西品牌企业，2010年中国温泉品牌企业，陕西最美温泉小镇，国家中沐委和东亚国际沐浴联盟授予"中国最佳温泉旅游胜地"，并成功举办"千人足浴之美表演"活动，荣获世界吉尼斯之最奖，率先引领陕西休闲时代、温泉旅游，荣获全国特色旅游名村，全国特色景观旅游名镇。蓝田县按照"旅游引领、多业融合、板块突破、精品开发、全域推进"的工作思路和"全域旅游"的战略部署，大力发展旅游产业，积极探索产业转型升级。而生态旅游产业发展进一步推动了汤峪"中国温泉养生小镇"特色品牌的建立，现已升级为国家 AAAA 级旅游景区，是"全国特色景观旅游名镇"。

汤峪立足独特的温泉和自然生态资源，大力发展温泉度假、酒店会务、休闲农业、生态旅游四大主导产业，打造集四大产业为一体的温泉旅游名镇。温泉小镇的开发建设不仅带动了区域经济发展，还推动蓝田城乡统筹的发展进程。汤峪温泉小镇的发展模式可归纳如下：

第一，科学全局规划。汤峪坚持"规划立镇、温泉名镇、基础强镇、产业兴镇"的指导思想，紧抓重点镇建设的历史机遇，激发地理区位潜能。汤峪镇的规划建设立足区域内温泉山水和文化旅游资源，实行镇村一体化规划，明确提出将汤峪镇打造为县域副中心和集温泉疗养、酒店会务、旅游观光、生态旅游于一体的温泉旅游名镇，有力加快了小城镇建设发展步伐。

第二，完善基础设施建设。"旅游＋"战略实施以来，蓝田县做出全面开展新型城镇化建设的决策部署，汤峪镇狠抓项目建设落实，近三年来基础设施建设领域累计完成投资 18.73 亿元。完成交通路网建设，新增道路 17.6 公里；建成汤峪镇中心幼儿园、汤峪客运站等公共服务设施；积极实施旧城改造，丰富城镇内涵。随着路、水、电、气、城市管网、教育、医疗、文体、商贸等硬、软件设施的不断完善，汤峪镇已经初步达到"宜居宜商"的新型城镇形态，并将在此基础上进一步精耕细作，推动新型城镇化建设，提升城市品质。

第三，培育并延长产业链。蓝田县在保护生态环境的基础上，积极推动农家乐发展，带动当地群众增收，镇上各种的农家乐有 300 多家，农家宾馆 280 余户。2015 年汤峪镇实现地区生产总值 15 亿元，城镇居民人均纯收入 15860 元，农民人均纯收入 12592 元，其中大部分均是由乡村旅游产业贡献。但是"泡浴＋食宿"这种传统的温泉旅游模式产业链较短，并不足以充分发挥温泉优势资源。所以在蓝田汤峪温泉小镇的建设发展过程中，拉长旅游产业链，做大"×产业"，做强"温泉＋×"中的休闲、度假、商务、健身和保健等产业，提升温泉的综合开发价值是主要的变革方向。

汤峪温泉小镇以"国际化温泉疗养度假基地、生态旅游基地、高端旅游基地、小镇风情体验基地"的品牌形象为目标，依托独特的温泉和自然生态资源，大力发展温泉度假、酒店会务、休闲农业、生态旅游四大主导产业，产业项目累计投资 23 亿元。在此基础上还需要根据游客类型、性别等因素细分目标市场，有针对性地定制差异化的温泉旅游产品，推动温泉旅游标准化和服务精细化，加快温泉旅游提质增效，深度发掘温泉的商业价值，塑造"汤峪温泉"的新名牌。

第四，"互联网＋旅游"新模式。线上销售现已成为非常重要的新兴业态，并且呈现上升趋势会对传统业态进一步冲击。为了紧跟时代潮流，应对新变化的挑战，抓住"互联网＋"的新机遇，蓝田县委、县政府积极响应国家旅游局《关于实施"旅游＋互联网"行动计划的通知》，按照"旅游引领、多业融合、板块突破、精品开发、全域推进"的工作思路，积极探索产业转型升级，加快"旅游＋互联网"创新发展，创新温泉旅游宣传模式。

如今，汤峪区域特色明显、人文气息浓郁、生态环境优美、多种功能叠加，已经是集温泉、养生、生态、旅游、商贸、住宅为一体的大型复合项目工程，在整个蓝田县甚至整个西安市的旅游经济中占有重要地位。从一个小村落到温泉特色名镇，汤峪温泉小镇自身的发展历程是旅游资源富集地区小城镇依托于旅游资源禀赋实现区域城乡统筹发展的典范，其发展模式值得其他类似地区借鉴学习。

4. 乡村旅游模式

在秦岭北麓，西安市共有 50 个乡镇，700 多个村庄，人口约 77 万，其中，贫困村就有 300 多个。如何借助得天独厚的自然条件，带动这些乡村走上致富的路子，实现城乡统筹发展，成为近年来西安农村工作的重头戏。乡村旅游催生了大量的乡村生态休闲产品，周至的水街，长安的祥峪沟、上王村和蓝田的簸箕掌村、白鹿原民俗文化村……依托乡村资源，发展特色旅游，给旅游扶贫提供了巨大的市场条件和发展机遇。

根据旅游资源的区域优势和特色分析，西安市乡村旅游从空间上划分为五大特色地域板块为山岳民宿度假带、关中风情体验带、沿渭河田园观光区、近郊精品旅游区、古镇文化旅游区。西安市域的南部边界地带及东南部的大部分地区由狭长山地和丘陵组成，自然环境优美，是西安市众多知名风景名胜区所在地，其中融合了众多的乡村农家乐项目。

乡村旅游是西安农业实现城乡统筹发展的有效途径和有利切入点。在西安市农业区发展乡村旅游适应了城乡统筹中居民消费结构升级的需要，实现了"大农业"和"大旅游"的有效结合，加快了城乡经济融合和三次产业的联动发展，从而有效解决三农问题，缩小城乡差距，开创统筹城乡发展的新路径。

城镇化是统筹城乡发展的重要路径。在资源富集区城乡统筹发展的进程中，无论是以工促农、特色产业带动还是新农村建设与新型城镇化建设并行，城镇化都是重要的实现路径与桥梁，也是城乡一体化中永恒的话题。其主要原因有以下两点：一是城镇化可以用最低的资源消耗和环境、经济代价快速实现城乡统筹发展，从而节约了大量资源与财力。二是上述的三种城乡统筹发展模式实质就是用工业化带动农业现代化、以城市发展带动乡村发展、工业化与城镇化的相互融合促进与补充，以人为本，实现城乡人口共同发展。西安资源富集区的城乡一体化虽取得一定的发展与成绩，但与国内其他资源富集区相比，仍有很大的差异。这与西部地区自身的自然条件、经济发展水平以及经济发展模式有密切的联系。

五、西安地区农业区在统筹城乡过程中的发展路径

（一）西安农业区的划分

本研究将西安农业区划分为长安区、高陵区、鄠邑区、周至县、蓝田县五个区县。

（二）西安农业区城乡统筹发展经验与模式总结

西安农业区农业人口较多，近年该地区城镇化水平取得长足进步，但还

有很大的发展空间。一些地区基础设施还不完善，人口居住较为分散。本地区的城乡统筹发展主要靠农业，经过现代化的发展，目前基本可以达到现代化的农业耕种作业，这为当地农民和地区发展带来很多益处。西安地区农业区的城乡统筹发展模式主要有：

1. 现代农业驱动模式

在推进城乡一体化的各项措施中，发展现代农业模式是直接带动农村发展、农民增收的一种有效政策。通过建立现代农业园区，将城乡联系起来，可以促进西安的农业发展水平，也促进了城市的经济和社会发展。而现代农业园区的选址就显得尤为重要，只有在城乡接合部设立，才能起到双向沟通城乡的作用。当城乡逐渐融合，现代农业引入了现代资本、现代科技、现代人才、现代信息、现代市场，对农村与农业的发展有巨大的推动作用。

第一，特色农业促进城乡统筹发展模式。2009 年，西安市委市政府出台《西安市加快发展都市农业实施方案》文件，围绕农业增效，农民增收提出了众多可操作性的政策建议。方案中提出必须提高科技对于农业产业的支持，加速农业由单一生产功能向多功能转型，并提高农业产业化经营水平。

长安区的经验最值得推广与借鉴。长安县是传统的农业县，设区后经济得到了发展，传统农业也在转型中升级。截至 2016 年长安区采摘果园面积达到 3.6 万亩、花卉面积达到 2550 亩、超过百亩的农业观光园区共有 60 余家，在日常节假日长安区已经成为西安市民休闲首选场所，全区休闲农业每年接待游客超过 1200 万人，创造收入 7 亿余元。另外在发展现代农业过程中，政府积极打造地区知名品牌，"王莽鲜桃""长安草莓"在 2016 年就双双入选全国百强农产品，极大地促进了农民增收。

第二，加快转变农业生产方式、促进现代农业和精准农业发展。高陵区在发展现代农业的过程中积极推进菜篮子工程，扩大菜篮子基地建设，对菜篮子工程予以科技支持，发展精细化绿色蔬菜种植。高陵区还积极培育具有地方特色的农产品品牌，如"烂娃桃""鸿盛源葡萄""鹏杰草莓""伊甸园樱桃"的品牌在多次农业博览会上都获得了全国众多商家的抢购。现代农业的推进提高了农业生产效率，对农民增收、促进城乡统筹发展具有积极影响。

第三，采摘农业＋休闲度假＋田园社区模式。鄠邑区在发展现代农业方面最为著名的是葡萄，户太八号是西安市葡萄研究所经过多年培育研究出的优良品种。截至 2016 年全区种植面积 6.5 万亩，产量 5.5 万吨。除葡萄种植外，还有鄠邑区渭河农业示范区，示范区积极开展苗圃培育、农业研究、良种培育等工作。2017 年 2 月 17 日，荣华控股企业集团与鄠邑区人民政府与合作共建的"荣华现代农业开发示范园"项目签约仪式在鄠邑区举行。该示范园是集"现代农业＋休闲旅游＋田园社区"为一体的现代农业开发示范园和新型特色小镇项目。

通过总结西安周边长安区、白鹿原、高陵、鄠邑区的现代化农业发展状况，我们发现各地都依靠自身区位条件，开展具有特色的现代化农业项目。通过多种手段增加农民收入、提高农业产量与效率。这些现代化农业的发展经验值得在更多都市城郊农业区进行推广。

2. 农业产业化模式

农业产业化是以小城镇建设为基础进行区域性的市场规划，现代化生产、专业化管理、市场化销售，在农业产业化过程中通过农产品拉动上下游相关产业共同发展，进而形成农产品多元化产业格局，促进田园都市产业链的建立和完善。

目前关中地区农村主要生产方式仍还是以单家独户的小农经济为主，这种生产方式不仅使农民与市场的联系薄弱，信息滞后明显，生产出来的农产品难以出售，给农户带来的收入不具有长期稳定性，很多农户不再继续种地而是选择进城务工，这导致农村人口大量流出，农村经济发展缓慢甚至停滞。现代农业要蓬勃发展就必须改造传统的自给性农业生产方式，让农业产业化、规模化和市场化。这将进一步改变城乡关系，使农村部门开放与城市形成产业分工，农业作为工业和服务业的基础，而工业又反哺农业产业发展。

西安农业产业化模式是用合作化组织来代替传统家庭经济组织，建立现代农业，调整农业产业结构，鼓励农民参与学习现代农业科技，提高他们的人力资本，增加区内农产品的竞争力。在大型现代农业企业内部引入绿色科技、生态文化的概念，在增加传统农业产量的同时塑造城市名片，将乡村旅游、生物科技、农村金融等产业结合在一起。核心农业产业园区是三产联合的复合农业形式，支持发展多种形式的新型农民合作组织，引导农村土地承包经营权有序流转，鼓励和支持承包土地向专业大户、家庭农场、农民合作社流转。

帮助农民增收是城乡统筹发展的一个重要组成部分，农业产业化是将农民的产品市场参与度提高的有效途径，直接将劳动所得转化成货币收入。并且新型农业产业链的延伸把传统种植业拓展到零售、食品加工、信息、物流等产业，增加农民的创收渠道，提高农民的收入水平。

总体来讲，西安地区与东部沿海地区相比，处于相对落后的境地。经济总量、社会文化、制度建设、人员素质等方面均处于发展中的劣势，而西安农业区更处于落后、不发达的状态。我们认为西安农业区城乡统筹发展应该结合本地的实际情况和优势资源，发展现代农业，提高科技对于农业产业的支持，加速农业由单一生产功能向多功能转型，并提高农业产业化经营水平。通过农村土地流转和农民参股农业产业，让农民参与现代农业和工业产业链中成为产业链的一部分。同时利用西安市农业区域优势旅游资源发展休闲农业和乡村旅游，让农民搭上经济发展的列车，带动农民个人、家庭、全村的富裕，统筹城乡发展，实现地区城乡一体化。

六、西安地区生态脆弱区在统筹城乡过程中的发展路径

（一）西安地区生态脆弱区的划分

西安市生态脆弱区主要集中在秦岭北麓一带，包括环山路与西安市行政界限内鄠邑区、长安区、临潼区、灞桥区、蓝田县、周至县六个区县 50 个乡镇，占西安市总面积的 57.9%，其中 25 度坡线以上的山地超过 90%。秦岭是我国南北自然生态和气候的分界线，是我国生物多样性最丰富的地区之一，在世界上有"世界生物基因库"之称。同时作为关中城市群天然生态屏障，秦岭同时也是国家生态安全保障的主体区域之一，承担着我国南水北调中线工程水源的保护，有着"中国的中央国家公园"的美誉。

（二）西安生态脆弱区城乡统筹发展经验与模式总结

1. 移民搬迁模式

易地移民搬迁工程可以使居住在山区的农民进入基础设施更完善的城镇、园区、中心村等地区，远离了突发性泥石流、山洪等地质灾害，生命财产安全得到了保障，收入也将会增加，生活状况得到改善。

易地移民搬迁对城乡统筹发展的推动意义重大。西安市涉贫镇（街办）共有72个，秦岭保护区内就有40个，占全市总数的半数以上。秦岭保护区共有81万人，其中，25度坡线以上有26万人，25度坡线以下有55万人。秦岭深处贫困发生率长期处在相对较高的水平，同时生态环境的脆弱特点越发显著，所以在统筹城乡发展过程中，既要坚持秦岭生态环境保护，也要想办法富裕一方百姓。对秦岭北麓的居民进行移民搬迁可以兼顾上述两方面的发展。

2011年，《大秦岭西安段生态环境保护规划》和《大秦岭西安段保护利用总体规划》顺利通过了国家级专家组的评审。规划分近、远两期实行退耕还林、生态移民。近期以十年为期，规划将对规划区域内25度坡线以上位于水源涵养地、地质灾害高发区、自然保护区内的人口逐步外迁，预计2021年完成。远期同样是以十年为期，在完成上述地区人口迁移工作之后，逐步搬迁位于风景名胜区内且地质条件较差的村庄。对于蓝田、临潼及周至老县城等现状条件较好、地势平坦的村庄原则上改建提升，部分就地改建成旅游接待村。对25度坡线以下村庄，进行撤村并点、区域统筹，实现社区共建，建设生态示范村。

第一，灞桥区洪庆山移民搬迁。洪庆山是距离西安城区最近的城中山，旅游资源丰富，但因为生态环境相对脆弱、用水困难、生活不便，区域内的村民生活比较困难。洪庆山移民搬迁项目总投资4.9亿元，计划安置洪庆街办栗沟、野鸡胡、水泉子、常王村、丁张胡村、阴坡村、上鲁峪村共7个村1117户。安置点统一规划建设，以庭院式安置为主，同步配套路网、水、电、通信等基础设施，学校、养老、医疗、公交、文化娱乐等公共服务设施和特色庭院、民宿客栈、农业观光等配套产业设施，使群众不仅能够"搬得出"，还要"稳得住"，最终实现"能致富"。这一安置方式不仅满足了洪庆山1117户搬迁群众的居住需求，也成为西安市生态旅游新的亮点。

第二，周至县黑河水源地移民搬迁。黑河峪口距西安市86公里，黑河水源地是西安最大的地表水饮用水源地，是西安市经济社会发展的生命线，水源地生态环境敏感脆弱，人类活动具有极大的破坏性。实施黑河水源地移民搬迁是保护黑河流域生态和水源安全的治本之策，同时也是改变水源地乡村村民贫困现状的有效措施。黑河水源地保护区涉及村民13400余人。桃李坪移民安置点和楼观下三清安置点安置房建设已经完成，移民新房多是130多平方米的三室一厅一厨两卫的户型，能够满足大多数移民的居住需求，民众居住水平通过移民搬迁得到极大的改善。同时政府邀请农林专家帮助大家发展新特果品种植，积极发展农家乐，拓宽群众的收入渠道。

第三，鄠邑区草堂镇李家岩村移民搬迁。李家岩村位于秦岭山下，高冠瀑布门前，高冠河西、余沣路以北。搬迁前的李家岩农民人均纯收入仅为3400元，低保贫困家庭占总户数的30%以上，村组集体经济薄弱，"守着绿水青山，过着贫穷日子"。并且村民经常砍伐树木用作生活燃料，在一定程度上影响了生态环境。在统筹城乡发展过程中，政府联合企业利用国家新农村建设规划项目和旅游开发资金，将村子整体搬迁到山外，统一规划建设新居，通过土地置换的手段置换出优质的生态资源，进行旅游开发。保护生态环境，改善农民生活水平，统筹城乡发展，发展旅游产业，李家岩村的移民搬迁可谓一举三得。搬迁后的李家岩村有192户人家，分布在规划的7个街道上，严格依照统一的街道布局和民居户型设计。李家岩新村移民搬迁后实现让农民"住得起、住得好、能致富"的"三大目标"。

2. 生态保持模式

规划限定需要生态保持的生态脆弱区主要包括区域内自然保护区、河流水系、水源涵养地、风景名胜区、珍稀动植物栖息地、珍贵地质遗迹和海拔1500米以上生态脆弱地区，逐步将25度以上坡耕地全部退耕还林。同时建议西安加快建设一批小流域水土保持治理项目和污染物污水处理厂，坚决防止产生新的污染和水土流失。将生态脆弱区内人口迁移的同时还应该限制开发建设，对区内的村庄建设将进行严格控制，还要规范旅游开发，防止村庄无序发展和旅游过度开发带来的生态环境破坏。

对于蓝田、临潼及周至老县城等现状条件较好、地势平坦的村庄原则上改建提升，部分就地改建成旅游接待村。根据峪口特点，将规划区内的 43 个峪口划分为生态保护峪口和保护利用峪口两类。其中生态保护峪口 30 个，保护利用峪口 13 个。重点对典型的峪口太平峪进行保护整治，逐步恢复山体，疏通河道，整理现状建筑，增加服务设施。保护利用峪口在满足不破坏生态环境的基础上进行合理的开发利用。

3. 资源开发带动模式

资源开发带动模式是循环经济模式的具体应用，适于生态脆弱地区保护自然环境的同时发展城乡经济。这一模式是对西安秦岭北麓生态脆弱区的土地矿产资源、森林生态资源以及人文历史资源进行合理开发和规划利用，在市场上构建一定规模的可循环产业群，低消耗、低污染、高产出的发展城乡经济。

秦岭具有多元的生态旅游资源。首先，秦岭作为我国保存完好的重要生态资源富集区，是开展生态观光与休闲度假旅游的理想之地；其次，秦岭作为我国重要的历史文化承载地，是探古思悠，追溯历史的难得之地；最后，秦岭作为中国南北地域的分界线，域内民俗文化丰富多样，是三秦、荆楚、巴蜀等南北文化的融会地。并且在发展演变过程中各种民俗文化保存较为完整，无论是各式各样的古村镇、古民居、古民俗，还是丰富多彩的山歌民舞、民间工艺、土菜土酒，都对现代都市游客具有强烈的吸引力。

秦岭地区资源开发模式应该以生态旅游作为主导产业，纵向带动区域内基础设施建设补足，横向刺激相关联的"行""住""食""游"等相关产业发展，具体表现为对交通运输、酒店餐饮、特色农业、文娱购物等行业的带动作用。该地区的发展经验也很大程度上验证了资源开发模式的功效，秦岭的资源开发模式在生态旅游主导下发展，提高了农民的收入，改变了传统的产业结构，增加了财政收入，财政所得又会反向增加对农村的各种投入，基础设施更加完善、医疗保障水平提高、教育更加公平，城乡一体化良好开局已形成。

4. 城乡联动模式

城乡联动模式包括城乡规划、市场要素、社会制度、基础设施、公共服务五个层面联动机制。城乡规划联动是在统筹城乡规划，合理布局城市和乡镇的软硬件基础设施的基础上，建立先进产业园区引进资本、人才和技术并形成集聚效应，加强城市和乡镇、农业和工业之间的交流和联系，借助市场机制发挥城乡间、工业和农业中的人力资本和土地等生产要素的优势，实现城乡、工农的共同发展。社会制度的联动是要认清城市和乡村、工业和农业现阶段的社会发展地位并明确未来的发展方向，在制度的改革变迁中发挥政府在完善法律体系、改革户籍制度及改革土地制度等方面的主动作用；基础设施的联动是通过完善城乡交通设施和农业水利设施，实现城乡基础设施的共享，新建基础设施的同时更高效率的利用已有的基础设施；公共服务的联动主要是通过公共财政体系和农村社会保障制度的协同作用，促进城乡公共服务趋同化。城乡联动模式是利用农村专业化组织将城市和乡镇连接起来，促进生产要素在市场上自由流动合理配置，在中心城市的带动下在周边村镇建立产业集中区，带动周边村镇发展经济缩小城乡发展差距。

本部分结合课题的偏重方向重新定义了生态脆弱区，分析了这类特殊地区的内涵和特点，界定了明确的生态脆弱区的判定标准在全国范围内对其进行分类识别，明晰了西安市属于生态脆弱区的区县。我们认为一般的生态脆弱区发展城乡经济社会一体化都应该重视生态建设模式和生态产业模式。在进行生态脆弱区生态补偿和重建，保证蓝天青山绿水白云的基础上，利用好当地的优势资源，对生态产业进行深度规划，形成以秦岭生态旅游为车头，以生态产业园区为主要发力点的园区经济引动格局，城乡联动共同向前，促进城市和乡镇经济同时发展，不断缩小城乡差距，推动城乡经济社会一体化融合的进程。

七、西安统筹城乡的类型差异化发展路径总结及政策取向

（一）西安不同类型地区城乡统筹发展路径总结

西安都市区城乡统筹建设过程中紧跟新一轮西部大开发战略，因地制宜地推进开发区建设、发展街区经济，转变产业结构，坚持"大统筹"，抓住城市新中心定位着重打造中心都市区经济增长极点，在中心都市区经济增长极的辐射带动下统筹乡村发展；西安资源富集区拥有丰富多样的旅游资源，在推进城乡统筹建设过程中根据不同种类资源对应不同的开发方式、不同的地区存在不同的城乡统筹发展路径，选取较为典型的经验总结出曲江文化产业推动、临潼绿色统筹、蓝田汤峪温泉小镇模式，概述西安在文化旅游资源富集的地区统筹城乡发展的路径，以旅游资源开发发展旅游产业，带动地区经济社会发展；西安农业区通过促进农业现代化和农业产业化转变，发展特色农业、精准农业和休闲农业，现代化生产、专业化管理、市场化销售，促进农产品生产经营活动规模化形成多元化的农业产业格局，并且通过农产品将各产业链连接成网。通过改变传统生产经营方式为现代农业生产经营方式重新赋予农业新的活力，统筹城乡协调发展。西安生态脆弱区利用地处秦岭的优势，加强生态保护，以易地移民搬迁为抓手，对生态产业进行深度规划，以生态产业园为主要发力点，大力发展生态观光和休闲度假旅游，实行城乡联动，缩小城乡差距，借乡村振兴战略东风，推动城乡融合发展。

（二）西安地区城乡统筹发展的政策取向

统筹城乡发展需要以"顶层设计、整体推进、统筹规划、稳步实施"为指导原则，协调好土地、户籍、财政税收、教育文化、医疗卫生和社会保障等各个方面的关系，建立"城乡联动、双向一体化"的推进机制和发展模式，确立正确的制度并适时创新提供城乡经济社会一体化的平台。而这一切需要一系列政策的支持，这些政策包括如下：

1. 促进城乡公共服务建设的均等化和公平化

公共服务城乡均衡分配是一项老生常谈的问题，是统筹城乡发展过程中关键的一步，是让广大农民平等参与我国现代化进程、共享改革发展成果的重要途径。长期以来不平等的公共服务使城乡差距进一步拉大，经济基础日益富足的今天应该在公共服务资源分配中加大对农村公共服务的分配，参照城市标准在农村建立与城市相对应或者循序渐进接近城市标准的农村公共服务体系，鼓励中心城区、近郊区和农村基层社会事业进行"一对一"结对帮扶，各类学校形成共建机制，推进"名校办分校"，以使城市优质教育资源向农村扩展。以技术、人才、管理和资产为纽带，实现城乡医疗机构的纵向合作。在此基础上，进一步探索出在医疗、卫生、基本生活设施、教育等多方面公共服务领域新的城乡一体化公共服务网络，让更多公共服务资源面向需求时不再区分城乡。

2. 创新政策推动土地制度和户籍制度的灵活化

城乡一体化的发展过程中，无论是农村的城镇化建设还是农业人口流向城市都会受到土地流转和户籍转变的限制。在进一步统筹城乡发展过程中，通过政策理论创新使现有土地制度和户籍制度更趋灵活化是促进城乡一体化的有力推手。

创新差别化土地政策，不同地区根据不同的城乡发展需求进行适应性创新，探索出诸如李家岩村搬迁模式农村集体组织以出租、合作、置换等方式盘活利用空闲农房及宅基地，增加农民财产性收入。

渐进取消城乡户籍限制，实行城乡户口无差异登记制度和无差别管理制度，使城乡居民平等享受各项社会经济权利，核准落户的农村居民享受与城市居民同等的保障性住房、子女入学、公共卫生服务、社会保障等政策待遇，享受城镇就业扶持和就业优惠政策，符合条件的纳入城市低保范围。这一政策直接能够鼓励农业人口向城市转移，也能有效地解决城市中现存的半城市化人口问题。

3. 加大财税政策和金融创新的支持力度

财税政策是财政支持城乡一体化发展的重要工具，金融创新是城乡一体化的重要载体。突出财政对农业的扶持作用、对涉农产业进行税收优惠、推行农村普惠金融、完善农村民生金融等方式的融资支持，都能有力推进城乡一体化发展步伐。

在财政收支规模扩大的基础上要不断增加扶持农业产业支出的比例，利用税收优惠、贴息贷款、补贴和保险等各种措施引导社会资金流向农业以及涉农产业发展，促进提升农业产业化发展水平。同时加大对都市农业的支持力度，对城市地区发展的都市农业、观光农业、休闲采摘农业等予以支持政策。西安市生态脆弱区的移民搬迁工程及生态保护和资源富集区旅游资源开发都需要财政支持和税收优惠。可以尝试通过各级政府支持的"三农"融资担保体系，或发挥财政资金的杠杆作用，凭借设立基金、贴息、担保等途径，解决城乡统筹相关产业发展融资问题。

完善城乡金融组织体系，不断优化城乡民生金融服务。通过在农村地区设立农村信用合作社、村镇银行、小额贷款公司等新型农村金融机构组成的惠农扶农金融组织体系，形成覆盖城乡各层次需求的城乡一体的便捷资本市场体系和金融服务网络，降低市场的交易成本，提高交易效率。以推动农村产权（土地、房屋等）抵押融资为重点，发挥土地资本作用，通过租赁、转包、入股等形式，实现土地的规模化、集约化经营，提升农村金融服务水平。同时在城乡业态都有变化的背景下，金融创新应该配套跟上。针对"互联网+"迅速发展的大趋势，应该进行相对应的金融创新，比如引导各银行优化网上支付、移动支付业务，方便农村企业居民资金汇划的同时也降低汇划成本。

4. 提升人力资本和促进就业两端发力

提升人力资本是推进城乡一体化发展缩小城乡差距的重要切入点，促进就业是使人力资本发挥作用的落脚点，对实现城乡一体化发展具有关键性的促进作用。人才培养和促进就业两端发力，共促城乡统筹。

农村教育投入严重不足，城乡教育投入差异巨大，最终导致城乡人力资本的巨大差异，农村教育随着适龄儿童数量减少、教师素质较低、教学设施陈旧等现象是农村地区教育处于恶性循环。故而为消除城乡教育差距应该加大对农村教育的投入，实现城乡教育投入均等化，促进城乡教育一体化发展。但提升人力资本不应该仅局限于基础教育，在西安不同地区城乡统筹发展的不同路径中需要具备不同技能的劳动者。因此提升人力资本的时候还应注意面向城乡统筹过程人才缺失，各行各业有针对地培养具备相关素质技能的人才。比如资源富集区旅游文化产业方面的旅游开发人员、"互联网＋"产业的运营人员以及新兴业态行业中的管理人员等均是西安市城乡统筹发展过程中大量所需人才，在缩小消除城乡基础教育差异的同时还应邀请所缺人才行业专家开展培训，培养相关人才。同时加快创新人才培养体制，完善技能培训机制，解决培训与需求"两张皮"的问题，逐步使企业成为技能培训的主体，政府通过购买服务、事后补助等办法给予一定支持。

城乡统筹背景下的就业政策除以往各项常规反失业措施之外，还应该有解决农村剩余劳动力转移的问题。主要表现在两方面：其一是制定公平的游戏规则，在城乡间建立统一的就业制度。通过政府主导、民办公助、开发公益性就业岗位等措施，打破城乡劳动力市场分割的局面，在城乡之间建立统一的就业制度和功能完善、信息畅通的就业服务网络平台，及时发布就业信息。同时要注意清理各种歧视农民工的规定，打破城乡就业壁垒，实现城乡就业同工同酬、权益平等；其二是要补足农村劳动力的短板，加大对农民工的技术和就业培训。通过提供补贴鼓励职业技术院校、市场中介机构和非政府组织开展对农民工的技术和就业培训，采取税收优惠、专项补助等措施鼓励企业和用人单位对已就业农民工进行职业技能培训，建立专项基金扶持农村剩余劳动力就业培训，长期可持续对未就业人口进行就业培训，帮助其掌握一定利于就业的技能。

5. 完善基础设施建设

良好的基础设施是城乡经济社会一体化得以快速发展的前提保障。我国农村基础设施投入机制不健全，基础设施投入匮乏，并且投入的基础设施与农村社会的实际发展需求不匹配。西安市农村基础设施相对于东南沿海地方仍处于相对落后状态，妨碍了地区经济社会发展，进而也限制了城乡一体化进程。因此切实加强和改善农村基础设施建设对于西安统筹城乡发展具有重要的意义。

完善基础设施建设的政策建议有三个层次：健全基础设施建设投入机制。按照农村不同基础设施的不同层次和受益对象，对基础设施进行分类建设，明确各级政府在农村基础设施建设中的职责和义务，由市县乡在中央政府提供一定补贴的基础上负责投资建设。还可以通过采取 BT、BOT、PPP 等多种形式民间社会资本投向农村基础设施建设；明确基础设施建设重点，基础设施建设要服务于西安市城乡统筹发展，要有益于改善民众生活质量，在建设过程中要根据发展需求明确建设重点。西安统筹城乡实现路径主要依赖道路交通建设，电网、电信网、互联网"三网合一"工程，生产生活用水及污水处理设施建设；建立基础设施管理维护机制。以往农村基础设施建设中存在的"重建轻管"，建成的公共设施由于管理维护责任不落实，缺乏后续投入和维护管理，老化和失修严重，难以长期发挥效益。因此，要把建设管理并重作为推进农村基础设施建设的一项重要原则，加大改革力度，明晰产权，明确责任，量化到自然人或法人，充分调动各方面投资建设和管好农村小型基础设施的积极性。加强建设后的管理维护，激活资产存量，实行良性循环。

6. 促进产业结构调整和业态转变

产业结构调整是城乡统筹发展的转型方向，传统业态向新业态的过度转变是城乡统筹发展的新机遇。改变过去城乡二元分割，城市发展工业、农村发展农业的传统型社会，在现代科技推动下实现一、二、三产业的有机融合，通过改变农业内部结构，迎来农业发展的新春天，增加农民收入、助力城乡统筹。新产业、新业态带动西安地区旅游消费，拓宽农业产业链，支撑就业，为经济增长注入新动力，抓住新旧业态过渡转换的新契机，统筹协调发展城乡经济社会。

结合农业产业化、规模化生产经营与结构调整，在市场机制调节的基础上政府因势利导，偏向农村加大对二、三产业的支持力度，促进三大产业的融合；通过协同运用税收优惠、专项补助、政府采购等政策手段引导企业、个人和社会团体到农村投资办厂，有助于实现城乡产业发展均衡布局；采取抵押、担保、贴息贷款和专项基金补贴等措施，发展各种农业组织形式，如农民专业合作社、公司＋基地＋农户、公司等形式实现专业化、特色化生产，实现财政支持农村合作组织、农村合作组织撬动市场、带动市场的四两拨千斤的杠杆作用，调整农业产品结构，取得显著经济效益。

农村新产业新业态是在"互联网＋"基础上发展起来的新生事物，还需要各类创业、经营主体在市场经济大潮中破浪前行，也需要各级政府为之加油助力。政府应该营造良好的社会氛围和公平的竞争环境，让在农村创新创业的企业享受到在城市一样的政策，解决好用地、融资、人才、基础设施等方面的问题。优化农村产业结构、促进三产深度融合，需要有载体支撑，而现代农业"产业园""科技园""创业园"就是这样的载体。"产业园"重在聚集现代生产要素，发挥科技集成、产业融合、创业平台、核心辐射等功能作用，促进农业生产、加工、物流、研发、示范、服务等相互融合，形成现代农业产业集群；"科技园"主要突出科技创新、研发应用、试验示范、科技服务与培训等功能，建设农业科技成果转化中心、科技人员创业平台、农业技术推广样板、高新技术产业孵化基地，打造现代农业创新高地；"创业园"主要为各类人才在农村创业创新提供政策扶持和服务。"三园"是农村承载资金、科技、人才、项目的重要平台，是在农村实施创业创新的重要基地。政府应该助力"三园"建设，发挥其在引领现代农业建设、培育农村新动能中"加速器"的作用。

城乡一体化的实现是一个复杂的系统性工程，本研究只是分析了西安地区城乡一体化主要进程。经验的总结主要是基于西安现实，应不断挖掘更多地方城乡一体化的模式与经验，为其全国其他地区提供经验与借鉴；城乡统筹发展也是一个动态化发展过程，其存在的问题和具有代表性的经验模式都会随着发展进程不断更新，需在新的环境下不断地进行分析和解决，仍需要进行大量的调查和研究。

参考文献

一、中文文献

［德］马克思恩格斯：《马克思恩格斯全集》，人民出版社 1972 年版。

［德］马克思恩格斯：《共产党宣言》，中央编译出版社 2005 年版。

［德］恩格斯：《共产主义原理》，人民出版社 1955 年版。

［苏］列宁：《列宁全集》第 10 卷，人民出版社 1988 年版。

［苏］斯大林：《斯大林全集》第 6 卷，人民出版社 1955 年版。

［瑞］缪尔达尔：《经济理论和不发达地区》，商务印书馆 1992 年版。

韩玉堂、叶文虎：《生态产业链系统构建研究》，中国致公出版社 2011 年版。

牛文元、刘怡君：《中国新型城市化报告》，科学出版社 2009 年版。

陆学艺：《陆学艺文集》，上海辞书出版社 2005 年版。

曾菊新：《现代城乡网络化发展模式》，科学出版社 2001 年版。

郝寿义、安虎森：《区域经济学》，经济科学出版社 1999 年版。

刘洪彬：《基于集群理论的统筹城乡发展研究》，经济科学出版社 2008 年版。

陈承明、施镇平：《中国特色城乡一体化探索》，吉林大学出版社 2010 年版。

王建增：《基于低碳经济视域的城乡一体化建设探析》，《河南师范大学学报》（哲学社会科学版）2012 年第 5 期。

郭爱兰：《我国城乡一体化发展的模式、障碍和应对措施》，《商业时代》2012 年第 14 期。

袁晓梅、崔海潮等:《国外城乡一体化发展经验》,《世界农业》2012年第10期。

裴凤琴:《构建我国城乡一体化发展的路径研究》,《江苏农业科学》2012年第2期。

罗其友等:《我国东北地区农业功能区划研究》,《农业现代化研究》2005年第6期。

张华:《〈城乡一体化体制对策研究〉评介》,《东岳论丛》2012年第2期。

康永超:《城乡融合视野下的城乡一体化》,《理论探索》2012年第1期。

靳亦冰、王军:《城乡一体化进程下西北干旱区生土民居营建研究》,《生态经济》2012年第2期。

高帆、秦占欣:《二元经济反差:一个新兴古典经济学的解释》,《经济科学》2003年第1期。

厉以宁:《走向城乡一体化:新中国成立60年城乡体制的变革》,《北京大学学报》(哲学社会科学版)2009年第6期。

张建华、洪银兴:《都市圈内的城乡一体化》,《经济学家》2007年第5期。

岳利萍、白永秀:《陕西城乡一体化水平判断与城乡协调发展对策研究》,《西北工业大学学报》(社会科学版)2006年第3期。

任保平:《城乡发展一体化的新格局:制度、激励、组织和能力视角的分析》,《西北大学学报》2009年第1期。

郭俊华、高菊:《城乡居民生活一体化指标体系研究》,《人文杂志》2011年第3期。

厉以宁:《以创新精神、探索勇气加快破除城乡二元体制》,《中国城市经济》2008年第11期。

尹琦、肖正扬:《生态产业链的概念与应用》,《环境科学》2002年第6期。

靳拥军:《基于因子分析的重庆市城乡一体化发展研究》,《管理现代化》2011年第1期。

张占仓:《论城区经济发展战略》,《经济地理》2009年第1期。

华中煜:《陕南区域特色产业发展机制——理论基础与实证分析》,《新西部》2010年第9期。

郭建军:《我国城乡统筹发展的现状、问题和政策建议》,《经济研究参考》2007年第1期。

黄益民:《西部地区城市化动力机制研究》,《合作经济与科技》2010年第3期。

陈雯:《"城乡一体化"内涵的讨论》,《现代经济探讨》2003年第5期。

颜芳芳:《城乡一体化评价指标体系研究》,《经济研究导刊》2011年第33期。

杨勤业、张豪禧、叶庆华:《黄河北干流晋陕蒙接壤地区环境冲突分析研究》,《地理科学进展》1999年第3期。

周淑莲:《论地区经济的城乡协调发展》,《开发研究》1994年第11期。

[英]李嘉图:《政治经济学及赋税原理》,华夏出版社2005年版。

[日]岸根卓郎:《迈向21世纪的国土规划——城乡融合系统设计》,高文琛译,科学出版社1990年版。

骆子程:《城乡一体,工农结合》,《城市问题》1988年第2期。

吕君、向秋兰:《产业组织视角下生态脆弱区经济发展模式探讨》,《商业时代》2012年第21期。

毕于运、王道龙等:《我国中部生态脆弱地带生态建设与农业可持续发展研究》,气象出版社2008年版。

王国:《我国典型脆弱生态区生态经济管理研究》,《中国生态农业学报》2001年第4期。

赵跃龙、刘燕华:《中国脆弱生态环境类型划分及其范围确定》,《云南地理环境研究》1994年第2期。

赵德芳:《陕南汉江谷地近40年气候变化及其生态环境意义》,《山地学报》2005年第3期。

李厚地:《陕南地区土地利用的思考》,《自然资源》1995年第3期。

余小方、邓国华:《陕南特色矿业与新型材料业可持续发展路径探析》,

《中国软科学》2010年第28期。

　　曹辉：《信息化促进中国城乡一体化研究》，博士学位论文，东北林业大学农业经济管理，2010年。

　　杨荣南：《关于城乡一体化的几个问题》，《城市规划》1997年第5期。

　　应雄：《城乡一体化趋势前瞻》，《浙江经济》2002年第13期。

　　甄峰：《城乡一体化理论及其规划探讨》，《城市规划汇刊》1998年第6期。

　　朱志萍：《城乡二元结构的制度变迁与城乡一体化》，《软科学》2008年第6期。

　　石忆邵：《关于城乡一体化的几点讨论》，《规划师》1999年第4期。

　　洪银兴、陈雯：《城市化和城乡一体化》，《经济理论与经济管理》2003年第4期。

　　姜作培：《城乡一体化：统筹城乡发展的目标探索》，《南方经济》2004年第1期。

　　杨荣南、张雪莲：《城乡一体化若干问题初探》，《热带地理》1998年第1期。

　　顾益康、邵峰：《全面推进城乡一体化改革——新时期解决"三农"问题的根本出路》，《中国农村经济》2003年第11期。

　　李同昇、厍向阳：《城乡一体化发展的动力机制及其演变分析——以宝鸡市为例》，《西北大学学报》（自然科学版）2000年第3期。

　　黄亚龙：《城乡一体化的发展动力机制研究》，《中小企业管理与科技》2009年第30期。

　　王平、杜娜、曾永明等：《海口市城乡一体化发展的动力机制研究》，《商业时代》2004年第13期。

　　胡金林：《我国城乡一体化发展的动力机制研究》，《农村经济》2009年第12期。

　　张果、任平、周介铭等：《城乡一体化发展的动力机制研究——以成都市为例》，《地域研究与开发》2006年第6期。

　　杨荣南：《城乡一体化及其评价指标体系初探》，《城市研究》1997年第

2 期。

朱颖：《城乡一体化评价指标体系研究》，《农村经济与科技》2008 年第 7 期。

王洪跃、张雄：《湖北省城乡一体化评价研究》，《现代农业科技》2010 年第 6 期。

刘培培：《城乡一体化指标体系构建及评价研究》，硕士学位论文，山东科技大学建筑与土木工程，2011 年。

常春芝：《辽宁沿海经济带城乡一体化评价分析》，《气象与环境学报》2009 年第 1 期。

苏春江：《河南省城乡一体化评价指标体系研究》，《农业经济问题》2009 年第 7 期。

焦必方、林娣、彭婧妮：《城乡一体化评价体系的全新构建及其应用——长三角地区城乡一体化评价》，《复旦学报》（社会科学版）2011 年第 4 期。

马和、张远景、李晓娜：《城乡一体化水平的定量分析与研究——以哈尔滨市域为例》，《现代城市研究》2009 年第 6 期。

董晓峰、尹亚、刘理臣等：《欠发达地区城乡一体化发展评价研究——以甘肃省为例》，《城市发展研究》2011 年第 8 期。

江敦涛：《山东半岛城乡一体化发展分析》，《农业技术经济》2011 年第 12 期。

刁丽琼、廖和平、魏洪斌等：《基于因子分析的重庆"1 小时经济圈"城乡一体化测度与评价研究》，《西南师范大学学报》（自然科学版）2011 年第 1 期。

曹明霞：《城乡一体化监测指标体系及其综合评价模型研究》，《西北农林科技大学学报》（社会科学版）2011 年第 5 期。

完世伟：《城乡一体化评价指标体系的构建及应用——以河南省为例》，《经济经纬》2008 年第 4 期。

王生荣：《合作市城乡一体化指标体系及综合评价》，《石河子大学学报》（哲学社会科学版）2011 年第 6 期。

常纪坡、马萍：《拉萨市城乡一体化评估指标体系探讨》，《时代经贸旬刊》2008 年第 6 期。

霍松涛：《城乡一体化评价指标体系研究综述》，《商业时代》2013 年第 9 期。

马晓强、梁肖羽：《国内外城乡经济社会一体化模式的评价和借鉴》，《福建论坛》（人文社会科学版）2012 年第 2 期。

李习凡、胡小武：《城乡一体化的"圈层结构""梯度结构"模式研究——以江苏省为例》，《南京社会科学》2010 年第 9 期。

张果等：《城乡一体化渐进式开发及发展模式研究——以成都市为例》，《云南地理环境研究》2006 年第 4 期。

刘家强等：《城乡一体化战略模式实证研究》，《经济学家》2003 年第 5 期。

鲁长亮、唐兰：《城乡一体化建设模式与策略研究》，《安徽农业科学》2010 年第 3 期。

张道政、周晓彤：《城乡一体化的模式动力和路径》，《唯实》2010 年第 5 期。

任保平、林建华：《西部城乡经济社会一体化新格局的模式选择及其实现路径》，《贵州社会科学》2009 年第 8 期。

任保平、邓文峰：《西部地区城乡经济社会一体化的功能分类模式及其实现途径》，《宁夏大学学报》（人文社科版）2010 年第 3 期。

白永秀、赵伟伟、王颂吉：《西部地区城乡经济社会一体化实践研究》，载《区域经济论丛》（十一），中国经济出版社 2011 年版。

陈学云、史贤华：《我国城镇化进程中的城乡一体化路径研究》，《经济学家》2011 年第 3 期。

白永秀：《后改革时代的关键：城乡经济社会一体化》，《经济学家》2010 年第 8 期。

孙波、白永秀等：《农民市民化与城乡经济社会一体化》，《生产力研究》2011 年第 5 期。

张雁东、孙养学：《城乡一体化评价指标体系研究》，《商场现代化》2011 年第 4 期。

赵峰:《广西城乡一体化评价指标体系的设计及实证研究》,《广西社会科学》2010 年第 1 期。

顾益康、许勇军:《城乡一体化评估指标体系研究》,《浙江社会科学》2004 年第 6 期。

王蔚、张丛生、魏春雨、张玉桃:《湖南省城乡一体化评价指标体系及量化分析》,《湖南大学学报》(自然科学版) 2011 年第 4 期。

张淑敏、刘辉、任建兰:《山东省区域城乡一体化的定量分析与研究》,《山东师范大学学报》(自然科学版) 2004 年第 3 期。

罗雅丽、张常新:《城乡一体化发展评价指标体系构建与阶段划分》,《江西农业学报》2007 年第 7 期。

许鲜苗:《西部城乡统筹的现状评价及制约因素》,《财经科学》2009 年第 8 期。

彭妮、姚永鹏:《西部城乡一体化与东中部的差距分析》,《中国国情国力》2011 年第 3 期。

胡乃武:《社会主义和谐社会利益关系研究》,中国人民大学出版社 2011 年版。

周一星:《关于明确我国城镇概念和城镇人口统计口径的建议》,《城市规划》1986 年第 3 期。

胡序威:《对城市化研究中某些城市与区域概念的探讨》,《城市规划》2003 年第 4 期。

谢守红、宁越敏:《中国大城市发展和都市区的形成》,《城市问题》2005 年第 1 期。

孙胤社:《大都市区的形成机制及其定界——以北京为例》,《地理学报》1992 年第 6 期。

陶松龄、甄富春:《长江三角洲城镇空间演化与上海大都市增长》,《城市规划》2002 年第 2 期。

姜世国:《都市区范围界定方法探讨——以杭州市为例》,《地理学与地理信息科学》2004 年第 1 期。

阎小培、贾莉、李建平:《转型时期的中国大都市发展》,《人文地理》

2000 年第 2 期。

王兴平、崔功豪：《新经济时代的中国大都市热点空间分析》，《人文地理》2003 年第 1 期。

罗震东：《分权与碎化——中国都市区域发展的阶段与趋势》，《城市规划》2007 年第 11 期。

闫水玉、赵柯、刑忠：《美国、欧洲、中国都市区生态廊道规划方法比较研究》，《国际城市规划》2010 年第 2 期。

宁越敏：《中国都市区和大城市群的界定——兼论大城市群在区域经济发展中的作用》，《地理科学》2011 年第 3 期。

白永秀、王颂吉、鲁能：《国际视野下中国城乡发展一体化模式研究》，中国经济出版社 2013 年版。

王春艳、李瑞林：《美国城市化的特点及其经验借鉴》，《延边大学学报》（社会科学版）2005 年第 9 期。

王登龙、郭立志：《英国城乡统筹推进城市化进程的经验》，《当代经济管理》2007 年第 10 期。

于培伟：《日本的城乡统筹共同发展》，《宏观经济管理》2007 年第 9 期。

欧阳敏、周维崧：《我国城乡统筹发展模式比较及其启示》，《商业时代》2011 年第 3 期。

肖良武、张艳：《城乡一体化理论与实现模式研究》，《贵阳学院学报》（社会科学版）2010 年第 2 期。

成都市发展和改革委员会：《成都推进城乡一体化的思路和实践》，《宏观经济研究》2005 年第 9 期。

吴潇、徐境、张沛：《另一种视角："三农"发展诉求下的西安城乡一体化建设策略探索》，《干旱区资源与环境》2012 年第 7 期。

唐艺彬：《美国纽约大都市圈经济发展研究》，博士学位论文，吉林大学博士论文，2011 年。

顾益康、邵峰：《全面推进城乡一体化改革——新时期解决"三农"问题的根本出路》，《中国农村经济》2003 年第 11 期。

焦锋刚：《以金融创新促进城乡统筹——基于西安市城乡统筹的金融实践

与思考》，《商》2013 年第 23 期。

李圣军：《城镇化模式的国际比较及其对应发展阶段》，《改革》2013 年第 3 期。

任保平：《论中国的二元经济结构》，《经济与管理研究》2004 年第 5 期。

蒲伟芬：《西安城乡一体化发展水平测度研究》，《西安电子科技大学学报》（社会科学版）2013 年第 2 期。

邵景均：《积极促进城乡一体化发展》，《中国行政管理》2012 年第 10 期。

二、英文文献

James M. B.，*Federalism and Fiscal Equity*，The American Economic Review.

Sarah B. L.，*Urban Differences Depression Prevalence：Implications for Family Medicine*，Health Series Research.

GOTTMAN J.，*Megalopolis or the urbanization of the Northeastern Seaboard*，Economic Geography.

DOWNS A.，*New visions for metropolitan America. Washington DC*，The Bookings Institution and Cambridge：Lincoln Institution of Land Policy.

SIMMONDS R，HACK G.，*Global city region：their emerging forms*，London and New York：Span Press.

ALLAN D.，*Wallis evolving structures and challenges of metropolitan regions*，National Civic Review.

TAVLOR P. J.，Walker：DRF，*Diversity and power in the world city network*，Cities.

Nilsson C. G.，*The fragility of ecosystems：a review*，Journal of Applied Ecology.

Farber S. C.，Costnaza R，W.：*Economic and ecological concepts for valuing ecosystem service*，Ecological Economics.

SHORT J. R.，*From world cities to gateway cities*，City.

SIMMONDS R.，HACK G.，*Global city region：their emerging form*，

London and New York: Span Press.

Stephane Couturier, Mauricio Ricardez, Javier Osorno, Ricardo.

Lopez-Martinez, *Spatial extraction if urban nuclei in diffusely urbanized metropolitan areas*, Landscape and Urban Planning.

Liu Liu, L' Hostis Alain, *Transport and Land Use Interaction: A French Case of suburban development in the Lille metropolitan area* (LMA), Original Research Article.

Kristian J Ruming, *Urban consolidation, strategic planning and community opposition in Sydney, Australia: Unpacking policy knowledge and public perceptions*, Land Use Policy.

FISHER R. C., WASSMER R. M., *Economic influences on the structure of local government in US*, Metropolitan areas, Journal of Urban Economics.

Francesc Munoz, *Lock living: urban sprawl in Mediterranean cities*.

GOTTMAN J., *Megalopolis or the urbanization of the Northeastern eaboard*, Economic Geography.

DOWNS A., *New visions for metropolitan America. Washington DC*, The Bookings Institution and Cambridge: Lincoln Institution of Land Policy.

ALLAN D., *Wallis evolving structures and challenges of metropolitan regions*, National Civic Review.

TAVLOR P. J. Walker, DRF: *Diversity and power in the world city network*, Cities.

后 记

在人类历史的形成和发展过程中，城市和乡村是构成社会不可分的两个组成部分，城乡曾经是相互独立、要素相互隔离、信息相互阻隔，又缺乏相互联系的两大经济社会系统。而城市居民和乡村居民同是历史的创造主体，推动社会经济发展前行。但是中国始终存在一个特别突出的问题就是典型的城乡二元结构，如何处理城乡关系，缩小城乡经济社会差别是一项长期而艰巨的任务。从整个中国经济社会历史发展轨迹来看，乡村一直都处于弱势地位，重城市而轻乡村，先城市而后乡村，重工业而轻农业，资源配置主要在城市而且城乡资源不互相流动。随着生产力水平和人类文明程度的提高，城乡分离逐渐被打破，城乡之间差距不断缩小，城乡一体化成为社会发展的总趋势。2008 年以白永秀教授为首席专家获得国家社会科学重大招标项目《西部地区形成城乡经济社会一体化新格局的战略研究》（批准号：08&ZD027）。我作为子课题负责人之一承担西部地区城乡生活一体化的研究，在研究过程中，对西部地区城乡状况进行了深入调研，逐步发现城乡一体化是一个值得研究的重大问题，也适逢国家出台新农村建设、城乡一体化的战略，2011 年我以《西部地区城乡经济一体化的类型分析与经验研究》为题申报国家社会科学基金并获批。

根据项目计划，自从 2011 年 7 月国家社科基金立项书下发以来，一直依据计划书进行项目研究。主要选择典型地区进行调研，选择重庆市，四川省成都市，云南省昆明市，宁夏回族自治区银川市，青海省西宁市，甘肃省兰州市和陕西省宝鸡市、咸阳市、延安市、商洛市、西安市（高新区、经开区、曲江新区）、西咸新区等地区进行调研，收集了研究所需的第一手资料，发表的系列论文《西安"四区二基地"城乡统筹模式研究》《贫困地区城乡一体化的"凤县模式"》《西部欠发达地区城乡一体化的经验探析——以甘肃为例》《基于类型分析的陕西城乡一体化的经验探析》等。同时参加 2012 年郑州大学举办的全国综合大学《资本论》研究会第 14 次学术研讨会；重庆工商大学举办的"中国区域经济学 2013 年中国区域经济学会年会暨区域与城乡一体化学术研讨"，提交论文《中国工业化、信息化、城镇化、农业现代化进程协调状态测度研究》，并做发言；2013 年 4 月参加中国地质大学第 17 届全国经济地理研究会年会城乡发展一体化与生态文明建设研讨会；2014 年 7 月参加西北民族大学召开的中华外国经济学说研究会发展经济学分会学术会议，提交论文《国家统筹城乡经济社会一体化的经验探析——以重庆为例》。在研究过程中撰写并发表系列学术论文。共发表 17 篇学术论文，其中 CSSCI 期刊 13 篇。

课题从最初策划到最终结题，前后经历 6 年的时间，在著作出版之际，我要向诸多的人士和机构致以深深的感谢！

特别需要感谢的是我的导师——著名经济学家、西北大学经济管理学院白永秀教授。恩师在城乡经济社会一体化方面有诸多的深入研究及独特的实践见解。本书从选题论证、调研方案的设计、实地调研的开展及数据的处理、书稿的写作与大纲调整的每一个环节，都离不开恩师的指导、支持、鼓励。导师严谨的治学态度，追求卓越、挑战极限的工作作风，宽以待人，对学生的关心和帮助，都使我受益良多，是终身学习的榜样。我对导师的感恩无以言表，在著作出版之际，向恩师致以最诚挚的谢意！

非常感谢西北大学经济管理学院任保平教授，在课题的论证过程中提出诸多修改意见。还有何爱平教授、吴振磊教授、林建华副教授、吴丰华副教授、王颂吉副教授等在平时的讨论对本人的鼓励、引导，拓宽了研究视野，你们对于书稿提出的意见，使得本书的质量得到了提升。

感谢我指导的研究生刘奕玮、张军纪、李璇、景甜、孟楠为本书稿提供了强力支持；魏宇杰、刘华、边少颖、陈琳、申洋、赵培同学在课题的提交阶段也进行了大量辛苦的校对、数据补充工作。

感谢我的家人。特别是我的爱人卫玲编审，从课题的选题、申请书的撰写、论文的写作、书稿的校对给予我的关爱、鼓励和支持！也特别感谢她对女儿郭奕涵的抚养、教育及对学习的辅导；她承担了大量的家务劳动，正是她坚强的后盾使我不断地坚持学术研究。

感谢西北大学社会科学处的原处长吴振磊教授、现处长马朝琦教授、刘杰副处长、李丰庆副处长，他们的关心与鼓励，一直督促我不断的前行，也使著作得以学校资助顺利的出版。

真诚感谢人民出版社的王艾鑫编辑为本书做了润色工作，为本书的出版给予大力支持并付出了艰辛的努力。

本项目研究得到了国家社会科学基金项目（11BJL033）、西安市社会科学基金（17J139）、西北大学学术著作出版项目、陕西省教育厅哲学社会科学重点研究基地项目（15JZ067）资助，本书是多个项目的成果之一，特此感谢！

郭俊华

2019 年 2 月 28 日